# MANUEL

## DE LA JUSTICE DE PAIX

### DE LA RÉPUBLIQUE DHAÏTI,

ou

## TRAITÉ COMPLET

Des compétences et attributions du Juge de Paix et des Officiers ministériels en matière civile, contenant les cinq parties de la procédure à la justice de paix ; mis en pratique par les formules de tous les actes, procès-verbaux et jugemens relatifs aux fonctions judiciaires et extrajudiciaires de la justice de paix ; avec des extraits de lois et circulaires concernant cette juridiction ;

DÉDIÉ

A SON EX. **JEAN-PIERRE BOYER**, PRÉSIDENT D'HAITI,

Par le citoyen MULLERY.

**IMPRIMÉ AU PORT-AU-PRINCE.**

**1840.**

# A SON EX. LE PRÉSIDENT D'HAITI.

PRÉSIDENT ,

Je ne m'attacherai point à énumérer tous les services que Votre Excellence a rendus à la République , depuis que l'heureux destin d'Haïti vous a placé au timon de l'Etat , ce serait sinon superflu , du moins vouloir rappeler ce que prouvent les actes les plus ordinaires de votre sage administration.

Chacun , dans sa sphère , admire en particulier Votre Excellence , et lui paie un tribut selon sa condition ; pour moi , Président , c'est sur le faîte de la législation où brille Votre Excellence que j'admire sa sagesse ; c'est en étudiant les lois méditées et promulguées sous son gouvernement , et en comparant ces lois avec les anciennes , que j'ai compris qu'en fesant le bonheur général , Votre Excellence a fait en même tems le bonheur de chacun.

Oui , Président , rien n'est plus utile à l'homme vivant en société que la loi. Dès la fondation de la République , le peuple haïtien , en proclamant son indépendance , a établi un pacte social qui règle les droits et les devoirs des citoyens. Il a créé un pouvoir judiciaire , mais l'absence de lois positives abandonnait aux passions ou à l'impéritie des juges la fortune , l'honneur et la vie des citoyens , et ces juges ne pouvaient que consulter les lois étrangères sur des questions embarrassantes.

Dans l'ordre judiciaire, le tribunal de cassation, le gardien suprême de la loi, dont l'institution est pour maintenir l'unité de la législation, et prévenir toute diversité de jurisprudence ; ce tribunal régulateur n'était utile qu'aux parties, puisque dans la rédaction de ses arrêts on ne pouvait comprendre les erreurs qu'il redressait, la question sur laquelle il statuait ; la publication de ces arrêts n'était qu'une annonce que tel jugement a été cassé pour tel vice ou telle violation, sans expliquer de quelle manière existait ce vice ou cette violation.

Aujourd'hui, grâce à vos longues méditations, le Code de procédure prescrit au rapporteur en cassation d'exposer les faits et d'analyser les moyens des parties à l'audience publique : ce code prescrit aussi l'énonciation de l'objet de la demande et des moyens des parties dans la rédaction des arrêts. Quel service rendu à la législation ! Chacun trouve dans les arrêts un guide fidèle, un interprète qui explique clairement le véritable esprit de la loi, et la publicité de ces arrêts comme un flambeau répand la lumière sur la jurisprudence de nos tribunaux.

Le tribunal de paix, cette première branche de juridiction, n'a pas été oublié ; il fut l'objet de toute la sollicitude de Votre Excellence. En effet, ce tribunal était jadis régi par des lois qui entravaient sa marche et rendaient inefficace son institution par l'impossibilité d'exécuter ses sentences, car la loi, tout en prescrivant le ministère d'huissier pour toutes les exécutions, prohibait les actes de cet officier à la justice de paix.

Ces lacunes ne furent pas sitôt parvenues à la connaissance de Votre Exellence, qu'elle s'empressa de les combler.

Le préliminaire de la conciliation substitué à l'arbitrage forcé est admirable : on en reconnaît l'avantage en se rappelant les obstacles qu'on avait à surmonter pour arriver à l'arbitrage, et la difficulté de se procurer des arbitres éclairés et impartiaux.

Le désaveu, la requête civile, le registre d'entrée et de sortie des actes d'huissier établis par les nouvelles lois, sont autant de garans contre l'erreur, contre la fraude.

Les avantages de la loi se trouvent dans son exécution ; donc pour faciliter l'exécution des explications ne sont point inutiles.

Dans la plupart des juridictions de paix on est très-embarrassé pour avoir des officiers ministériels ; si l'on trouve des hommes dignes de ce caractère par leur probité et leur exactitude, il leur manque quelquefois le savoir, surtout dans les communes éloignées du siége d'un tribunal civil ; les officiers ministériels sont assez souvent embarrassés pour rédiger leurs actes. Cependant la rédaction des actes est d'une haute importance dans la procédure, puisque l'inobservation d'une formalité peut compromettre les droits les plus certains, les plus inaliénables.

A la difficulté de se procurer des auteurs français se joint la différence des deux législations sur la procédure et les attributions de la justice de paix. Encore je ne connais pas de jurisconsulte qui, dans un ouvrage de la justice de paix, traite de l'exécution de son jugement ; c'est sans doute parce qu'en France l'exécution des jugemens du tribunal de paix appartient au tribunal de première instance, tandis que la loi, en Haïti, donne attribution au juge de paix pour connaître de l'exécution de son jugement rendu en dernier ressort.

C'est en consultant les auteurs français, les magistrats distingués du tribunal de cassation de la République, les arrêts de ce tribunal suprême, les lumières du barreau de la capitale, et les arrêtés et circulaires de l'autorité, que j'ai réuni les matériaux d'un Manuel de la Justice de paix.

Encouragé par la bienveillance de mes anciens confrères,

je fais taire tout sentiment de défiance et je livre à l'impression ma faible production.

Je viens bien humblement porter mes hommages à Votre Excellence et déposer à ses pieds ce Manuel de la Justice de paix.

Président, si je n'obtiens pas la faveur d'offrir à Votre Excellence un ouvrage parfait et digne de son attention, j'ai du moins l'honneur de lui présenter un livre qui n'est pas tout-à-fait dénué d'utilité sur une matière qui a si souvent occupé votre sollicitude toute paternelle.

J'ai l'honneur d'être,

Président,

De Votre Excellence,

Le très-humble et très-obéissant serviteur,
MULLERY.

# MANUEL

DE LA

## JUSTICE DE PAIX.

## LIVRE I.er

DE LA COMPÉTENCE ET DES ATTRIBUTIONS DU JUGE DE PAIX, ET DES OFFICIERS MINISTÉRIELS ATTACHÉS A CETTE JUSTICE.

### NOTIONS PRÉLIMINAIRES.

Dans chaque commune de la République il y a un tribunal de paix, composé d'un juge, d'un greffier et de deux huissiers exploitans. Il y a en outre trois suppléans dans les tribunaux de paix dont le siége est au chef-lieu des tribunaux civils, et deux suppléans seulement aux autres tribunaux de paix.

Son Excellence le Président d'Haïti peut aussi établir des tribunaux de paix dans les quartiers et paroisses où le bien public l'exige.

Les attributions du juge de paix sont *judiciaires, extra-judiciaires* et *conciliatoires.*

Dans ses fonctions judiciaires sa juridiction est exceptionnelle, c'est-à-dire qu'il n'a d'attribution que pour juger les matières que la loi a nommément placées dans sa compétence. Il est institué pour juger sommairement et à peu de frais les matières *purement personnelles* ou *mobilières*; donc la loi lui refuse juridiction en toutes matières immobilières, excepté les actions possessoires.

On appelle matières ou actions *personnelles* celles qui donnent droit à une action qui résulte des faits ou des engagemens simples des personnes par suite d'un *contrat* ( code civil, art. 897 ), d'un quasi-contrat ( art. 1156 ), d'un délit ( art. 11 et 56 , code pénal ), ou d'un quasi-délit ( art. 1168 du code civil ) ; abstraction faite de l'objet qui fait la matière de l'obligation.

Les matières personnelles se divisent en mobilières et immobilières , suivant qu'elles ont pour objet un bien mobilier ou immobilier.

L'action mobilière est celle qui ne comprend que des choses purement mobilières , c'est-à-dire des objets réputés meubles par leur nature ou par la disposition de la loi.

Sont meubles par leur nature , les corps qui peuvent se transporter d'un lieu à un autre , soit qu'ils se meuvent par eux-mêmes , comme les animaux ; soit qu'ils ne puissent changer de place que par l'effet d'une force étrangère , comme les choses inanimées , tels que les bacs , bateaux , navires , etc.

Sont meubles , par la détermination de la loi , les obligations et actions qui ont pour objet des sommes exigibles ou des effets mobiliers ; les actions ou intérêts dans les compagnies de finances , de commerce ou d'industrie. Sont aussi meubles , par la détermination de la loi , les rentes perpétuelles ou viagères.

Les matériaux provenant de la démolition d'un édifice , ceux assemblés pour en construire un nouveau sont meubles , jusqu'à ce qu'ils soient employés par l'ouvrier dans une construction ( art. 430 et suivans , c. civil ).

Les immeubles sont : les fonds de terre et les bâtimens , les moulins à sucre , ceux à piler et à vanner le café ; les moulins à maïs , à coton , à indigo , à tabac , et toutes autres machines servant à l'exploitation des denrées , fesant partie , soit de l'habitation , soit du bâtiment.

Toutes productions de la terre , non encore recueillies , sont immeubles. Dès qu'elles sont coupées , détachées ou enlevées , elles deviennent meubles.

Les objets que le *propriétaire* d'un fonds y a placés pour le service et l'exploitation de ce fonds, sont immeubles par destination.

Ainsi sont immeubles par destination, quand ils ont été placés *par le propriétaire pour le service et l'exploitation du fonds :* les animaux attachés à la culture, les cabrouets ou tombereaux ; les ustensiles aratoires ; les ruches à miel, la cochenille, les chaudières à sucre, alambics, cuves, tonnes, et objets semblables.

Sont aussi immeubles par destination, tous effets mobiliers que le propriétaire a attachés au fonds à perpétuelle demeure.

Sont immeubles, par l'objet auquel ils s'appliquent : l'usufruit des choses immobilières, les servitudes ou services fonciers ; *les actions qui tendent à revendiquer un immeuble.* ( Voir les art. 425 et suivans du code civil ).

On appelle action réelle celle qu'on exerce contre quelqu'un qui n'est que détenteur de l'objet réclamé sans être personnellement obligé par un fait ou engagement direct. Exemple : un locataire enlève, sans le consentement du propriétaire, les meubles qui répondent des loyers et les transporte chez un tiers : l'action en revendication que peut exercer le propriétaire contre le tiers détenteur en vertu des articles 1869 du code civil et 717 du code de procédure, est une action réelle, car cette action ou le droit de revendication existe contre lui tout le tems qu'il est en possession des objets enlevés, et si avant les poursuites les objets passent en d'autres mains, c'est toujours contre le dernier détenteur que le créancier pourra exercer son action.

Cependant l'action qu'exercera le propriétaire contre le locataire en paiement des loyers échus restera toujours personnelle, quoique l'action contre le tiers détenteur en revendication des objets affectés au paiement de ces loyers soit réelle.

La réunion d'une action à la fois personnelle et réelle contre une seule et même personne forme l'action mixte, comme lorsque le vendeur exerce contre l'acquéreur une action en réméré , cette action est personnelle puisqu'elle dérive d'un contrat ; elle est aussi réelle puisqu'elle s'exerce également sur l'objet qui fait la matière du contrat et qu'elle peut être encore poursuivie contre un second acquéreur qui ne serait nullement soumis à cette clause par son contrat ( art. 1449, code civil ).

Le juge de paix connaît aussi : 1.º des actions pour dommages faits aux champs , fruits et récoltes , soit par des personnes , soit par des animaux ; 2.º des déplacemens de bornes , des usurpations de terre , arbres , haies , fossés et autres clôtures , *commis dans l'année ;* des entreprises sur les cours d'eau , commis pareillement *dans l'année,* et de toutes autres actions possessoires ; 3.º des réparations locatives des maisons , ainsi que des fermes ou habitations rurales ; 4.º des indemnités prétendues par le fermier ou locataire , pour non-jouissance , *lorsque le droit n'est pas contesté,* et des dégradations alléguées par le propriétaire ( art. 8, c. de pro. ); 5.º des oppositions d'arpentage ( art. 27 de la loi sur les arpenteurs ).

Dans les causes de sa compétence il prononce en dernier ressort sur les demandes qui n'excèdent pas 100 gourdes , et à charge d'appel ; au-dessus de 100 gourdes jusqu'à 300 ( code de procéd. , art. 22 ).

Lorsque le juge de paix statue en dernier ressort , il doit être assisté d'un suppléant ; et comme dans la délibération il n'a pas voix prépondérante , en cas de partage d'opinion , il doit appeler un autre suppléant pour les départager , c'est-à-dire que l'affaire est de nouveau plaidée devant le juge et les deux suppléans ; ensuite le jugement est rendu à la pluralité des voix.

Dans toutes les autres causes l'assistance du greffier suffit ( loi organique , art. 32 ).

L'assistance du greffier est nécessaire pour la validité des actes du juge de paix , c'est un témoin indispensable que lui donne la loi , à tel point que les actes reçus par le juge sans l'assistance du greffier sont nuls ( arrêt du tribunal de cassation de la République , du 17 janvier 1822 ).

C'est toujours le taux de la demande qui règle la compétence du juge de paix et non la valeur de l'objet adjugé ; ainsi , l'on demande 200 gourdes , le juge prononce une condamnation de 100 gourdes , soit par suite de la compensation , soit par suite d'une erreur rectifiée ; le jugement est à charge d'appel.

De même si sur une demande de 100 gourdes le défendeur forme reconventionnellement une demande de 200 gourdes , le tribunal doit prononcer à charge d'appel.

Dans ses fonctions extrajudiciaires ou de juridiction grâcieuse , le juge de paix préside les conseils de famille ; il reçoit le serment des tuteurs , subrogés-tuteurs , curateurs , experts et arbitres , et celui des gérans ou administrateurs des biens ruraux.

Il procède à l'apposition et à la levée des scellés , dans les cas prévus par la loi ; il dresse tous procès-verbaux ou actes de notoriété pour constater les droits de propriété ou l'adirement des titres y relatifs , la perte ou l'avarie des marchandises , ou tous autres faits résultant de force majeure , et dont la connaissance serait du ressort de la justice de paix ( art. 40 , loi organique ).

Il requiert d'office un notaire , ou à son défaut un membre du conseil des notables , pour représenter à la levée des scellés , les intéressés qui demeurent hors de la commune ( code de procéd. , art. 819 ).

Dans les inventaires il choisit aussi un notaire pour représenter les parties appelées et défaillantes ( art. 830 ).

Remarquez que le juge de paix doit bien s'assurer que les parties aient été légalement appelées , par acte d'huissier , avant de les faire représenter dans l'inventaire , car quelquefois , pour couvrir la fraude d'un inventaire clandestin , on fait représenter des personnes intéressées qui n'ont jamais été appelées.

Il reçoit les déclarations des personnes arrivant de l'étranger

dans les ports ouverts au commerce extérieur, ou qui en par-
tent pour les voyages d'outre-mer (loi du 4 août 1828).

En matière d'enregistrement il procède à la nomination des
experts pour la perception des droits (art. 26 et suivans
de la loi sur l'enregistrement). Il certifie la copie des actes
dans les cas prévus par l'art. 89. Il permet au receveur de
délivrer des extraits de ses registres à d'autres que les parties
(art. 95). A défaut de contrôleur, il cote et paraphe les
registres de l'enregistrement (art. 114). Il délivre exécutoire
contre les redevables, pour le remboursement des droits acquittés par les officiers publics (art. 131). Il constate le motif
du retard de l'enregistrement des actes déposés (art. 141).
Il vise et rend exécutoire, les contraintes décernées par le
receveur contre les redevables (art. 169).

En matière de commerce maritime le juge de paix, dans
les endroits seulement où il n'y a point de tribunal civil,
cote et paraphe le registre de bord (art. 221, c. de comm.)
et autorise au besoin le capitaine à emprunter sur le corps et
quille des vaisseaux (art. 231). En cas de naufrage ou autre
événement, il reçoit le rapport du capitaine, procède à l'in-
terrogatoire des gens de l'équipage et expédie les pièces au tribunal de commerce (art. 240 et 243).

Dans ses fonctions conciliatoires le juge de paix doit toujours s'efforcer d'amener les parties à accommodement (loi org.,
art. 38).

Dans la juridiction contentieuse le juge de paix conserve
son caractère de magistrat, il écoute en silence et avec pa-
tience les parties, il prononce avec l'infaillibilité de la loi,
il ne peut donner aucun conseil aux parties ni diriger lui-
même leur procès; mais lorsqu'il est juge-conciliateur, comme
il ne peut rendre aucune décision qui soit obligatoire entre les
parties sans leur consentement, il se dépouille alors de son
autorité pour remplir les fonctions d'un père de famille qui fait
ses efforts pour écarter la discorde et entretenir la paix et l'union
parmi ses enfans; il met en œuvre soins, remontrances,

prières même , pour porter les parties à se concilier ; après leur avoir parlé en présence l'une de l'autre , il doit encore , s'il lui reste l'espoir de pouvoir exercer quelqu'influence sur la partie la plus opiniâtre , surseoir à l'acte de non-conciliation en renvoyant les parties à se présenter dans un court délai , afin d'avoir le tems de les voir en particulier et de leur présenter le tableau des malheurs qui les menacent dans la chance d'un procès ; il peut aussi employer les amis de chacune d'elles pour seconder en particulier ses efforts.

Un juge de paix qui ordinairement jouit de l'estime de la plupart de ses concitoyens , lorsqu'il veut se donner la peine de chercher les moyens de concilier les parties , réussit presque toujours : dès-lors , que de gloire pour lui ! que d'éloges ne reçoit-il pas de la société entière ! que de bénédictions ne s'attire-t-il pas des parties et des descendans les plus reculés des deux familles , dont la fortune n'est conservée que par son intermédiaire !

Le juge de paix et son greffier , outre le traitement fixé qu'ils reçoivent de la caisse publique , ont encore droit aux frais établis par le tarif.

Les suppléans ne sont point salariés par l'Etat ; mais lorsqu'ils remplacent le juge , ils perçoivent toujours pour leur propre compte , le produit de la taxe des frais ; ils ont également droit au tiers de cette taxe quand ils assistent le juge.

En cas de vacance de la place du juge de paix , le suppléant qui en remplit provisoirement les fonctions jouit du traitement fixe alloué audit juge.

Suivant la loi organique , dans les cas où les juges de paix et leurs greffiers seraient convaincus d'avoir exigé des frais plus élevés ou autres que ceux fixés par le tarif , ils seront , sur la plainte des parties , ou même d'office , à la diligence du ministère public , condamnés à la restitution de la totalité des frais perçus , sans préjudice des peines portées par la loi contre les concussionnaires.

EXTRAIT DU TARIF DES FRAIS A PERCEVOIR DANS LES TRIBUNAUX
DE LA RÉPUBLIQUE.

*Taxe des actes et vacations des juges de paix.*

Art. 1er. Il ne sera perçu aucuns frais pour les cédules, sauf toutefois le coût du papier timbré qui sera de 6 c. 1/4.

Art. 2. Il sera alloué aux juges de paix,

Pour chaque acte de conciliation. . . . . . . . . . , . . 1 g.

Pour procès-verbal de non-conciliation. . . . . . . . . 50 c.

Pour procès-verbal d'enquête à l'effet de suppléer aux titres de propriétés, les déclarations des témoins à ce relatives, et autres actes nécessaires. . . . . . . . . . . . . . . . . . . . . . 3 g.

Pour chaque jugement. . . . . . . . . . . . . . . . . 75 c.

Pour toutes déclarations et autres actes non prévus, ceux en matière de police exceptés. . . . . . . . . . . . . . . . 50 c.

Art. 3. Il leur sera alloué pour chaque vacation d'apposition, reconnaissance et levée de scellés, qui sera de 3 heures. 1 g.

Seront compris dans chaque vacation les transports du juge de paix, si c'est en ville.

Art. 4. Si, lors de l'apposition des scellés ou dans le cours de leur levée, il y a lieu à référer au doyen du tribunal, il sera alloué au juge de paix. . . . . . . . . . . . . . . . . . . 1 g.

Art. 5. Pour l'assistance du juge de paix à tout conseil de famille. . . . . . . . . . . . . . . . . . . . . . . . . . . 1 g.

Art. 6. Pour l'acte de notoriété sur la déclaration de sept témoins, pour constater soit l'identité, soit l'époque de la naissance d'un individu de l'un ou de l'autre sexe qui se propose de contracter mariage, et les causes qui empêchent de réprésenter son acte de naissance. . . . . . . . . . . . . . . . . . . . . 1 g.

Art. 7. Pour le transport du juge de paix à l'effet d'être présent à l'ouverture des portes, en cas de saisie-exécution, par chaque vacation de trois heures. . . . . . . . . . . . . . . . . . 1 g.

Et à l'arrestation d'un débiteur condamné par corps, dans le domicile où ce débiteur se trouve. . . . . . . . . . . . 2 g.

Art. 8. Il n'est rien accordé au juge de paix pour le paraphe des pièces, en cas de dénégation d'écriture ou de déclaration qu'on entend s'inscrire en faux.

Art. 9. Il lui est alloué pour transport en ville, soit à l'effet de visiter les lieux contentieux, soit à l'effet d'entendre des témoins , lorsque le transport aura été expressément requis par l'une des parties , et que le juge de paix l'aura trouvé nécessaire , par chaque vacation de trois heures. . . . . . . . . . . . . 1 g.

*Nota.* Le procès-verbal doit faire mention de la réquisition de la partie , et il n'est rien alloué à défaut de cette mention.

Art. 10. Conformément à l'art. 34 de la loi organique du 9 juin 1835 , les suppléans des juges de paix percevront, pour leur propre compte , le produit de la taxe des frais , lorsqu'ils remplaceront le juge ;

Et lorsqu'en vertu de l'article 32 de ladite loi , ils l'assisteront, ils percevront un droit égal au tiers de cette taxe.

Art. 37. Toutes les fois qu'il y aura lieu à transport du juge de paix et de son greffier à la campagne, ils auront chacun , outre la taxe ordinaire , une gourde par lieue , pour leur transport.

Art. 38. Il est défendu à tous juges de paix , à tous greffiers, à tous huissiers , de percevoir d'autres ni plus grands frais que ceux fixés au présent tarif , à peine de restitution des frais perçus et de destitution ou suspension , et même de plus fortes peines de droit , s'il y échet.

Les dispositions de l'article 38 ci-dessus corroborent deux circulaires de la secrétaircrie-générale ; la 1ère. , sous la date du 26 novembre 1818 , est ainsi conçue :

Son Excellence le Président d'Haïti ayant été informée que des employés de bureaux , soit dans la capitale , soit dans diverses communes de la République , sont dans l'habitude d'exiger , avant d'expédier le public à leurs bureaux , des rétributions ou frais que les lois ne connaissent point, et désirant réprimer des abus aussi préjudiciables à ceux qui ont des références avec les bureaux ; elle m'a ordonné de prévenir le public qu'elle est disposée à sévir avec la plus grande sévérité contre ceux des employés , n'importe de *quelques bureaux que ce soit,* qui se permettraient d'exiger de qui que ce soit, des frais ou rétributions de bureau que la loi n'a point établis : à cet effet, lorsque le cas surviendra, celui duquel il aura été exigé ces frais , devra en former sa plainte directement à Son Excellence , en l'appuyant de preuves nécessaires pour obtenir justice. Son Excellence étant bien décidée à empêcher que le peuple ne soit pas grevé de frais que la législation n'a point établis.

*Le Secrétaire-Général,* ( signé ) B. INGINAC.

L'autre, du 20 octobre 1819, est conçue en ces termes :

Son Excellence le Président d'Haïti, informée, dans le tems, que des bureaux publics exigeaient, pour expédier les affaires qui leur étaient soumises, des frais que la loi ne leur accordait pas, a fait annoncer dans le n.º 46 du Télégraphe, en date du 29 novembre 1818, que ces exactions seraient sévèrement réprimées si elles étaient prouvées.

De nouvelles informations étant parvenues à Son Excellence que des employés ou secrétaires de plusieurs autorités civiles et militaires continuent à exiger du peuple ces rétributions illégales, soit pour l'expédition des affaires courantes et des passe-ports, soit pour faire exécuter la mise en possession des terres vendues ou concédées par l'Etat, et qu'ils se servent du nom des fonctionnaires, auprès desquels ils sont attachés, pour commettre ces abus, elle désire que ces autorités civiles ou militaires prennent les mesures qu'elles jugeront convenables, pour que dans leurs bureaux, il ne soit exigé du public, rien de ce que la loi n'a point autorisé ; et j'invite ceux qui auraient à se plaindre de semblables exactions, de la part de ces sécrétaires ou employés, à les dénoncer au gouvernement, avec preuves, afin que les coupables soient poursuivis en destitution et en dommages-intérêts, en faveur desdites personnes qui auront souffert.

*Le Secrétaire-Général,*          ( signé )     B. Inginac.


Le juge de paix, quoique chef de son tribunal et malgré l'autorité disciplinaire qu'il peut avoir sur ses officiers ministériels, ne peut cependant s'immiscer dans les actes de ces officiers.

Par arrêt du 2 mars 1840, le tribunal suprême vient de prononcer la nullité d'une déclaration de pourvoi faite devant un juge de paix assisté de son greffier.

Jusqu'aujourd'hui, dans tous les tribunaux de paix, le greffier ne fait jamais un acte sans la participation du juge. Nous espérons que l'arrêt du 2 mars fera rappeler les dispositions de l'article 19 de la Constitution : « La garantie

« sociale ne peut exister, si la division des pouvoirs n'est
« pas établie, si leurs limites ne sont pas fixées, et si
« la responsabité des fonctionnaires n'est pas assurée. »

Tous les citoyens étant égaux devant la loi, le juge
de paix peut être actionné, comme il peut aussi actionner, devant son tribunal pour ses affaires particulières, alors
un suppléant remplit les fonctions de juge.

# TITRE I.er

## *Des Officiers ministériels attachés à la Justice de Paix.*

### CHAPITRE 1er.

#### *Du Greffier.*

Le greffier est chargé de rédiger, sous la dictée du juge ou
sous son inspection, tous les actes, jugemens, ordonnances
et procès-verbaux qui sont de la compétence du tribunal; il
reçoit seul les déclarations des parties, et conserve les minutes de tous les actes du greffe sous sa responsabilité.

Comme les actes du greffe sont des actes publics, il est tenu,
aux termes de l'article 751 du code de procédure, d'en délivrer, à peine de dépens et dommages-intérêts, expédition, copie ou extrait à toutes personnes qui le requièrent; à la charge
seulement de ses droits, c'est-à-dire moyennant que le requérant lui paie le salaire et les droits réglés par la loi, mais
il ne peut délivrer expédition d'un jugement avant la signature de la minute, à peine de faux ( c. proc., art. 146 ).

Quoique tous les actes du greffe appartiennent au public,
la grosse, c'est-à-dire l'expédition en forme exécutoire d'un
jugement, n'appartient qu'à la partie qui a droit de l'exécuter. Encore après une première grosse le greffier ne peut en délivrer une seconde à la même partie sans l'autorisation du
juge ( art. 742 et 752 ).

Il est chargé aussi de rédiger les rapports des experts lorsque tous ne savent pas signer ( art. 316 ).

Ses droits et vacations sont fixés par l'article 11 du tarif à la moitié de la taxe établie pour le juge de paix. L'article 12 lui alloue, en outre, pour toutes expéditions par chaque page de 25 lignes, et la ligne de douze syllabes, ou évaluée sur ce pied, *vingt-cinq centimes*. Si l'acte ne remplit pas la page, il perçoit le prix de la page entière.

Conformément aux dispositions de l'article 45 du tarif, il est tenu d'avoir un registre coté et paraphé par le juge de paix, sur lequel registre il inscrira lui-même, par ordre de date et sans aucun blanc, toutes les sommes qu'il recevra pour frais divers.

Il doit présenter ce registre toutes les fois qu'il en sera requis, et en cas de contestation, si ce registre n'est pas régulièrement tenu, il sera déclaré non-recevable.

Il est tenu de mettre au bas des originaux, expéditions ou copies de ses actes, le coût des droits perçus, à peine de cinq à dix gourdes d'amende pour chaque omission (art. 39).

Conformément aux dispositions de l'article 153 et suivans de la *Loi sur l'enregistrement*, il doit avoir, en outre, un répertoire divisé en colonnes pour inscrire jour par jour, sans blanc ni interligne et par ordre de numéros, tous les actes et jugemens *qui doivent être enregistrés sur minute*, à peine de cinq gourdes d'amende pour chaque omission.

Chaque article du répertoire doit contenir son numéro, la date de l'acte, sa nature, les noms et prénoms des parties, leurs domiciles, la date et le montant de l'enregistrement. La dernière colonne reste en blanc tant que l'acte n'est pas enregistré.

Les actes soumis à l'enregistrement sur minute sont, suivant l'article 5 : 1.º les procès-verbaux d'apposition, de reconnaissance et de levée de scellés ; 2.º les oppositions à levée de scellés, par comparution personnelle (1); 3.º les ordonnances et mandemens d'assigner les opposans à scellés ; 4.º

---

(1) Suivant l'article 814 du code de procédure, l'opposition se

les procès-verbaux de nomination de tuteurs , subrogés-tuteurs et curateurs ; 5.º les procès-verbaux des délibérations de conseil de famille ; 6.º les émancipations ; 7.º les actes de notoriété ; 8.º les déclarations en matière civile ; 9.º tous actes contenant autorisation , abstention , renonciation ou répudiation (2) ; 10.º les nominations d'experts , sur-experts , arbitres et tiers-arbitres ; 11.º les cautionnemens des personnes à représenter en justice , les cautionnemens de sommes déterminées ou non déterminées ; 12.º tous procès-verbaux généralement quelconques de la justice de paix , portant conciliation ou non-conciliation , défaut ou congé, remise ou ajournement ; 13.º tous actes d'acquiescement , de dépôt et consignation, d'exclusion de tribunaux , d'*affirmation de voyage* , d'enchère et sur-enchère , de reprise d'instance , de communication de pièces avec ou sans déplacement , d'affirmation ou vérification de créance , d'opposition à délivrance de titres ou jugemens , de procès-verbaux et rapports , de dépôt de bilan et décharges ; 14.º les certificats de toute nature , et ordonnances sur requête ; 15.º les jugemens portant transmission d'immeubles , — et ceux par lesquels *il est prononcé des condamnations sur des conventions sujettes à l'enregistrement , sans énonciation de titres enregistrés.*

Le premier paragraphe du n.º 15 ne concerne pas le greffier de la justice de paix , puisque son tribunal ne peut connaître des matières immobilières. Cependant il est utile d'expliquer ici la contradiction qui semble exister entre le dernier paragraphe du n.º 15 et l'article 151 qui fait défense aux juges de rendre aucun jugement sur des actes soumis à la formalité de l'enregistrement , lorsque ces actes ne seraient point revêtus de cette formalité.

---

fait par exploit du ministère d'huissier , ou par déclaration sur le procès-verbal de scellé.

(2) Quoique les trois derniers actes ne se fassent qu'au tribunal civil , cependant il peut arriver que dans des actes de conciliation le juge de paix reçoive des conventions qui les renferment.

Par exemple, le juge de paix donne à *onze heures* cédule pour citer à bref délai une partie à comparaître à *deux heures*. Il est impossible que l'huissier puisse faire enregistrer son exploit avant l'heure de l'audience. D'ailleurs, l'article 118 lui accorde le délai de trois jours : peut-on lui ravir cet avantage et le contraindre à faire enregistrer plus tôt son acte ? il y aurait donc injustice de la part du juge qui refuserait de prononcer sur la citation sous prétexte qu'elle n'aurait pas été enregistrée. C'est dans ce cas que la loi prescrit l'enregistrement du jugement sur minute.

Encore un autre cas. C'est lorsqu'une partie fonde sa demande sur un acte sous seing-privé, qui, suivant l'article 122, n'est pas assujetti à la formalité de l'enregistrement dans un délai de rigueur. Cependant, dit le même article : on ne peut en faire usage en justice qu'il n'ait été préalablement enregistré.

Pour concilier ces dispositions, remarquons que la conséquence de la prohibition de l'article 151 est de rendre le juge responsable du montant du droit d'enregistrement, et concluons que le demandeur peut écarter toutes fin de non-recevoir en consignant entre les mains du greffier le montant du droit de l'acte pour couvrir la responsabilité du juge.

Tous jugemens et autres actes, soit préparatoire ou d'instruction, soit définitif, ne sont soumis à l'enregistrement que sur expédition.

Le greffier est tenu de faire enregistrer dans le délai de quinze jours les actes soumis à cette formalité *sur minute*, sous peine de payer *personnellement* une amende égale au montant du droit ; il doit, en outre, acquitter le droit, sauf son recours, *pour ce droit seulement,* contre la partie.

Par une fausse interprétation de l'article 137 et du n.° 18 de l'article 73, plusieurs bureaux d'enregistrement perçoivent encore le double droit sur les expéditions des jugemens et actes qui ne s'enregistrent pas sur minute, lorsque ces expéditions sont présentées à l'enregistrement après la quinzaine de la date de la minute , et les greffiers à leur tour font supporter ce double droit par les parties. Sinon ils exigent qu'on leur dépose le droit de l'enregistrement dès le prononcé du jugement.

Il ne peut y avoir de délai pour l'enregistrement d'une expédition ; il est d'autant plus ridicule de compter ce délai sur la date de la minute , que la loi ne fixe pas de délai pour lever les expéditions , et qu'on ne saurait raisonnablement exiger l'enregistrement d'un acte avant son existence. Souvent les parties ne lèvent pas leur jugement ; surtout à la justice de paix où la condamnation est ordinairement exécutée volontairement et sur le champ par la partie condamnée. Quelquefois le créancier accorde à la partie condamnée un délai au-delà de quinze jours , faut-il qu'il soit forcé de lever le jugement avant le terme et d'augmenter par là les frais qu'il a intérêt d'épargner à son débiteur ?

Pour l'opinion contraire on cite ces mots écrits au n.º 18 de l'art. 73 : «*Quand il s'agit d'actes qui s'enregistrent* « *sur expédition et extrait c'est la date de la minute qu'il* « *faut considérer.* » C'est une erreur évidente, repoussée par le texte même de cet article. Il ne faut pas prendre isolément une phrase qui se rattache à l'ensemble d'une proposition , car ce serait en dénaturer la substance. Cet article ne concerne que les actes qui sont *exempts* de la formalité de l'enregistrement, et le n.º 18 comprend les *actes authentiques dont la minute porte une date antérieure à l'établissement du bureau où ils devaient être enregistrés;* il explique en même tems que, *pour les expéditions de ces actes ,* il faut considérer la date de la minute et non celle de la délivrance de l'expédition, pour leur accorder l'exemption.

N.° 1er.

# MODÈLE DE RÉPERTOIRE.

ANNÉE MIL-HUIT-CENT-QUARANTE.

| Numéros. | DATE DES ACTES. | NATURE DES ACTES. | NOMS ET PRÉNOMS des parties. | DOMICILES. | ENREGISTREMENT. | |
|---|---|---|---|---|---|---|
| | | | | | Dates. | Droits. |
| | | | | | | g.　　　c. |
| 1 | Janvier 4 | Tutelle. | Jn. Alexis (tuteur). | Port-au-Pce. | | |
| » | | | F. Per et I. Per, min. | dito | 19 Janv. | 75 |
| 2 | » 6 | Emancipation. | Toussaint Pierre. | dito | 21 » | 3 » |
| 3 | » » | Apposition de scellés. | Mise Jule, (décédée). | Cap-Haït. | 21 » | 1 » |
| 4 | Février 2 | Non-conciliation. | J.-B. Lis, (demand.) | Gonaïves. | | |
| » | | | J. Ferdinand, déf. | Port-au-Pce. | 4 Fév. | » 50 |
| 5 | » » | Serment d'arbitres. | P. Jean et Louis fils. | dito | 5 » | (1) Grat. |
| 6 | » 4 | Conciliation. | J. Bose et C. Jean. | dito | 6 » | Gratis. |

(1) Aux termes de l'art. 47 du tarif, tous actes de conciliation et d'arbitrage volontaire sont enregistrés gratis.

Ce répertoire , avant d'être employé , est coté par feuillets et paraphé par première et dernière page ; savoir : dans la commune où siége un tribunal civil , par le doyen de ce tribunal , et dans les autres communes , par le juge de paix. Ce répertoire doit être visé tous les six mois par le receveur de l'enregistrement , c'est-à-dire que le greffier doit le présenter au receveur de sa commune dans la première quinzaine des mois de janvier et de juillet ; à peine de cinq gourdes d'amende pour chaque quinzaine de retard ( art. 155 ).

## CHAPITRE II.

### *Des Huissiers.*

Les huissiers de la justice de paix sont chargés de faire tous les actes , exploits , significations concernant la procédure de cette juridiction , mais ils ne peuvent exercer leur ministère hors de la commune où ils sont assermentés ( arrêt du tribunal de cassation de la république , du 17 février 1840).

Les huissiers doivent avoir deux registres , l'un pour transcrire les protêts ( c. com. , art. 173 ), et l'autre pour constater l'entrée et sortie de tous les actes qui leur sont remis à signification ( loi organ. , art. 114 ).

On ne saurait trop louer le législateur dont la sagesse a inspiré cette dernière disposition qui offre autant de garantie à l'huissier qu'aux parties.

La tenue du premier registre est simple ; ce registre est coté et paraphé par le juge de paix , et l'huissier n'a qu'à inscrire littéralement ses protêts , jour par jour , et par ordre de dates.

Le registre d'entrée et sortie doit avoir sept colonnes et être tenu sans blanc.

# MODÈLE.

ANNÉE MIL-HUIT-CENT-QUARANTE.



| Numéros. | NATURE DES ACTES. | NOMS DES PARTIES | | Entrée. | Sortie. | NOMS DES PERSONNES |
| --- | --- | --- | --- | --- | --- | --- |
| | | Requérantes. | Adverses. | Date. | Date. | qui retirent les actes. |
| 1 | Jugem. du trib. de paix du Cap, en date du 4 déc. 1839, portant condamnation de 200 g. | Paul François, demeurant au Port-au-Prince. | Jean - Charles, demeurant au Cap-Haïtien. | Jan. 2. | Janv. 6. | Franç. Bernard, demeurant au Cap-Haïtien, fondé de pouv. du citoyen Paul François. |
| 2 | Obligat. de 300 g. consentie par H. Joseph, le 4 mai 1839, en faveur de Paul, demeur. tous deux au Cap. | Veuve Paul, demeurant au Cap-Haïtien. | Franç. Henry, hérit. de feu Henry, dem. au Cap. | 6. | 7. | Veuve Paul. |
| 3 | Quittance de 300 gourdes donnée par P. à Henry. | François Henry. | Veuve Paul. | 7. | 8. | François Henry. |

Aussitôt que l'huissier reçoit un acte pour être signifié, il constate sur les trois premières colonnes le numéro du registre, la nature de l'acte et le nom du requérant ; sur la quatrième, il met le nom de la personne à laquelle il doit en faire la signification, et sur la cinquième, la date d'entrée. Les deux autres restent en blanc jusqu'à la remise de l'acte.

Après la signification il constate sur la 6e. colonne la date de sortie et sur la 7e. le nom de la personne à laquelle l'acte est remis.

Tout-à-coup on peut croire que la dernière colonne est inutile, puisque le nom du requérant est déjà constaté à la 3e ; mais on en reconnaît la nécessité en se rappelant que l'huissier peut remettre l'acte à une autre personne que son requérant : qu'en fesant un commandement en vertu d'un jugement, un protêt en vertu d'un billet, si le débiteur paie il doit lui remettre le titre.

Ce registre, comme acte authentique, fait foi pour et contre l'huissier ; mais pour que cet officier puisse en tirer avantage, il faut qu'il tienne régulièrement ce registre, qu'il ne soit jamais surpris en défaut. Et il doit se garder surtout de jamais constater d'avance la sortie d'un acte, car ce serait un faux, qui pourra, suivant l'occasion, l'exposer même à des poursuites criminelles.

Outre ces deux registres, l'huissier doit avoir un répertoire tenu dans la même forme que celui du greffier. Suivant l'article 154 de la loi sur l'enregistrement, le répertoire de l'huissier doit avoir une colonne de plus que celui du greffier pour indiquer le bureau où l'acte est enregistré : mais nous ferons remarquer que cette disposition ne concerne pas l'huissier du tribunal de paix, parce que lors de la promulgation de la loi sur l'enregistrement cet officier n'existait pas, et par une autre conséquence, nous voyons que l'huissier de la justice de paix ne pouvant instrumenter hors de sa commune, ne peut faire enregistrer ses actes ailleurs.

# MODÈLE DE RÉPERTOIRE.

ANNÉE MIL-HUIT-CENT-QUARANTE.



| Numéros. | Date des actes. | NATURE DES ACTES. | PARTIES. | | ENREGISTREMENT. | |
|---|---|---|---|---|---|---|
| | | | Noms. | Domiciles. | Dates. | Droits. |
| 1 | Janvier 2 | Signification d'un jugement du trib. de paix du Cap en date du 4 décembre 1889. | Req. Paul Franç. , con. Jn. Charles. | Port-au-Prince. Cap-Haïtien. | Janvier 5. | g. 50 c. |
| 2 | — 3 | Commandement. ——— | entre les mêmes. | » » | » 6. | ——50 |
| 3 | — 4 | Saisie-exécution. ——— | Item. | » » | | |
| 4 | — 6 | Signification d'une obligation de 300 g. en date du 4 mai 1839. | Req. Veuve Paul , con. Frau. Henry. | Cap-Haïtien. dito. | — 6. | ——50 |
| 5 | — » | ———Citation——— | entre les mêmes désignées au n.º 1. | dito. ——n.º 1. | — 8. | ——50 |
| 6 | | Désistement de l'acte n.º 3. | | | | |
| 7 | — 7 | Signification d'une quittance de 300 g. donnée par Mr. Paul à Mr. Henry. ——— | Req. Fran. Henry, con. Veuve Paul. | Cap-Haïtien. dito. | — 7. | ——50 |

Les droits et vacations de l'huissier sont fixés par le tarif, ainsi qu'il suit :

Art. 13. Il sera alloué aux huissiers des tribunaux de paix la moitié du coût des actes, expéditions et vacations alloués aux huissiers des tribunaux civils ; et dans le cas de capture prévu par la loi portant amendement à la loi n.° 4, titre 14 du code de procédure civile, ils percevront pour l'exécution de l'ordre du juge de paix, jusqu'à 50 g., *cinquante centimes*, et de 51 g. à 100 g., *une gourde.*

*Taxe des actes et vacations des huissiers des tribunaux civils.*

Suivant la disposition ci-dessus, l'huissier du tribunal de paix n'a droit qu'à la moitié de la taxe suivante :

Art. 15. Il est alloué aux huissiers pour chaque exploit, quel qu'il soit, pour l'original et la copie. . . . . . . . . . . . 1 g.

S'il y a plus d'une copie à délivrer, ils auront pour chaque copie en sus . . . . . . . . . . . . . . . . . . . . . . . . . . . 50 c.

Art. 16. S'il y a des pièces à donner copie ou à signifier par le même exploit, ils percevront par rôle de 25 lignes à la page et la ligne de 12 syllabes ou évaluée sur ce pied ( un rôle est de deux pages ). . . . . . . . . . . . . . . . . . . . . . . . 50 c.

Aux termes de l'article 17, les copies doivent être exactes et lisibles, à peine de nullité, et sans préjudice de toutes peines de droit, s'il y échet.

Art. 18. Dans le cas d'emprisonnement d'un débiteur, le procès-verbal de capture, y compris toutes espèces de vacations, copies, actes d'écrou et assistance de recors, sera taxé. . . 8 g.

Il ne pourra être passé en taxe qu'un seul procès-verbal de perquisition pour lequel il est alloué. . . . . . . . . . . . 4 g.

Art. 19. Pour tous procès-verbaux de carence. . . . . 1 g. 50 c.

Tous autres procès-verbaux, compris les vacations afin d'y parvenir, et copie à délivrer, le tout. . . . . . . . . . . . . 4 g.

Art. 20. S'il y a lieu à référer sur la demande du débiteur, il sera alloué à l'huissier pour vacation. . . . . . . . . . . . 2 g.

Art. 21. Dans le cas de recommandation d'un débiteur emprisonné, il sera alloué à l'huissier, y compris les copies à délivrer au geôlier et au débiteur recommandé, vacations et autres actes à ce nécessaires. . . . . . . . . . . . . . . . . . . . . 2 g. 50 c.

Art. 22. Il sera alloué aux huissiers procédant aux ventes sur saisies-mobilières , sur le montant de la vente , y compris le procès-verbal , et non compris les autres droits et vacations , savoir : jusqu'à 500 g. , *un pour cent ;* et *demi pour cent* pour le surplus des 500 g.

Néanmoins , l'expédition du procès-verbal , si elle est requise , sera payée à part , et il leur sera alloué pour chaque rôle d'expédition contenant 25 lignes à la page et 12 syllabes à la ligne.   50 c.

Art. 23. Dans le cas de transport de l'huissier hors de la ville où il demeure , il lui sera alloué par lieue , pour son transport.   75 c.

Tous les actes d'huissier se font sur timbre de 25 centimes , excepté les citations qui se font sur timbre de 6 c.

Ces actes , suivant l'article 118 de la loi sur l'enregistrement , doivent être enregistrés dans le délai de trois jours , non compris la date de l'acte , et si le dernier jour se trouve un dimanche ou un jour de fête publique , le délai est prorogé au lendemain , de sorte que si l'exploit date du 1.ᵉʳ , il doit être enregistré le 4 , et si le dernier jour se trouve un dimanche ou fête , l'enregistrement est remis au 5 ( art. 123 ).

Les jours de fête sont déterminés par l'arrêté de S. E. le Président d'Haïti , du 8 février 1835 , dont voici l'extrait :

Etant informé que plusieurs bureaux de l'administration publique restent fermés certains jours de l'année , sous prétexte qu'ils sont vulgairement considérés comme jours de fêtes , ce qui nuit essentiellement au bien du service et occasionne des retards préjudiciables aux intérets des citoyens en particulier et du commerce en général ;

Désirant faire cesser de semblables abus et régler la tenue des bureaux publics , de manière à ce que l'action du service ne puisse en aucune façon être paralysée , a arrêté et arrete ce qui suit :

Art. 1er. Les bureaux publics ne pourront être fermés que les *dimanches* et les fetes nationales déterminées par l'article 34 de la constitution (1) , ainsi que les fetes qui pourront par la suite être instituées par des lois spéciales.

------

(1) L'*Indépendance* , le premier janvier de chaque année ; l'*Agriculture* , le premier de mai ; la *Naissance* d'ALEXANDRE PÉTION , le 2 avril.

Art. 2. Les bureaux seront également fermés les *jeudi* et *vendredi saints*, le jour de la *Fête-Dieu*, la *Saint-Jean*, la *Saint-Pierre*, la *Toussaint*, le *jour des morts*, le jour de *Noël*, et dans chaque paroisse, le jour de la fête de son patron.

Art. 3. Les bureaux d'administration publique devront être, tous les autres jours non-mentionnés aux articles précédens, ouverts au public, le matin, depuis huit heures jusqu'à onze, et l'après-midi, depuis deux jusqu'à cinq.

Art. 4. Les chefs des différens services de l'administration publique qui n'observeront pas strictement les jours et heures déterminés par l'article 3 pour la tenue de leurs bureaux, seront personnellement responsables de cette contravention, et punis de la suspension de leurs fonctions et même de la destitution, si le cas y échet.

L'huissier doit faire enregistrer ses actes au bureau de sa commune ( art. 125 de la loi sur l'enregistrement ). L'acte non enregistré dans le délai est nul, et l'huissier est responsable de la nullité envers son requérant ; il est passible en outre d'une amende de 5 g. et de plus, d'une somme équivalente au montant du droit de l'acte non enregistré.

Ces dispositions ne s'étendent pas aux procès-verbaux de vente d'objets mobiliers, ni à tous autres actes sujets au droit proportionnel. La peine pour ces sortes d'actes est d'une somme égale au montant du droit, sans qu'elle puisse être au-dessous de 5 g. L'huissier contrevenant doit payer en outre le droit dû pour l'acte, sauf son recours contre la partie, *pour ce droit seulement*. Mais l'acte ne sera pas nul ( art. 136 ).

La copie d'un acte doit contenir littéralement tout ce qui est dans l'original, c'est-à-dire dans le corps de l'acte, car l'enregistrement de l'original ne peut être porté sur la copie d'un exploit. Le tribunal de cassation a même décidé qu'il n'y a point d'irrégularité dans la signification d'un jugement dont la copie ne porte pas l'enregistrement de la grosse.

Quoique la rédaction de l'exploit appartienne à l'huissier, dès qu'il a remis la copie, il ne peut faire sur l'original aucun changement, aucune addition sous peine de faux. Cependant il peut y constater l'absence du receveur de l'enregistrement et faire viser l'acte par le juge de paix pour en empêcher la nullité.

L'huissier doit veiller, en retirant son acte de l'enregistrement, à ce que les mots rayés soient constatés et les renvois paraphés par le receveur, car les renvois non constatés sont censés faits après coup et frappés de nullité ( art. 93 ).

L'huissier doit mettre au bas des originaux et des copies de ses actes le montant de ce qu'il perçoit pour le coût, à peine de 5 à 10 g. d'amende et même de suspension ( art. 39 et 40 du tarif ).

L'article 958 du code de procédure porte qu'aucune signification ni exécution ne peut être faite avant le lever et après le coucher du soleil ; non plus que les jours de fêtes légales, si ce n'est qu'en vertu de la permission du juge, dans le cas où il y aurait péril en la demeure.

La première disposition de cet article est une conséquence de l'article 28 de la constitution qui dit que « *la maison de chaque citoyen est un asile inviolable. Pendant la nuit nul n'a le droit d'y entrer que dans le cas d'incendie, d'inondation, ou de réclamation de l'intérieur de la maison, etc.* Ainsi le juge ne peut autoriser les significations aux heures prohibées ; néanmoins, dans les cas d'urgence, lorsqu'il y a péril en la demeure, le juge peut permettre à l'huissier d'exploiter les jours de fêtes *légales.* Les *fêtes légales* ne sont que celles qui sont décrétées par la constitution (arr. du trib. de cass., du 28 août 1837 ). Voir la note de la page 30.

Comme officier public, l'huissier doit prêter son ministère à toutes les personnes qui le requièrent, même contre les membres de son tribunal ; il ne doit pas communiquer volontairement ses actes, même au juge de paix, car, différemment, il n'y aurait point de garantie pour une partie qui procède contre le juge ou ses parens.

L'huissier ne peut instrumenter ni pour ni contre ses parens en ligne directe, ses frères, sœurs et alliés au même degré ( art. 9 , code procédure ). Suivant cet article la prohibition est à l'infini en ligne directe , soit ascendante soit descendante , et en ligne collatérale cette prohibition s'arrête au degré de frère et sœur seulement.

Bien que l'article 76 ait parlé d'allié naturel , il ne faut pas confondre l'affinité naturelle avec la liaison intime de l'homme et de la femme. La cohabitation illégitime ne peut produire d'affinité , car sans alliance il ne peut y avoir d'allié. Ainsi , une personne qui s'unit par *légitime mariage* avec un parent *légitime* d'une autre , est son ALLIÉE LÉGITIME ; elle serait son alliée NATURELLE , si c'était avec un parent *naturel*.

# TITRE II.

## I.<sup>re</sup> PARTIE DE LA PROCÉDURE.

### *De la Demande.*

La procédure devant le tribunal de paix se fait à peu près comme devant le tribunal civil , car toutes les dispositions du code de procédure se servent mutuellement d'interprétation ; ainsi ce qui n'est pas prévu pour la procédure devant la justice de paix , doit s'expliquer par les décisions portées pour les procédures concernant le tribunal civil dans des cas semblables , en observant de n'en prendre que ce qui est applicable à la justice de paix , où toute instruction est verbale et sommaire.

Les attributions du juge de paix , en ce qui concerne ses fonctions judiciaires , n'embrassent que les matières purement personnelles ou mobilières qui n'excèdent pas une valeur de 300 gourdes.

Les parties tant demanderesses que défenderesses peuvent toujours se faire représenter par un fondé de pouvoir , il n'y a d'exception que pour le demandeur seul lorsqu'il forme *sans titre* une demande qui n'excède pas une valeur de 50 gourdes ;

Dans ce cas seulement il est tenu de se présenter en personne pour expliquer sa demande ( c. proc. , art. 1.er ).

L'acte introductif d'instance à la justice de paix est une cédule ou une citation , la première est employée pour les demandes qui n'excèdent pas une valeur de 50 gourdes , et la seconde est employée dans tous les autres cas.

Suivant les dispositions de l'article 12 , la cédule où la citation est inutile lorsque les parties comparaissent volontairement devant le juge et demandent à être jugées sans citation préalable ; dans ce cas le juge leur donne acte de leur demande , et procède au jugement comme il sera ci-après expliqué.

## CHAPITRE Ier.

### *De la Cédule.*

Lorsque la demande n'excède pas une valeur de 50 gourdes , le demandeur doit s'adresser directement au juge de paix afin d'obtenir une cédule pour appeler son adversaire. Suivant l'article 2 la cédule ne doit contenir que trois formalités : 1.º le jour et l'heure de l'audience , 2.º les noms du demandeur et du défendeur , 3.º l'objet de la demande.

La loi exige moins de formalités pour la cédule que pour la citation, parce que la cédule étant l'œuvre du juge, ce magistrat , qui , aux termes de l'article 92 , ne peut donner aucune consultation aux parties , ne peut rédiger des moyens qu'il ne doit pas connaître avant l'audience.

Il est vrai que le juge de paix n'est pas obligé d'écrire *lui-même* la cédule , qu'elle peut être écrite par lui , par le greffier , par la partie elle-même ou par toute autre personne , mais elle doit être signée par le juge.

N.º 4.        MODÈLE DE CÉDULE.

Le tribunal de paix de la commune de       mande à compa-raître à son audience du     à    heure , le citoyen A..., demeurant à.... , pour répondre à la demande du citoyen B........ contre lui en paiement d'une somme de cinquante gourdes.

Donné à          le          etc.

*Le juge de paix,*

D***.

La cédule est faite sur timbre de 6 centimes et envoyée sans frais, par le juge de paix, au défendeur.

Si au lieu d'une simple cédule, le demandeur donne une citation, il n'y aura pas lieu au rejet de la demande, mais les frais de la citation ne pourront être passés en taxe contre le défendeur : il ne sera alloué que 6 centimes pour le timbre de la cédule, et le surplus doit être supporté par le demandeur comme frais frustratoires.

## CHAPITRE II.

### *De la Citation.*

### § I.er

Pour former une demande qui excède cinquante gourdes et jusqu'à trois cents gourdes, le demandeur doit s'adresser directement à l'huissier de la justice de paix qui rédige la citation et en fait une copie qu'il remet à la personne citée ou à son domicile, ensuite il fait enregistrer son original et le remet au demandeur.

Aux termes de l'article 6 du code de procédure, la citation doit contenir 1.º la date du jour, du mois et de l'an ; 2.º les noms, profession et demeure du demandeur ; 3.º les noms, domicile de l'huissier ; 4.º les noms et demeure du défendeur ; 5.º l'énonciation sommaire de l'objet et des moyens de la demande ; 6.º l'indication du *juge de paix* qui doit connaître de la demande ; 7.º enfin, l'indication du jour et de l'heure de la comparution : le tout à peine de nullité.

N.º 5.                                MODÈLE.

L'an mil-huit-cent-quarante et le premier avril, à la requête du citoyen J. F., marchand patenté sous le n.º 14 (1), demeurant à la Croix-des-Bouquets, j'ai, R., huissier du tribunal de paix du Port-au-Prince, y domicilié, soussigné, donné citation au citoyen J. P., demeurant au Port-au-Prince, pour comparaître à l'audience du tribunal de paix de cette ville, le vendredi trois du courant, à huit heures du matin, pour s'entendre condamner, même par corps, à payer au requérant la somme de cinquante gourdes et un centime, avec dépens, montant des marchandises à lui vendues et livrées par le requérant depuis le douze février dernier, attendu que le terme d'un mois convenu entre les parties est expiré. Et afin que ledit citoyen J. P. n'en ignore, je lui ai, *à son domicile*, laissé copie du présent exploit, en parlant à son épouse, ainsi qu'elle m'a dit être. Dont acte. Le coût est d'une gourde et douze centimes, compris timbres et enregistrement.

R***.

La citation est assujettie à des formalités intrinsèques et à des formalités extrinsèques.

Les formalités intrinsèques sont les sept ci-dessus énoncées ; l'absence d'une seule de ces formalités entraîne la nullité de la citation, aux termes des articles 6 et 950 du code de procédure.

Les formalités extrinsèques sont au nombre de trois, elles sont communes à tous les actes d'huissier, savoir : le timbre, l'enregistrement et la mention du coût de l'acte.

La 6e. formalité prescrite par l'article 6 ne signifie pas, comme l'ont cru plusieurs personnes, que la citation doit désigner *le nom* du juge de paix qui doit juger l'affaire, ce

______

(1) Suivant l'article 32 de la loi sur les patentes, aucune action ne peut être intentée par les personnes soumises au droit de patente, si la requête ou l'exploit d'ajournement ne porte le n.º de leur patente pour l'année dans le cours de laquelle la demande est présentée.

qui serait très-difficile, puisque le juge comme les suppléans tiennent l'audience, et qu'il serait impossible que l'huissier sût d'avance le magistrat qui donnerait audience le jour que l'affaire serait appelée.

Le mot *juge* est employé ici par le législateur pour désigner le tribunal devant lequel le défendeur est cité. Ainsi, au lieu de dire dans la citation : *à comparaître devant le juge de paix un tel,* comme font plusieurs huissiers, il faut dire à comparaître devant *tel tribunal de paix.*

L'huissier doit porter la plus grande attention en rédigeant la citation, pour remplir strictement toutes les formalités prescrites. La citation étant le premier acte de la procédure, sert de base au jugement. Si elle est nulle, la procédure entière et même le jugement définitif pourront être annulés, et dans une affaire importante la nullité d'une citation peut compromettre la fortune d'une partie et occasionner la ruine de l'huissier, car celui-ci est responsable de ses actes envers son client ( art. 81 et 952 ).

Je dis dans une affaire importante, car le juge de paix est quelquefois appelé à remplir le préliminaire d'un procès de la plus haute importance.

Or, dans un tems voisin de la prescription, supposez le dernier jour, le créancier fait citer son débiteur en conciliation, dans le but d'interrompre la prescription, aux termes de l'article 2013 du code civil. Si la citation est nulle par défaut de forme, la prescription sera acquise suivant l'article 2015. Ce fait peut occasionner la ruine du créancier, suivant l'importance de la créance, et celle de l'huissier par sa responsabilité.

Aux termes de l'article 6 sus-énoncé, la nullité de la citation ne peut être prononcée que par le juge de paix, *sur la demande du défendeur.* Ainsi, lorsque le défendeur aperçoit des vices dans la citation, il doit à l'audience former sa demande en nullité avant toute défense, car si, au lieu de proposer l'exception, il se défendait au fond, son exception seraît couverte, c'est-à-dire qu'il serait déclaré non-recevable dans sa demande en nullité ( art. 174, c. proc. ).

Malgré la disposition de l'article 6, il y a des cas où le juge de paix peut et doit même prononcer d'office la nullité de la citation, surtout lorsque le défendeur fait défaut. Par exemple, si le demandeur, pour obtenir défaut contre le défendeur, présente au juge une citation non signée de l'huissier, où une citation dont le *parlant à* est en blanc, ou qui ne constate pas la remise de la copie à la personne citée ou à quelqu'un autorisé à la recevoir. Comme nul ne peut être jugé sans avoir été légalement appelé, et que d'ailleurs l'article 27 veut que les demandes de la partie présente ne lui soient adjugées qu'autant qu'elles seraient trouvées justes et bien vérifiées, le juge peut rejeter la citation.

Le *parlant à* de la citation est sujet à plusieurs observations. Il faut remarquer qu'en règle générale, tous exploits doivent être faits à personne ou à domicile, à peine de nullité ( art. 78 et 80 ). Cependant, lorsque l'huissier ne trouve au domicile ni la partie, ni aucun de ses parens ou serviteurs, au lieu de remettre la copie à un voisin, comme le prescrit l'article 78, il doit, en conformité de l'article 9, la remettre à l'officier de police du lieu ou à celui qui le représente (1), lequel doit viser l'original sans frais; mais l'huissier doit d'abord constater son transport au domicile de la partie, et le motif qui l'a empêché d'y laisser la copie.

Voir le modèle n.° 5, page 36. Après ce mot *à son domicile,* ajoutez : *où je me suis transporté. N'ayant trouvé per-*

_______________

(1) Dans les sections rurales, les officiers de police sont remplacés par leurs gardes-champêtres, et dans les villes ou bourgs, en cas d'absence, il y a toujours un officier de ligne chargé de la police.

*sonne capable de recevoir la copie, je l'ai remise au citoyen N...., officier de police, qui a visé mon original* (1).

La copie de la citation peut être remise à la personne en quelque lieu qu'on la trouve. Dès que l'huissier fait mention qu'elle a été remise à personne, il n'a pas besoin de désigner l'endroit où cette remise a été faite. Mais lorsqu'il remet la copie à un parent ou serviteur de la personne, il doit non-seulement désigner les rapports de parenté ou de domesticité qui existent entre le cité et la personne qui reçoit la copie, mais encore constater que cette personne a été trouvée au domicile du cité.

En conséquence, est nulle la citation dont la copie est remise à un étranger trouvé dans le domicile du cité ; est également nulle celle dont la copie est remise à un parent ou serviteur du cité hors du domicile. La raison en est que, l'inconnu trouvé au domicile peut avoir intérêt à souffler la copie ; comme le parent ou le serviteur trouvé hors du domicile peut être en mésintelligence avec le cité.

Il est de principe que la copie d'un exploit tient lieu de l'original à la personne contre laquelle on l'oppose. Ainsi, la régularité d'un original ne couvre pas le vice de la copie ( arrêt du trib. de cassation de la rép. , du 23 mars 1835 ).

## § II.

*Devant quel juge et par qui la citation est donnée.*

En matière personnelle ou mobilière, le défendeur est cité devant le tribunal de son domicile ; s'il n'a pas de domicile, devant le tribunal de sa résidence.

––––––––

(1) Si l'officier refuse de viser l'original, l'huissier doit le faire viser par le ministère public ou le notaire qui représente le ministère public dans la commune, et d'après l'article 960, le refusant est passible d'une amende de cinq à vingt gourdes.

Le domicile des haïtiens est déterminé par les articles 94 et suivans du code civil. L'étranger n'a point de domicile en Haïti, il ne peut y avoir qu'une résidence.

Lorsqu'il s'agit des actions énumérées à la page 12, la citation est donnée devant le tribunal de la situation de l'objet litigieux.

Aux termes de l'article 9, la citation doit être notifiée *par l'huissier de la justice de paix du domicile du défendeur*, et en cas d'empêchement, par celui qui sera commis par le juge. Ainsi, Pierre, demeurant au Port-au-Prince, veut actionner Paul, domicilié au Cap-Haïtien, par suite d'une usurpation commise sur un terrain situé à Léogane, il s'adressera à l'un des huissiers du tribunal de paix du Cap. Si les deux huissiers se trouvent empêchés soit par parenté ou autrement, il s'adressera au juge de paix du Cap, qui commettra un huissier du tribunal civil pour donner la citation. Mais si, par hasard, Paul se trouve au Port-au-Prince ou à Léogane, l'huissier de la commune où il se trouvera pourra lui donner la citation, en remettant toutefois la copie à sa personne.

## N.° 6.   CEDULE DE COMMISE D'HUISSIER.

Nous, F., juge de paix de la commune du Cap-Haïtien, sur la demande du citoyen Pierre, demeurant au Port-au-Prince, commettons l'huissier J. B. Pavie, du tribunal civil du Cap-Haïtien, pour citer le citoyen Paul, demeurant en cette ville, à comparaître devant le tribunal de paix de la commune de Léogane.

Donné au Cap-Haïtien, le....

*Le juge de paix*,

F***.

Dans la cédule qui ne contient qu'une simple commise d'huissier, le juge ne doit pas désigner le jour de la comparution, à moins que la même cédule ne porte aussi une abréviation de délai.

Au bas de cette cédule l'huissier fait la citation comme le modèle n.º 5 , page 36 , et il donne copie de la cédule en tête de la citation.

## § III.

### Du Délai de la Citation.

Suivant l'article 10 , le délai ordinaire de la citation est d'un jour au moins ; dans ce délai il n'est compris ni la date de la citation ni le jour fixé pour la comparution.

Ce délai est le même pour le défendeur qui demeure dans le lieu même où siége le tribunal , que pour celui qui demeure à une distance de cinq lieues. S'il demeure au-delà de cinq lieues , on doit ajouter un jour par cinq lieues , et lorsqu'il y a lieu à voyage ou envoi et retour , l'augmentation du délai de distance est double ( argum. de l'art. 954 ).

Dans les cas urgens , qui exigent que les délais de la comparution soient abrégés , le juge du litige est autorisé par l'article 11 à donner une abréviation de délai.

Il est de jurisprudence que le juge ne peut permettre d'abréger que le délai ordinaire de la comparution et qu'il ne peut abréger le délai de distance. Mais dans les cas d'absolue nécessité , et si le défendeur se trouve sur les lieux , le juge peut abréger même le délai de distance.

N.º 7.     CEDULE POUR ABREGER LES DELAIS.

Nous , A. , juge de paix de la commune de Léogane ; sur la demande du citoyen Pierre , demeurant au Port-au-Prince ; permettons de citer le citoyen Paul , demeurant au Cap-Haïtien , présentement à Léogane ; à comparaître à l'audience de notre tribunal , demain .... du courant , à huit heures du matin ; pour répondre et procéder aux fins de la demande que veut intenter contre lui ledit citoyen Pierre.

Donné à Léogane , le .... etc.

*Le juge de paix ,*

A***.

Au bas de cette cédule l'huissier fait la citation dans la forme ordinaire ( v. page 41 ).

Le juge de paix n'est pas infiniment lié par la citation, pour rendre le jugement à l'heure indiquée, car en accordant la permission de citer à bref délai il n'examine pas le fond de la demande, il n'écoute que l'exposition succincte des motifs d'urgence allégués par le demandeur. Mais lorsque l'affaire est soumise à sa décision, il doit l'examiner profondément.

Si le defendeur comparaît et justifie qu'il a besoin de jouir des délais de droit pour se procurer des pièces et préparer sa défense, le juge peut renvoyer l'affaire à une autre audience ; ce qu'il fait par un jugement préparatoire qui réserve les dépens. Mais si par les explications données par le défendeur, le juge reconnaît que le demandeur avait allégué des faux motifs d'urgence pour obtenir la cédule d'abréviation, et lors même que le défendeur ferait défaut, s'il reconnaît que cette cédule lui a été surprise, il peut la rétracter et renvoyer le demandeur à citer dans les délais de droit, et même le condamner aux dépens, sans préjudice de dommages-intérêts, si le cas y échet : car il ne doit être jamais permis à un plaideur d'employer le mensonge ou la ruse devant la justice, même pour obtenir une chose légitime.

Mais lorsque sans aucune surprise le demandeur a obtenu la permission d'abréger les délais, si le défendeur ne comparaît pas, le juge doit donner défaut contre lui et procéder au jugement de la cause. Ce n'est que lorsque les délais ont été abrégés sans permission que le juge doit, si le défendeur fait défaut, ordonner de citer de nouveau sans examiner la demande.

## §. IV.

### *De la Comparution volontaire.*

Un des premiers principes de la justice, la base fondamentale de cette sublime institution, c'est le droit de la défeuse ; principe immuable , duquel découle cet axiome : *nul ne peut être jugé qu'après avoir été entendu ou légalement appelé.*

La citation seule fait le mandat du juge , et pour éviter toute surprise cet acte doit désigner clairement les noms et les qualités des parties , l'objet et les moyens de la demande , afin que le juge supérieur puisse reconnaître si le premier juge a excédé ses pouvoirs , en jugeant sur chose non demandée , en accordant plus qu'il n'a été demandé , ou enfin , s'il n'y a pas eu erreur dans l'identité des parties.

En principe général , un tribunal ordinaire ne peut rendre de jugement sur une contestation qui ne serait pas ouverte par un ajournement. Mais ici le législateur ne voit qu'un temple dédié à la paix , dont le ministre doit être toujours prêt à entendre les parties , et à régler leurs différends avec le moins de frais possible.

Ceux qui veulent éviter le scandale d'une procédure toujours dispendieuse , quelque simple qu'elle soit , peuvent , en vertu de l'article 12 du code de procédure , renoncer aux formalités ordinaires , à la juridiction de son juge naturel , et se présenter volontairement , sans frais et sans publicité , devant un juge de paix de leur choix et soumettre à ce magistrat la décision de leur contestation.

Pour profiter de l'avantage accordé par l'article 12 , il faut que la matière soit de la compétence du juge de paix , car les parties ne peuvent pas proroger la juridiction de ce magistrat et lui donner mandat de juger des questions que la loi n'a pas placées dans le cercle de ses attributions. En effet , l'article 12 dit que le juge de paix jugera , *si les lois* ET *les parties l'y* AUTORISENT. A la différence de l'article 7 du code français qui dit : *si les lois* OU *les parties l'y autorisent.* Ainsi pour juger sans citation préalable et sur une contestation dans laquelle le juge serait incompétent , soit à raison de la situation de l'objet litigieux , soit à raison du domicile du défendeur , il faut , outre l'autorisation expresse des parties , l'autorisation formelle de la loi ; c'est-à-dire , que la matière soit , par sa nature  et par sa quotité , soumise à la juridiction de paix.

Si la matière est hors de la compétence du juge de paix , les parties ne seront pas obligées de suivre les voies judiciaires , elles pourront toujours se donner des juges volontaires et soumettre leur différend à l'arbitrage ( constitution , art. 178 , et code proc. , 891 ).

Pour la validité d'un jugement sur comparution volontaire , le juge doit dresser préalablement un procès-verbal constatant la volonté expresse des parties , et leur libre consentement de soumettre leur différend à sa décision ; ce procès-verbal doit être signé des parties où mention doit être faite si elles ne *savent* ou ne *peuvent* signer. Si l'une des parties *refuse* de signer , c'est une preuve que son consentement n'est pas libre, en tel cas le juge ne doit pas retenir la cause.

Ce procès-verbal tient lieu de citation et constitue le mandat du juge. Pour éviter toute surprise , ce procès-verbal doit désigner clairement les noms , professions et demeures des parties , ainsi que la question litigieuse , afin qu'il justifie le jugement, et qu'on puisse reconnaître si le juge s'est renfermé dans son mandat.

Le procès-verbal une fois dressé , forme un contrat judiciaire , et ne peut être révoqué que du consentement unanime des parties ( *argument de l'article 925 du code civil.* )

N.° 8.      DÉCLARATION DES PARTIES

QUI DEMANDENT JUGEMENT.

Pardevant nous A. , juge de paix de la commune du Cap-Hatien , assisté de notre greffier ( s'il s'agit d'un jugement en dernier ressort , il faut aussi l'assistance d'un suppléant ) ,

Sont volontairement comparus les citoyens Philippe Thomas , propriétaire , demeurant aux Gonaïves , et François Jacques , capitaine de la goëlette Marie , demeurant aux Cayes ;

Lesquels nous ont requis de juger le différend qui les divise , sur la réclamation dudit citoyen Philippe Thomas , en paiement d'une obligation de 250 gourdes, souscrite à son profit, le 12 juin 1839, par ledit citoyen François Jacques.

Et pour juger cette demande les comparans nous donnent mandat et font soumission à notre juridiction. Dont acte requis par les parties qui ont signé avec nous après lecture ( ou déclaré ne savoir signer ).

Le jugement à intervenir est rendu dans la forme ordinaire, mais le procès-verbal doit être expédié avec la grosse.

Dans les actes de conciliation et dans les jugemens sur comparution volontaire, le juge de paix, dans l'intérêt de la justice, et pour couvrir sa responsabilité personnelle, doit prendre toutes sortes de précautions pour prévenir la fraude et la collusion, en s'assurant de l'identité des parties, car un créancier de mauvaise foi peut faire présenter un tiers inconnu du juge de paix et le faire régulariser un titre nul ou reconnaître une créance frauduleuse sous le nom d'un autre.

# TITRE III.

## 2e. PARTIE DE LA PROCÉDURE.

### *De l'Instruction*

### CHAPITRE PREMIER.

### *De la Tenue des Audiences.*

Le juge de paix doit donner audience tous les jours, même les dimanches et les fêtes. Il peut aussi donner audience chez lui, *en tenant les portes ouvertes* ( code proc., art. 13 ).

Le principe de la publicité des audiences est établi par l'article 176 de la constitution et rappelé par l'article 15 de la loi organique.

Il y a cependant une exception, c'est lorsque la discussion publique d'une affaire peut entraîner du scandale ou des inconvéniens graves, alors, dans l'intérêt des mœurs, la loi autorise les débats à huis clos, mais le jugement est toujours prononcé en public et à haute voix.

Le temple de la paix, si utile au maintien de la tranquillité parmi les citoyens, doit être toujours ouvert. Outre le texte formel de la loi, voici une circulaire du grand-juge de la république aux juges de paix, en date du 28 octobre 1823 :

Etant informé que plusieurs justices de paix de la république, se trouvent presque toujours fermées, parce que les juges qui y sont titulaires paraissent s'occuper incessamment de leurs affaires personnelles, au préjudice du service essentiel qui leur est confié

Prévenons, en conséquence, lesdits juges de paix, que les bureaux qu'ils tiennent, doivent être ouverts tous les jours de la semaine, et notamment les samedi et dimanche, jours où les habitans de la campagne viennent dans les communes pour y faire leurs affaires, depuis huit heures du matin jusqu'à onze, et depuis deux jusqu'à cinq heures de l'après-midi.

Fesons savoir expressément auxdits juges de paix, que s'ils négligeaient de se conformer aux dispositions ci-dessus, et que des plaintes fussent portées contre eux, relativement aux obligations de leur charge, ils seront considérés comme avoir donné leur démission, et ils seront en outre personnellement responsables et poursuivis, suivant l'exigence du cas, avec toute la rigueur de la loi. Les citoyens qui seront dans le cas de souffrir de la négligence desdits juges de paix sont invités de nous adresser leurs plaintes.

( Signé ) FRESNEL.

Les huissiers du tribunal de paix font ordinairement le service de l'audience à tour de rôle : l'huissier de service maintient le silence et l'ordre durant l'audience, il appelle les affaires suivant leur numéro du rôle.

'Les parties sont tenues de s'expliquer avec modération devant le juge, et de garder, en tout, le respect qui est dû à la justice ; si elles y manquent, le juge les y rappelle d'abord par un avertissement ; en cas de récidive, elles pourront être condamnées à un emprisonnement qui ne peut excéder vingt-quatre heures ; elles seront reçues dans la maison d'arrêt , sur un simple ordre du juge dont mention sera faite sur la feuille d'audience ( art. 15 du code de procéd. ).

Pour l'exécution de cet ordre , on doit en donner copie au délinquant , et le geôlier doit en faire la transcription sur son registre ( argument des articles 187 et 192 de la constitution ).

La transcription de l'ordre sur le registre de la geôle assure en même tems la liberté individuelle et la répression du délit ; car si l'ordre n'a pas été exécuté le même jour de sa date , soit par la fuite du délinquant ou autrement , il faut nécessairement que le moment de l'exécution soit constaté pour reconnaître le terme de la peine , afin de garantir à la fois , la société de l'impunité , et le condamné de l'arbitraire.

En cas d'insulte ou d'irrévérence grave envers le juge , après avoir dressé procès-verbal il pourra prononcer la peine de trois jours d'emprisonnement ( art. 16 , code procéd. ). Mais si le fait n'est pas une simple insulte ou une irrévérence grave , s'il prend le caractère d'outrage qui inculpe l'honneur ou la délicatesse du magistrat : si ce sont des gestes ou menaces , le fait étant un délit correctionnel prévu par les articles 183 et 184 du code pénal , le juge devra en dresser procès-verbal et l'expédier au ministère public dans les trois jours au plus tard ( articles 11 et 12 du code d'instruction criminelle ).

## CHAPITRE II.

### *De la Comparution des Parties.*

Au jour fixé par la citation ou convenu entre les parties , elles doivent comparaître en personne ou par leurs fondés de pouvoir ; il leur est interdit de signifier des défenses ( art. 14 ).

Le demandeur introduit l'instance par une citation , le défendeur doit présenter oralement sa défense , s'il fait des actes d'instruction les frais ne passeront point en taxe , mais cette disposition ne concerne pas les protestations ou les actes conservatoires dont la nécessité est reconnue.

Le pouvoir , aux termes de l'article 1749 du code civil , peut être donné ou par acte public , ou par écrit sous seing privé , même par lettre. Il peut aussi être donné verbalement ; mais la preuve testimoniale n'en est reçue que pour une valeur n'excédant pas seize gourdes.

Le pouvoir est général ou spécial. Le pouvoir général de gérer et administrer les affaires d'une personne comporte celui de la représenter en justice dans les affaires qui concernent la gestion.

Le pouvoir est valablement donné par une simple lettre qui contient l'autorisation ou la prière d'agir pour le mandant.

La procuration par acte sous seing privé doit être faite sur timbre de 25 c. et enregistrée. Mais la lettre est exempte du droit de timbre.

## N.º 9.     PROCURATION PAR ACTE PRIVÉ.

Je , soussigné , B. , propriétaire , demeurant à...... , donne pouvoir au citoyen C. , demeurant à....., de me représenter tant en action qu'en défense ( dans telle affaire , ou dans toutes les causes qui me concernent ), à la justice de paix du..... , à l'effet de quoi je l'autorise à faire et signer tous actes à ce relatifs , tant pour l'obtention que pour l'exécution des jugemens à intervenir.

Fait à...... , le..... etc.


Après avoir entendu contradictoirement les parties ou l'une d'elles , si le juge se trouve suffisamment éclairé par le développement des moyens il doit prononcer sur-le-champ ; la loi ne veut pas que pour des objets de peu d'importance les parties soient exposées à des démarches et à des lenteurs inutiles. S'il a besoin d'examiner les pièces , il en ordonne le dépôt et renvoie le prononcé de son jugement à l'audience suivante.

Si le demandeur ne comparaît pas , le juge doit prononcer le congé , audience tenante , et renvoyer le défendeur sans avoir besoin d'examiner la demande. Mais si c'est le défendeur qui fait défaut sa non comparution ne peut nuire au droit du demandeur ; dès qu'il a été légalement appelé , il devait se présenter pour faire valoir ses moyens de défense , s'il en a , ainsi le juge doit donner défaut contre lui et procéder au jugement.

En procédant au jugement , le juge doit examiner d'abord , si, les délais ont été observés dans la citation , si cet acte contient les formalités substantielles qui lui donnent l'existence et justifient qu'il a été parvenu au cité , ensuite il examine le fond de la demande ; s'il voit que la citation est régulière , c'est-à-dire que les délais ont été observés , qu'elle a été remise à personne , à domicile ou à l'officier de police ; et si la demande est fondée il doit l'adjuger , en cas contraire il ordonne ce que de droit.

Souvent le juge ne se trouve pas suffisamment éclairé par le développement donné à l'audience et par l'examen des pièces , ou bien la discordance des parties sur le fait laisse un doute , alors , pour découvrir la vérité , il rend jugement préparatoire par lequel il ordonne une opération quelconque.

Si lors du jugement le juge de paix sait par lui-même ou par des représentations qui lui sont faites à l'audience que le défaillant n'a pu être instruit de la procédure, il ne pourra pas renvoyer le demandeur, mais il pourra , en adjugeant le défaut , proroger le délai de l'opposition à un tems qu'il jugera convenable.

## CHAPITRE III.

### *Des Incidens.*

Après avoir entendu les parties à l'audience , le juge doit rendre un jugement , mais ce jugement n'est pas toujours définitif. Par exemple : le défendeur nie une dette de 16 gourdes réclamée sans titre contre lui, le demandeur peut incidemment offrir la preuve testimoniale, déférer le serment décisoire, etc. Le défendeur peut aussi repousser la demande par un déclinatoire, c'est-à-dire réfuter la juridiction du juge, comme s'il prétend que le juge est incompétent pour connaître de l'affaire; soit parce que la matière n'est pas placée par la loi dans ses attributions, soit parce qu'il n'est pas domicilié dans la commune où il est cité. Dans le premier cas l'incompétence est dite *à raison de la matière*, dans le second cas elle est *à raison de la personne*.

Suivant les dispositions de l'article 171 du code de procédure, le déclinatoire à raison de la matière peut être proposé en tout état de cause, et lors même qu'il n'aurait pas été proposé, le juge doit se décliner d'office, car aucun acte, aucune défense ne peut attribuer à un juge des pouvoirs que la loi lui refuse.

Cependant, suivant l'article 170, si le déclinatoire est à raison de la personne, il sera couvert par la défense au fond ou faute par le défendeur de le proposer avant toute. exception. Mais il faut remarquer ici que cette disposition ne concerne pas le tribunal de paix; car le législateur veut que la renonciation des parties à leur juge naturel soit expresse devant ce tribunal ( art. 12 ), d'où nous concluons que l'incompétence, même à raison de la personne, est d'ordre public à la justice de paix dont la juridiction est exceptionnelle.

Cependant il y a deux autres déclinatoires prévus par l'article 172 qui ne sont point d'ordre public: le premier, c'est la *connexité*, et le second, la *litispendance*.

Il y a connexité lorsque la citation porte une demande qui est tellement liée à une autre demande déjà formée, que le jugement de l'une doit influer sur le jugement de l'autre. Exemple: Victor réclame contre Dinas, au tribunal civil, une maison dont celui-ci est détenteur; avant le jugement il forme au tribunal de paix une demande en paiement des loyers de cette maison. Il y a connexité entre les deux demandes, Dinas peut demander le renvoi de l'affaire au tribunal civil, car le paiement des loyers ne peut être que la conséquence de l'adjudication de la propriété.

Il y a litispendance lorsqu'il existe une première demande entre les mêmes parties, pour la même cause et sur les mêmes moyens. Exemple : Un commerçant, demeurant à Ouanaminthe, souscrit, au Cap-Haïtien, un billet à ordre de 300 gourdes, pour marchandises achetées en cette ville; suivant l'article 632 du code de commerce, le créancier peut porter sa demande en paiement devant la justice de paix de Ouanaminthe, comme devant le tribunal de paix du Cap. Si après avoir donné citation au débiteur à comparaître devant le tribunal de paix du Cap, le créancier porte la même demande devant le tribunal de paix d'Ouanaminthe, le défendeur pourra demander son renvoi au tribunal du Cap pour procéder sur la première demande.

Lorsque les deux demandes connexes sont portées devant le même tribunal, on peut en demander la jonction, c'est-à-dire, la réunion des deux demandes pour être jugées par un seul jugement. Exemple : Un débiteur condamné par corps à payer 100 gourdes, fait des offres réelles et consigne 99 gourdes pour se libérer ; le créancier conteste ces offres et cite le débiteur en nullité, cependant, il fait procéder à l'emprisonnement du débiteur. Avant l'échéance du délai de la citation le débiteur le cite, à bref délai, en nullité de l'emprisonnement, sous prétexte que la créance est éteinte par le paiement résultant de ces offres suivies de consignation. Le créancier peut demander la jonction de cette demande à celle pendante sur la nullité des offres, parce que celle-ci est préjudicielle à l'autre et doit être examinée préalablement : si les offres sont nulles, il n'y a pas de paiement, l'emprisonnement est valable ; et *vice versâ*, si les offres sont valables, elles libèrent le débiteur, l'emprisonnement est nul.

Toutes les fois que le déclinatoire est proposé, le juge doit statuer préalablement sur sa compétence ; s'il rejette le déclinatoire, il retient la cause et ordonne aux parties de procéder au fond. S'il admet le déclinatoire, il renvoie simplement les parties pardevant qui de droit, sans désigner le tribunal compétent.

S'il s'agit de demande en jonction, un premier jugement doit statuer sur cette demande avant de passer au fond.

Le défendeur peut encore repousser la demande par d'autres exceptions, par exemple, en demandant la nullité de la citation : cette exception s'appelle *péremptoire*, elle doit être proposée après le déclinatoire et avant toute défense, différemment elle sera couverte ; c'est-à-dire, le défendeur en sera déclaré non-recevable ( art. 174 ).

Après l'exception péremptoire on peut proposer les exceptions *dilatoires* suivantes : on appelle *exception dilatoire*, toute demande qui tend à retarder le jugement du fond.

L'héritier, la veuve, la femme divorcée ou séparée de bien ont trois mois, du jour de l'ouverture de la succession ou dissolution de la communauté, pour faire inventaire, et quarante jours pour délibérer ( art. 175 ). Si l'on dirige contre eux une action avant l'expiration de ces délais, ils peuvent demander qu'il soit sursis à poursuivre sur la demande jusqu'à l'expiration de ces délais. Ils peuvent encore obtenir un plus long délai, s'ils justifient que l'inventaire n'a pu être fait dans les trois mois.

Viennent ensuite les demandes en garantie, en communication de pièces, en prolongation de délai, etc.

Si le demandeur est étranger, le défendeur peut exiger qu'il fournisse caution pour répondre des frais et dommages-intérêts qui peuvent résulter de la demande, si toutefois l'affaire n'est pas commerciale ( art. 167 ). C'est ce qu'on appelle caution *judicatum solvi*. Lorsque cette caution est requise avant toute défense, le juge doit rendre un jugement qui en fixe la valeur. L'étranger peut se dispenser de fournir la caution en consignant la somme fixée par le jugement. Le juge commettrait un excès de pouvoir en refusant d'admettre la demande à fin de caution (ainsi jugé par arrêt du 12 novembre 1838).

Après ces exceptions on peut proposer des fins de non-recevoir en soutenant la demande prématurée : comme si le demandeur intente son action avant l'échéance du terme , ( code civ. , art. 975 ). Si , avant d'actionner , le demandeur n'a pas rempli les conditions exigées par la loi ou par la convention ; comme si je m'oblige à vous fournir 6 chevaux pour votre voyage , sous peine de vous payer 100 gourdes de dommages-intérêts ; le terme arrive, vous devez me mettre en demeure par acte d'huissier avant de m'actionner ( art. 936 et 1017 c. civ. ). Si je conviens de vous payer 100 gourdes pour couvrir ma maison , jusqu'à ce que vous ayez fait le travail vous serez non-recevable à me demander les 100 gourdes.

Enfin , le défendeur peut repousser la demande par une autre fin de non-recevoir tirée du défaut de qualité ou du défaut d'intérêt du demandeur : une femme mariée ne peut ester en jugement sans l'autorisation de son mari ( art. 199 ). Un mineur ne peut agir que par son tuteur (art. 361). Un interdit est considéré comme un mineur ( art. 418 ). Les personnes mises sous l'assistance d'un conseil ne peuvent plaider sans être assistées de ce conseil ( art. 422 ).

Les faillis ( code de com. , 439 ) , les accusés contumaces ( code d'instruc. crim. , art. 366 ), les condamnés par contumace , les condamnés contradictoirement aux travaux forcés ou à la réclusion ( cod. civ. , art. 26 et 28 ), ne peuvent exercer aucune action en justice.

Toutes ces personnes sont incapables de se défendre en justice , et ne doivent pas , par conséquent , être citées seules : si on le fait la procédure sera nulle.

Ainsi, pour actionner la femme il faut citer en même tems le mari pour l'autoriser à plaider , et à défaut d'autorisation du mari on prend celle de la justice.

Pour actionner une personne mise sous l'assistance d'un conseil, il faut en même tems citer le conseil.

Les faillis, les condamnés sont représentés par les agens, syndics, curateurs ou tuteurs, etc.

De même que les incapables ne peuvent actionner sans le ministère ou l'assistance de la personne préposée par la loi à leur défense, ils ne peuvent non plus être actionnés sans leur défenseur légitime ; on ne doit point attaquer quiconque ne peut se défendre.

L'intérêt étant la mesure de l'action, le défaut d'intérêt de la part du demandeur autorise une fin de non-recevoir contre lui. De-là cette maxime : *point d'intérêt point d'action.*

On est sans intérêt si l'on réclame un droit qui appartient à un autre, comme si vous me réclamez le paiement d'un billet que j'ai souscrit à un tiers et que vous ne prouviez pas que ce billet vous a été transporté. Cependant le créancier peut exercer les droits et actions de son débiteur, il peut aussi, en son nom personnel, attaquer les actes faits par son débiteur en fraude de ses droits ( c. civ., art. 956 et 957 ).

## SECTION I.<sup>re</sup>

### *De la Mise en cause des Garans.*

Si le défendeur a un recours à exercer contre un tiers pour le fait de la demande dirigée contre lui, et s'il veut faire statuer sur son recours en même tems et par le même jugement qui doit prononcer sur la demande, il doit, dès le jour de sa première comparution, déclarer à l'audience qu'il demande à mettre garant en cause ; alors le tribunal doit rendre un jugement qui accorde un délai suffisant pour appeler le garant ; ce délai doit être calculé en suivant le principe établi par l'article 954 du code de procédure, c'est-à-dire que le délai de distance doit être doublé, car il faut au demandeur un délai pour envoyer la citation et au défendeur un délai pour son voyage ; le juge doit encore l'augmenter d'un tems moral pour que le demandeur puisse trouver l'occasion d'envoyer la citation.

Le jugement qui permet d'appeler en garantie ne doit être ni levé ni signifié, le garant est appelé par une citation libellée, c'est-à-dire explicative des causes pour lesquelles il est appelé.

Mais si le demandeur en garantie ne forme pas sa demande à la première comparution, ou si après avoir obtenu le délai il ne donne point la citation, il en serait déchu ; cependant il pourra toujours exercer son recours contre le garant, par action principale.

Il y a deux espèces de garanties : la garantie simple et la garantie formelle. La première a lieu dans les matières personnelles ; exemple : je souscris solidairement avec vous, une obligation de 300 gourdes, le créancier peut m'actionner seul en paiement de la totalité de la somme, suivant l'article 990 du code civil. Mais quoique je sois obligé envers le créancier pour toute la somme, vous n'êtes pas moins obligé envers moi pour la moitié. Ainsi, sur l'action du créancier contre moi, je puis vous appeler en garantie pour la moitié : je ne pourrai, il est vrai, demander à être mis hors de cause et que vous soyez condamné à mon lieu et place, ni même que la condamnation ne soit prononcée contre moi que pour la moitié de la dette, mais je pourrai demander que, par le même jugement qui me condamnera envers le créancier, vous soyez aussi condamné à me tenir compte de la moitié de la condamnation et même des dommages-intérêts, s'il y a lieu.

La seconde garantie a lieu dans les matières réelles, exemple : j'achette de vous un cheval, un tiers le revendique ; je puis vous actionner en garantie formelle ( art. 1410, c. civ., et c. proc., 183), pour répondre à l'action intentée contre moi ; je puis demander ici à être mis hors de cause sur la demande principale ; je puis néanmoins y assister pour la conservation de mes droits, soit pour obtenir contre vous indemnité en cas d'éviction ou pour empêcher que par une collusion vous ne compromettiez mes intérêts.

Le demandeur originaire en poursuivant la revendication de son cheval exerce une action réelle, et ce n'est que comme détenteur que je suis mis en cause. Or, en appelant mon vendeur je puis demander à être mis hors de cause, sauf mon recours contre lui en cas d'éviction.

### N.º 10.     CITATION EN GARANTIE SIMPLE.

L'an mil-huit-cent-quarante et le ....., à la requête du citoyen A., marchand, patenté au n.º , demeurant au Cap-Haïtien; j'ai, N., huissier exploitant près le tribunal de paix de la commune du Fort-Liberté, y domicilié, soussigné; donné citation au citoyen B., demeurant en cette ville, pour comparaître à l'audience du tribunal de paix de la commune du Cap-Haïtien, le ...., à .... heure d .... ; pour répondre sur ce que le requérant ayant souscrit solidairement avec lui un billet de 300 gourdes en faveur du citoyen C., marchand, demeurant à .... , est aujourd'hui poursuivi en condamnation de cette somme devant le tribunal de paix du Cap-Haïtien; et attendu qu'il est débiteur de la moitié de cette somme, se voir condamner à acquitter sa quote-part de ladite obligation, à garantir et indemniser le requérant des condamnations qui pourraient être prononcées contre lui au profit dudit citoyen C., et pour en outre se voir condamner aux dépens, le tout par corps. Et afin que ledit citoyen B. n'en ignore, je lui ai, à son domicile et en parlant à *son épouse*, ainsi qu'elle m'a dit être, laissé copie de la présente citation; dont acte. Le coût est d'une gourde et un escalin, compris timbre et enregistrement.

### N.º 11.     CITATION EN GARANTIE FOREMLLE.

L'an mil-huit-cent-quarante et le .... , à la requête du citoyen M., propriétaire, demeurant au Cap-Haïtien; j'ai, N., huissier exploitant près le tribunal de paix de la commune de la Grande-Rivière du nord, y domicilié; donné citation au citoyen D., demeurant en ce bourg, pour comparaître le ....., à ..... heure d ....., à l'audience du tribunal de paix de la commune du Cap-Haïtien; pour et attendu que par acte au rapport de Me. L., notaire public au Cap-Haïtien, en date du..... ; il a vendu au requérant un cheval pour la somme de 120 gourdes ; que ce cheval est aujourd'hui réclamé par le citoyen F., demeurant à....., dont l'action en revendication est pendante audit tribunal de paix du Cap ; et attendu qu'il est garant formel du requérant, entendre dire et prononcer qu'il sera tenu de prendre fait et cause de celui-ci, qui sera mis hors de cause. Sinon et en cas d'éviction, s'entendre condamner à restituer au requérant ladite somme de 120 gourdes, prix dudit cheval ; à lui payer 100 gourdes à titre de dommages-intérêts ; et en outre se voir condamner aux frais et dépens, le tout par corps. Et afin que, etc. *Le reste comme le modèle ci-dessus.*

## SECTION II.

### *Des Enquêtes.*

L'enquête est la constatation d'un fait par l'audition de témoins.

Le juge de paix est chargé par la loi de confectionner plusieurs sortes d'enquêtes, savoir :

Pour suppléer aux titres de propriété ( loi du 21 fév. 1825 ).

Pour constater soit l'identité, soit l'époque de la naissance d'une personne qui se propose de contracter mariage, et les causes qui l'empêchent de représenter son acte de naissance ( c. civ., art. 70 ).

Le tribunal civil peut, aux termes de l'article 956 du code de procédure, déléguer son autorité au juge de paix pour procéder à des enquêtes, à des interrogatoires sur faits et articles, etc. ; mais dans ces opérations, comme commissaire du tribunal déléguant, il suit la procédure tracée pour ce tribunal.

Suivant l'article 42 du code de procédure, pour ordonner l'enquête il faut trois conditions : la *première*, que les parties soient contraires en fait ; la *seconde*, que ces faits soient de nature à être constatés par témoins ; la *troisième*, que le juge en trouve la vérification utile et admissible.

Lorsque ces trois conditions se trouvent réunies, le juge rend un jugement interlocutoire qui admet cette preuve et fixe d'une manière précise l'objet de la preuve et le jour de l'enquête.

Si les faits sur lesquels doit porter l'enquête ne sont pas contestés elle ne pourrait rien prouver, elle serait donc inutile.

Suivant l'article 1126 du code civil, il doit être passé acte devant notaire ou sous signature privée, de toutes choses excédant la somme ou la valeur de 16 gourdes, même pour dépôts volontaires ; et il n'est reçu aucune preuve par témoins contre et outre le contenu aux actes, ni sur ce qui serait allégué avoir été dit avant, lors ou depuis les actes, encore qu'il s'agisse d'une somme ou valeur moindre de 16 gourdes. Le tout sans préjudice de ce qui est prescrit dans les lois relatives au commerce.

Ainsi, de cette volonté expresse de la loi il résulte que, celui qui forme une demande excédant 16 gourdes, ne peut être admis à en faire la preuve par témoins, même en restreignant sa demande primitive (art. 1128). Enfin la preuve testimoniale est encore interdite, lorsque dans la même instance il existe plusieurs demandes ayant des causes diverses, mais jointes ensemble, elles excèdent la somme de 16 gourdes (art. 1130).

Cependant si celui qui offre la preuve testimoniale présentait une pièce qu'on devrait considérer comme un commencement de preuve par écrit, la preuve par témoins pourrait être admise (art. 1132). Cette règle reçoit encore exception dans les cas où il n'a pas été possible au créancier de se procurer une preuve littérale de l'obligation (1133).

Dans les actions possessoires, bien qu'il s'agisse d'une valeur au-dessus de 16 gourdes, le juge de paix peut ordonner l'enquête pour établir la possession ou le trouble dénié.

La vérification est utile et admissible, lorsqu'elle est nécessaire pour établir la conviction du juge et qu'elle repose sur un fait qui a un rapport direct à l'affaire.

## § 1.

### *De la Forme de l'Enquête.*

Lorsque le jugement est rendu contradictoirement, c'est-à-dire, après avoir entendu toutes les parties, et prononcé en leur présence, il ne doit être ni expédié ni signifié ( c. proc., art. 36 ).

Pour parvenir à l'enquête, le juge de paix délivre à la partie requérante cédule de citation, laquelle doit contenir la date du jugement, le lieu, le jour et l'heure de l'enquête.

Toutes les fois qu'une enquête est ouverte, la contre-enquête est de droit; c'est-à-dire, lorsque le demandeur fait entendre ses témoins pour prouver l'affirmation, le défendeur peut aussi faire entendre des témoins pour prouver le contraire. Dans ce cas le juge doit délivrer cédule à chacune des parties.

N.° 12.     **CEDULE POUR CITER LES TEMOINS.**

Le tribunal de paix de la commune d....., en vertu de son jugement en date du....., qui ordonne la preuve testimoniale dans la cause pendante entre les citoyens A. et B., et à la réquisition du citoyen....., mande à comparaître à l'audience *( ou à tel lieu )*, le ....., à..... heure, 1.° le citoyen D., 2.° E., 3.° F., etc. *( avec désignation de leurs noms, professions et demeures )*, pour être entendus sur les faits qui leur seront expliqués. Donné au tribunal de paix d....., le....., etc.

En vertu de cette cédule l'huissier donne citation à chaque témoin comme suit :

L'an....., le....., à la requête du citoyen A., propriétaire, demeurant à....., j'ai, C., huissier reçu et assermenté près le tribunal de paix de la commune d....., y domicilié, soussigné, donné citation, 1.° au citoyen D., 2.° E., 3.° F., *( avec désignation de leur demeure )*, pour comparaître le....., à..... heure *( tel lieu )*, pour prêter serment, et déposer vérité sur les faits qui leur seront expliqués ; leur prévenant que faute par eux de comparaître auxdits jour, lieu et heure, ils encourront la peine de vingt gourdes d'amende et seront recités à leurs frais, sans préjudice des dommages-intérêts du requérant. Et afin que les sus-nommés n'en ignorent, je leur ai, à chacun séparément, laissé copie de la cédule ci-dessus avec celle du présent exploit, savoir : au citoyen D., à son domicile, en parlant à..... ; au citoyen E., à son domicile, en parlant à..... ; et au citoyen F., à son domicile, en parlant à..... ; dont acte. Le coût est de deux gourdes et demie, compris timbre et enregistrement.

Au jour indiqué, les témoins, après avoir dit leurs noms, profession, âge et demeure, font le serment de dire vérité, et déclarent s'ils sont parens ou alliés des parties, et à quel degré, et s'ils sont leurs serviteurs ou domestiques (art. 43). Ensuite ils sont entendus *séparément*, tant en présence qu'en absence des parties.

Les témoins doivent déposer oralement, il leur est défendu de lire aucun projet écrit (art. 272).

Aux termes de l'article 47, il n'y a que dans les causes sujettes à l'appel que le greffier doit dresser procès-verbal de l'audition des témoins. Dans les causes de nature à être jugées en dernier ressort, il suffit que le jugement énonce les noms, âge, profession et demeure des témoins ; leur serment, leur déclaration s'ils sont parens, alliés, serviteurs ou domestiques des parties ; enfin les reproches et le résultat des dépositions.

## N.° 13.      PROCÈS-VERBAL D'ENQUÊTE.

Aujourd'hui le....., à..... heure *(désignez le lieu où se fait l'enquête)*, nous R., juge de paix de la commune d....., assisté de notre greffier, avons procédé, ainsi qu'il suit, à la confection de l'enquête ordonnée par jugement du....., rendu entre les citoyens A. et B. *( profession et demeure )*, ici présens *( ou défaillans )*.

Les témoins cités pour l'enquête et la contre-enquête ayant été appelés sur les originaux des citations données à la requete des parties, il résulte que les citoyens E., témoin du demandeur, et G., témoin du défendeur, ont fait défaut. En conséquence,

« Nous, juge de paix soussigné, attendu que les citoyens E. et G.
« ( *profession et demeure* ), dûment cités pour déposer devant nous.,
« ont fait défaut, et après avoir entendu les parties en leurs ré-
« quisitions ; condamnons, *au nom de la République* (1), lesdits
« citoyens E. et G. chacun à vingt gourdes d'amende envers la
« caisse publique ; ordonnons qu'ils soient de nouveau cités, à leurs
« frais, à comparaître le..... ( *à tel lieu* ), pour faire leurs dé-
« positions ; et les condamnons en outre, ledit E., à trois gour-
« des de dommages-intérêts envers le citoyen A., et ledit G., à
« trois gourdes de dommages-intérêts envers B. Ce qui sera exé-
« cuté nonobstant opposition, conformément à l'article 264 du code
« de procédure civile.

« Prononcé en présence *(ou en absence)* des parties, les jour,
« mois et an que dessus, par nous, juge soussigné, assisté de
« notre greffier. »

Lorsqu'une personne citée pour déposer dans une enquête
se voit empêchée de se présenter à l'heure indiquée, elle doit,
pour éviter les condamnations prévues par l'article 264, en
prévenir le juge. Sur cet avis le magistrat lui accordera un
délai, ou se transportera sur les lieux pour recevoir la déposition, ou bien donnera commission à un autre juge de procéder à l'audition, si elle se trouve hors de la commune. Si elle
craint d'être emprisonnée par suite de la contrainte par corps
décernée contre elle, le juge peut lui envoyer un sauf conduit
( code de proc., art. 682 ). Dans tous les cas le juge rend
une ordonnance sur le procès-verbal.

« Statuant sur la représentation que nous a faite le citoyen T.,
« de ce que le citoyen G. se trouve en ce moment hors d'état
« de se présenter pardevant nous, pour cause de maladie, ainsi
« qu'il résulte du certificat délivré par le citoyen L., officier de
« santé, en date du....., et après avoir entendu les réquisitions des
« parties, tendant à ce que,.......... Nous, juge susdit, ordon-
« nons, *au nom de la République*, que le....., à..... heure, nous nous
« transporterons à..... pour recevoir la déposition dudit citoyen G.,

---

(1) Aux termes de l'article 7 de la loi organique, le juge ne prononce qu'*au nom de la République*.

« — *ou* accordons un délai jusqu'au....., à.... heure , audit témoin
« pour se présenter à l'audience et faire sa déposition devant nous ,
« — *ou bien* ordonnons qu'il soit procédé à son audition par le
« juge de paix du....., etc.

   « Prononcé en présence des parties les jour, mois et an que dessus. »
*Le sauf conduit se rédige ainsi :*

   « Nous , juge de paix , etc. , fesons défense , *au nom de la Ré-*
« *publique* , à tous huissiers et agens de la force publique , d'exercer
« contre le citoyen G. , etc. , aucune contrainte par corps pour dettes
« civiles et commerciales, depuis *tel jour*..... jusques et compris *tel*
« *jour*..... ; à l'effet par ledit G. , de venir faire sa déposition et re-
« tourner chez lui. — Fait et délivré à....., le......, ( *l'expédition*
« *est délivrée comme le modèle n.º* 14 *, page* 65 ). »

Chaque ordonnance doit être signée par le juge et par le
greffier , et le procès-verbal se continue sur le même acte.

Les témoins presens s'étant retirés par ordre du juge *( en tel lieu )*,
excepté le premier témoin ci-après nommé ;

Le citoyen C. , marchand , demeurant à....., âgé de..... ans. Après
avoir prêté serment de dire vérité , a déclaré qu'il n'est ni parent
ni allié , ni serviteur ni domestique d'aucune des parties, et a fait
la déposition suivante :

   « .............................................................................. »

Lecture faite de sa déposition , il a dit qu'elle contient vérité,
et qu'il y persiste.

Sur la demande du juge il a répondu qu'il requiert taxe , son
salaire a été taxé sur la copie de la citation à cinquante centimes (1).

---

(1) Aux termes de l'article 272, le juge doit demander au témoin
s'il requiert taxe ; et suivant l'article 275 , lorsque le témoin répond
affirmativement , le juge fait la taxe sur la copie de la citation et
en fait mention sur le procès-verbal.

   Les articles 14 , 25 et suiv. du tarif allouent aux gardiens , séquestres,
témoins et experts en matières civiles et commerciales de la compétence du tribunal de paix , la taxe suivante :

   *Aux experts* , par vacation de trois heures , 1 gourde 50 c. *Aux témoins* , par audition , 50 c.

   Si les experts ou les témoins sont appelés à se transporter hors du
lieu où ils demeurent, ils perçoivent en outre pour leur transport
50 c. par chaque lieue de distance. — *Aux gardiens ou séquestres ,*
pour garde de scellés , d'objets saisis et autres , 37 c. par jour.

Et ledit témoin a signé en cet endroit ou a déclaré qu'il ne sait ou ne peut signer.

Ledit citoyen C. s'étant retiré, il a été introduit le second témoin ci-après nommé :

Le citoyen D., menuisier, demeurant à....., âgé de..... ans. Après avoir juré de dire vérité, a déclaré n'etre ni parent ni allié, ni serviteur ni domestique d'aucune des parties.

Le Citoyen B. a déclaré ici, qu'il entend reprocher le témoin D., attendu que celui-ci a dîné le premier de mai dernier chez la partie adverse, qu'à cette époque le jugement qui ordonne l'enquête était déjà prononcé ; et il a requis acte de ses reproches (1) que nous lui avons octroyé. Et il a signé (ou déclaré ne le savoir).

A quoi ledit témoin a répondu, sur l'interpellation du juge, que

« ..................................................................................................................... »

Et sans préjudicier aux droits des parties, le témoin a été entendu dans sa déposition comme suit :

« ..................................................................................................................... »

Lecture à lui faite de sa déposition, il a dit qu'elle contient vérité, et qu'il y persiste. Le juge lui ayant demandé s'il requérait taxe, il a répondu que non, et a signé sa déposition, ou déclaré etc.

Ledit citoyen D. s'étant retiré, le troisième témoin ci-après nommé a été introduit :

Le citoyen E. (*désignez ses qualités comme ci-dessus et sa déposition*).

Après la déposition ci-dessus, le citoyen B. ayant interpellé directement le témoin de répondre sur une question, nous, juge soussigné, avons condamné, *au nom de la République*, ledit citoyen B. à deux gourdes d'amende au profit de la caisse publique, conformément aux dispositions de l'article 277 du code de procédure.

Prononcé le....., etc.

––––––––––

(1) Aux termes de l'article 44, la partie qui veut reprocher un témoin doit le faire avant la déposition ; mais il doit attendre le serment, car le témoin engagé sous la foi du serment ne pourra trahir la vérité lorsqu'il sera appelé à s'expliquer sur les causes des reproches.

Les causes de reproches sont énumérées en l'article 284, elles sont fondées sur la partialité que la parenté, l'alliance ou la reconnaissance peut produire. Mais, suivant l'article 285, malgré les reproches, le témoin doit être entendu dans sa déposition.

Il n'est pas nécessaire de faire mention du prononcé en présence ou en absence des parties, sur les ordonnances qui ne portent pas remise ou ajournement.

Ledit citoyen B. nous a requis de faire au témoin la question suivante : « ......................... »

Obtempérant à cette réquisition, le juge a posé la question, à laquelle le témoin a répondu : « ......................... (1). »

Le troisième témoin s'étant retiré ( *suivez comme ci-dessus jusqu'au dernier* ) (2).

Attendu qu'il reste d'autres témoins à entendre, renvoyons les parties à se présenter le...., à....., etc., et avons clos le présent procès-verbal les jour, mois et an que dessus, à..... heure (3).

Le procès-verbal d'audition de témoin, tant pour la partie qui a requis l'enquête que pour celle qui fait la preuve contraire par une contre-enquête, se rédige de même ; il faut toujours constater sur le procès-verbal toutes les circonstances qui surviennent pendant le cours de l'opération.

Lors de la lecture de sa déposition, le témoin peut y faire tel changement et addition que bon lui semble ; le greffier est tenu de les écrire à la suite ou à la marge de la déposition, et d'en donner lecture au témoin qui signera ou refusera de signer ( art. 273 ).

Après la clôture du procès-verbal chaque partie lève une expédition exécutoire des ordonnances qui la concernent, pour les faire exécuter. Ainsi, pour appeler le témoin défaillant, on signifie l'ordonnance avec citation à comparaître au jour désigné.

------

(1) Les parties ne peuvent interrompre les témoins dans leurs dépositions, ni leur faire aucune interpellation directe ; elles doivent requérir le juge de paix de faire aux témoins les interpellations qu'elles croient utiles à éclaircir le fait. Le juge peut aussi d'office, interpeller les témoins sur des circonstances qu'il lui paraît à propos d'éclaircir. La partie qui n'observe pas cette disposition est passible de 2 g. d'amende ; et en cas de récidive, de 10 g., et même d'exclusion ( art. 277 ).

(2) Aux termes de l'article 252, la partie qui fait entendre plus de cinq témoins sur un même fait ne peut répéter les frais des autres dépositions.

(3) L'article 47 n'exige que la signature du juge et celle du greffier à la fin du procès-verbal, la signature des parties n'est pas exigée.

**N.º 14.    EXTRAIT DE L'ACTE  N.º 13., page 61.**

Liberté ,                    RÉPUBLIQUE D'HAITI.                    Egalité.

------

> Extrait du procès-verbal d'enquête dressé par le juge de paix de....., le....., en vertu d'un jugement du tribunal de paix de la commmune d..... , en date du..... , entre le citoyen A. *(profession et demeure)*, demandeur , et le citoyen B. *(profession et demeure)*, défendeur.

## AU NOM DE LA RÉPUBLIQUE (1).

Nous , juge de paix , soussigné , attendu que les citoyens E. et G. , etc. , dûment cités pour déposer devant nous , ont fait défaut , et après avoir entendu les parties en leurs réquisitions ; condamnons lesdits citoyens E. et G. chacun à *vingt* gourdes d'amende envers la caisse publique ; ordonnons qu'ils soient de nouveau cités , à leurs frais, à comparaître le..... , pour faire leurs dépositions ; et les condamnons en outre , ledit E. , à *trois gourdes* de dommages-intérêts envers le citoyen A. , et ledit G. , à *trois gourdes* de dommages-intérêts envers B. , ce qui sera exécuté nonobstant opposition , conformément à l'article 264 du code de procédure civile.

Prononcé en présence des parties , à..... , le..... 1840 , par nous juge , soussigné , assisté de notre greffier.

(2) Il est ordonné à tous huissiers , sur ce requis , de mettre la présente ordonnance à exécution ; aux officiers du ministère public près les tribunaux civils , d'y tenir la main ; à tous commandans et autres officiers de la force publique , d'y prêter main-forte , lorsqu'ils en seront légalement requis. En foi de quoi, la minute de la présente ordonnance a été signée par le juge de paix R. et par le greffier. ( Signé ) R. , et S. , greffier.

------

(1) Ce mot qui est dans le corps de l'acte doit être mis en tête de la grosse.

(2) Suivant l'article 469 , nul jugement ni acte ne peuvent être mis à exécution sans ce mandement et sans l'intitulé *au nom de la république*.

Sur la minute est écrit: enregistré à....., le....., folio....., case.....
du registre....., etc.

Collationné : pour 1re. grosse délivrée au citoyen **A.**

(Signé) S***, greffier.

Coût : timbre. . . . 25 c. ⎫
Une page d'écriture. 25 ⎬ 50 c.
⎭

## N.º 15.      SIGNIFICATION DE LA GROSSE.

L'an etc....., à la requête du citoyen **A.**, etc....., j'ai ....., huissier etc....., signifié et avec celle du présent exploit donné copie de la grosse de l'ordonnance ci-dessus, au citoyen **G.**, demeurant à....., à son domicile et parlant à....., ainsi qu'il m'a dit
être ; et à même requête que dessus, je lui ai donné citation à
comparaître à....., le....., heure....., pour y faire sa déposition, ainsi
qu'il est requis par ladite ordonnance ; dont acte. Le coût est de
six gourdins, compris copie, timbre et enregistrement.

Au jour fixé, le greffier continue le procès-verbal, en constatant, comme au commencement, la comparution ou non des
parties. Si les témoins défaillans sur la première citation comparaissent, il est procédé à leur audition, et après leur déposition, ils peuvent demander à être déchargés des condamnations
prononcées contr'eux par suite de leur non comparution ; à cet
effet, ils exposent au juge les motifs qui les ont empêchés de se
présenter, ou ils invoquent les moyens de droit qui peuvent mi-
liter en leur faveur, et le juge statue sur leur réclamation.

Après sa déposition, le citoyen **G.** nous a supplié de rapporter notre ordonnance du....., et de le décharger des condamnations contre lui portées par icelle : attendu, dit-il, qu'il ne pouvait être considéré comme témoin défaillant, puisqu'il n'a pas été
légalement appelé pour donner son témoignage, si ce n'est que
par une citation sans date dont il demande la nullité.

En conséquence, nous, juge de paix, soussigné, *au nom de la
République*, après avoir entendu les observations du citoyen **A.**,
qui ne s'oppose pas à la décharge du témoin, mais demande à

être indemnisé par l'huissier , si la nullité de la citation est prononcée ;

Attendu que la copie de la citation donnée au citoyen G. , à la requête du citoyen A. , exploit de l'huissier *tel.....* , à comparaître le..... pour faire sa déposition est sans date ; qu'aux termes de l'article 6 du code de procédure civile , la citation sans date est nulle ;

Et attendu que cette nullité provient du fait de l'huissier *tel.....* , déclarons ladite citation nulle ; en conséquence, rétractons notre ordonnance du...... , déchargeons ledit G. des condamnations contre lui prononcées par icelle. Et conformément aux dispositions de l'art. 952 du code de procédure civile , condamnons ledit huissier..... , exploitant près ce tribunal et demeurant à..... , aux frais de ladite citation annulée ; à deux gourdes de dommages-intérêts envers le citoyen A. , et en outre aux dépens , liquidés à.....

Prononcé à..... , les jour , mois et an que dessus , etc.


Si le témoin fait un second défaut, alors il démontre une résistance à la loi, le juge doit le condamner cette fois , *même par corps* , à 30 g. d'amende.

Sur le premier défaut, la loi impose au juge *le devoir* de prononcer contre le témoin une condamnation aux dommages-intérêts envers la partie à la requête de laquelle la citation a été donnée. Le juge n'a d'autre latitude que d'en déterminer la quotité , sans pouvoir néanmoins en fixer le montant au-dessous de deux gourdes , et il est laissé à sa discrétion la condamnation à l'amende envers le fisc ; cette amende peut être prononcée depuis un centime jusqu'à vingt gourdes ( art. 264 ) , elle ne peut être prononcée par corps.

Mais dans le cas du second défaut c'est tout le contraire , l'article 265 commande au juge de prononcer avec *contrainte par corps* , la peine de *trente gourdes* d'amende , sans aucune restriction. Néanmoins il est encore laissé à sa prudence le droit de décerner le mandat d'amener contre le témoin , c'est-à-dire de le faire conduire par la force publique pour donner sa déposition. ( V. code d'instruct. crimin., art. 81 , 84 et 85 ; la loi portant amendement au code d'instruction crim. , art. 6 et 7 ; et constitution , art. 187 ).

N.º 16.               MANDAT D'AMENER.

Liberté ,           RÉPUBLIQUE D'HAITI.         Egalité.

---

### AU NOM DE LA RÉPUBLIQUE.

Nous, R., juge de paix de la commune d....., en vertu de l'article 265 du code de procédure civile, mandons et ordonnons à tous huissiers et agens de la force publique, sur ce requis, de conduire au tribunal de paix de cette ville, le citoyen E., demeurant à....., pour qu'il soit entendu dans l'enquête ordonnée par jugement du....., en date du....., attendu qu'ayant été cité à cet effet, il a fait défaut. Donné à....., le....., etc.

Il est ordonné, etc. (le reste comme le mandement du n.º 14, page 65).

Il ne suffit pas que par un faux zèle le témoin se présente à l'heure précise ; il faut surtout qu'il se pénètre du devoir dont il doit s'acquitter envers la justice, de l'engagement qu'il va prendre avec la Divinité de ne point trahir la vérité ; il ne doit se présenter devant le magistrat qu'avec une conscience libre, dégagée de toute passion, de toute crainte, de toute affection, de toute inimitié. La probité seule, il est vrai, inspire ces sentimens, mais la loi les commande.

En jurant à la justice de dire *vérité* le témoin prend l'engagement de dire *toute* la vérité et de ne rien dire que la vérité ; s'il cache quelques circonstances des faits, ou s'il en ajoute de fausses, il altère sa déposition, il commet un parjure.

Le témoin qui, par simple faiblesse, cède à quelques passions pour faire une fausse déposition, est puni par l'article 309 du code pénal, de la peine d'emprisonnement : cette peine est de 6 jours au moins et de 3 ans au plus ( art. 26, ibid ).

Mais le témoin qui, cédant à la cupidité, s'est laissé corrompre par des récompenses ou même par simple promesse, est puni par l'article 310, de la peine des travaux forcés à tems : cette peine est de trois ans au moins et de quinze ans au plus ( art. 19 ).

Le coupable de subornation est puni de la même peine.

L'ignominie, l'exécration sont les seuls fruits que les coupables retireront de leur crime, car le même article prononce la confiscation de ce que le faux témoin aura reçu.

L'enquête terminée, le jugement doit être prononcé sur le champ ou à la première audience suivante ( art. 47 ).

## SECTION III.

### *Des Visites des lieux et des Appréciations.*

Lorsqu'il s'agit, soit de constater l'état des lieux, soit d'apprécier la valeur des indemnités et dédommagemens demandés, le juge de paix, *sur la réquisition qui lui en est faite*, ordonne que le lieu contentieux soit visité par lui, en présence des parties ( art. 43 , c. proc. ).

L'ancien code de procédure laissait à l'arbitrage du juge de paix d'ordonner la descente des lieux dans les cas ci-dessus, mais le nouveau code exige aujourd'hui que la descente des lieux ne soit ordonnée que sur la réquisition des parties. Le législateur tient tellement à cette réquisition, qu'il a même consacré par l'article 9 du tarif, que faute d'en faire mention expresse au procès-verbal, il ne sera rien alloué au juge pour son transport.

C'est donc *sur la demande des parties* que le juge doit rendre jugement préparatoire qui ordonne son transport sur les lieux. S'il s'agit de simples questions qui soient familières au juge, il procède lui seul à la visite ; mais lorsque l'objet de la visite ou de l'appréciation exige des connaissances qui lui soient étrangères, il doit ordonner en même tems que des gens de l'art fassent la visite avec lui et lui donnent leur avis.

Les parties doivent convenir à l'instant du choix d'un ou de trois experts, suivant le nombre fixé par le juge en considération de l'importance de l'objet ; mais si les parties ne s'accordent pas sur le choix des experts, le juge les nom-m d'office, car l'article 50 veut que les experts soient nom-més par le même jugement qui ordonne la visite.

Au prononcé de ce jugement, la partie qui a des motifs de récusation contre l'expert les déclare, et le juge apprécie ces motifs à l'instant (1).

Le juge de paix peut recevoir le serment des experts sur les lieux contentieux et y procéder en même tems au juge-ment, mais il vaut mieux d'appeler les experts en serment, avant le jour de l'expertise; car il arrive souvent que les ex-perts nommés se trouvent empêchés ou n'acceptent pas la mis-sion, ce qui occasionne des frais inutiles aux parties; au lieu qu'en les appelant au serment avant le jour fixé pour la vi-site, s'ils ne se présentent pas ou qu'ils refusent la mission, on a le tems d'en nommer d'autres, et s'il est nécessaire on ajourne l'opération.

Si les experts se présentent et acceptent la mission, ils prêtent serment devant le juge ; dès lors ils contractent avec la justice l'obligation de procéder à l'expertise, et s'ils ne se rendent pas à l'heure indiquée ils sont passibles des frais et même des dommages-intérêts (art. 315).

## N.° 17. CÉDULE POUR APPELER LES EXPERTS (2).

En vertu d'un jugement du tribunal de paix de la commune du....., rendu le....., entre les citoyens A. et B., demeurant à....., par lequel, dans l'instance pendante entre les parties, sur une de-mande en réparation locative d'une maison sise à....., rue....., il est ordonne que les lieux contentieux seront visités par le juge de-paix, en présence du citoyen J. R. et T. (*profession et demeure*), experts nommés pour donner leur avis.

Et à la réquisition du citoyen A., nous....., juge de paix, sous-

----

(1) Les motifs de reproche contre les témoins sont les motifs de ré-cusation contre les experts ( art. 310 ). Voir page 63.

(2) La cédule doit contenir le fait, les motifs et la disposition du jugement ( art. 37 ).

signé, mandons à comparaître au greffe de notre tribunal, le...., à
..... heure d....., lesdits experts, pour preter le serment de bien et
fidèlement procéder aux opérations ordonnées par ledit jugement.
**Donné à....., le....., etc.**

N. B. Pour la citation suivez le modèle pages 59 et 60, et remplacez les quatre premières lignes de la page 60 par ces mots : *de bien et fidèlement procéder aux opérations qui leur sont confiées.*

**Au jour et à l'heure indiqués le juge reçoit le serment,
et le greffier en dresse procès-verbal.**

## N.º 18. PROCÈS-VERBAL DE PRESTATION DE SERMENT.

Aujourd'hui le....., à..... heure, pardevant nous, N., juge de
paix de la commune d....., assisté de notre greffier ; sont comparus au greffe, les citoyens J. R. et T., etc., lesquels, après
avoir entendu lecture du jugement du..... qui les nomme experts
pour donner leur avis sur le litige entre les citoyens A. et B.,
ont prêté en nos mains, le serment de bien et fidèlement procéder aux opérations qui leur sont confiées, et ont promis de se
trouver le....., à..... heure *(en tel lieu)*, aux fins que dessus. Dont
acte, lu aux comparans qui ont signé avec nous en présence *(ou
absence)* des parties.

**Le procès-verbal de visite est continué ainsi, sur le même
acte :**

Et le....., à..... heure, en conséquence de l'ajournemeut pris par
l'acte ci-dessus, et de la réquisition qui nous a été faite par le citoyen A.,
Nous N., juge de paix, soussigné, nous sommes transporté, assisté de notre greffier, dans la maisou sise à....., rue....., où étant
arrivé, les citoyens A. et B. nous ont déclaré qu'ils comparaissent
au désir de notre jugement du ..... pour assister à l'opération dont
s'agit et nous ont requis d'y procéder (1).

_______________

(1) En cas de non-comparution d'une partie, le juge donne défaut contre elle. Il est de jurisprudence d'attendre au moins une
heure avant de prononcer le défaut.

En conséquence, les experts étant présens, lecture dudit jugement du..... a été faite par le greffier ; procédant ensuite à la visite des lieux, nous avons remarqué 1.º etc. ( *désignez ici toutes les circonstances qui ont trait à la contestation, les dires et réquisitions des parties, etc.* ).

S'il y a lieu d'entendre des témoins on y procède comme il a été dit à la section précédente.

Après avoir visité et établi les points litigieux, le juge consulte en particulier les experts, et le greffier constate sur le procès-verbal, qu'un seul avis à la pluralité des voix ; et en cas d'avis différens, les motifs des divers avis, sans faire connaître l'avis personnel de chacun (arg. de l'art. 317). Ainsi, lorsque les trois experts sont de même avis, il est constaté qu'ils sont d'avis *à l'unanimité;* si un avis est adopté par deux contre l'opinion du troisième, il est dit *à la pluralité;* mais lorsque chacun donne un avis distinct; comme, par exemple, dans une visite à fin de réparations locatives, on dira : *les experts ont été divisés en trois avis ; l'un est que, les dégâts proviennent du défaut d'entretien ; l'autre, du vice de construction ; et le dernier, de vétusté.*

Procédant à l'évaluation des réparations, elles ont été estimées par les experts, *à l'unanimité* ou *à la pluralité*, à la somme de 300 gourdes ; — *ou* les avis ont été divisés: l'un a porté l'estimation à 250 gourdes ; l'autre, à 200 gourdes, et le dernier, à 225 gourdes.

L'avis des experts ne règle pas le jugement, le juge peut adopter ou rejeter les avis suivant ses lumières et sa prudence ( art. 322 ).

Les avis recueillis, le procès-verbal est clôturé avant de procéder au jugement ; et si le juge est fixé sur la question, il peut prononcer sur le champ. Mais s'il a besoin de méditer sur le jugement, il peut renvoyer le prononcé à l'audience.

En foi de quoi nous avons clos le présent procès-verbal sur les lieux, les jour, mois et an que dessus, et renvoyé le prononcé du jugement à l'audience du tribunal, demain à huit heures du matin. Et après lecture faite en présence des parties, les experts ont signé avec nous, etc.

Aux termes de l'article 51, s'il s'agit d'une cause en dernier ressort, on ne dresse point de procès-verbal ; le greffier ne prend que de simples notes et il est fait mention au jugement des noms des experts, de la prestation de leur serment, et du résultat de leur avis.

Lorsque la visite est faite par le juge sans assistance d'experts, s'il s'agit d'une affaire en dernier ressort, on ne dresse pas de procès-verbal ; seulement, il est fait mention au jugement que les lieux ont été visités par le tribunal ; et s'il s'agit d'une affaire à charge d'appel, le procès-verbal est dressé comme ci-dessus ; on y constate le transport du juge, la comparution ou la non comparution des parties, leurs réquisitions ou protestations ; et s'il y a lieu d'entendre des témoins, on y procède comme il est dit ci-dessus.


## SECTION IV.

### *Du Serment.*

Il y a deux espèces de sermens judiciaires ; le serment *décisoire*, et le serment *supplétoire* ( art. 1143, c. civil ).

Le premier est celui qu'une partie défère à l'autre pour en faire dépendre le jugement de la cause. Exemple : je vous ai prêté, sans titre, une somme de 100 g. ; je vous actionne en paiement de cette somme, et vous niez le prêt ; comme je ne peux pas faire entendre de témoins, je vous défère le serment et je me soumets par-là, à me tenir à la négation soutenue par votre serment. Ce serment s'appelle *décisoire*, parce que son effet doit décider la contestation ( art. 1149 ).

Le serment *décisoire* peut être déféré sur toute espèce de contestation, mais il ne peut être déféré que sur un fait personnel à la partie à laquelle on le défère. Ainsi, vous ne pouvez pas me déférer ce serment, si je nie que mon feu père vous devait 100 g. Cependant cette règle reçoit exception en matière de prescription ( art. 2040, c. civ., et 186, c. de com. ).

Néanmoins, celui auquel ce serment est déféré peut le référer à son adversaire : c'est-à-dire, la partie qui est appelée en serment pour nier ou pour affirmer un fait, peut refuser de le faire et demander que son adversaire affirme ou nie le même fait par serment. Exemple : vous affirmez qu'en me fesant un paiement de 100 g. vous m'avez donné, par erreur, 100 billets de caisse de 2 g. pour 100 billets d'une gourde. Je nie ce fait et soutiens n'avoir compté que des billets d'une gourde. Vous me déférez le serment. Étonné de cet appel fait à mon honneur et à ma religion, je puis douter de la réalité de ce que j'affirme de bonne foi ; surtout si moi-même, après avoir reçu la somme, j'ai donné de bonne foi la même liasse à une autre personne, pour la même valeur ; alors craignant de souiller ma conscience d'un parjure, je puis refuser le serment et demander que vous affirmiez vous-même, sous serment, que cette liasse était composée de billets de 2 g.

Aux termes de l'article 1147 du code civil, lorsque le serment est déféré, si la partie le refuse, elle doit le référer à son adversaire, sinon elle succombera dans sa demande ou dans son exception. Ainsi, dans le cas de l'exemple ci-dessus, si je refuse de prêter le serment sans vous le référer, le tribunal doit tenir pour vrai que les 100 billets étaient de deux gourdes. Mais si en refusant le serment je vous le réfère, vous devez le prêter, et en le prêtant vous triompherez. Si au contraire vous le refusez vous succomberez.

De même que le serment ne peut être déféré que sur un fait personnel à la partie à laquelle on le défère, de même il ne peut être référé, lorsque le fait qui en est l'objet n'est point celui des deux parties ( art. 1148 ). Exemple : dans le cas ci-dessus , si les 100 billets ont été comptés à mon commis, vous me déférez le serment sur la nature des billets que j'ai reçus de ce commis, je ne pourrai, à mon tour, vous le référer, car vous ne pouvez jurer sur un fait qui ne vous est pas personnel.

La partie qui a déféré ou référé le serment , ne peut plus se rétracter, lorsque l'adversaire a déclaré qu'il est prêt à faire ce serment ( 1150 ), car dès-lors il se forme un contrat judiciaire entre les parties, qui ne peut être révoqué que de leur consentement mutuel ( argum. de l'art. 925 ).

Quelquefois une partie offre spontanément d'affirmer un fait sous serment. Le juge ne doit jamais accueillir une telle demande sans le consentement de l'autre partie , car on ne peut déférer à soi-même le serment, on ne peut le déférer qu'à son adversaire.

Le second serment s'appelle *supplétoire*. C'est celui qui est déféré d'office par le juge , pour acquérir une conviction plus forte et pour en tirer un supplément de preuve. Il peut être déféré à l'une des parties pour en faire dépendre la décision de la cause , ou seulement pour déterminer le montant de la condamnation ( art. 1152 ).

Le juge ne peut déférer le serment supplétoire que dans deux circonstances , 1.º lorsque la demande ou l'exception n'est pas pleinement justifiée , et 2.º lorsqu'elle n'est pas totalement dénuée de preuves. Hors ces deux cas , le juge doit ou adjuger ou rejeter purement et simplement la demande.

A la différence du serment décisoire le serment supplétoire ne peut être référé lorsqu'il a été déféré. Enfin lorsqu'il est déféré sur la valeur de la chose demandée , le juge doit déterminer la somme jusqu'à concurrence de laquelle la partie sera crue sur son serment ( 1155 ).

Dans le contrat de louage la loi prescrit le serment pour faire preuve en certains cas : dans le louage de choses , si le bail fait sans écrit *n'a encore reçu aucune exécution* , et que l'une des parties le nie , la preuve ne peut être reçue par témoins , *quelque modique qu'en soit le prix*, et quoiqu'on allègue qu'il y a eu des *arrhes* (1) données. Le serment peut seulement être *déféré à celui qui nie le bail* ( art. 1486 ).

En cas de contestation sur le prix du bail verbal dont l'exécution a commencé, et lorsqu'il n'existe point de quittance, *le propriétaire est cru* sur son serment, si mieux n'aime le locataire demander l'estimation par experts.

Dans le louage d'industrie, *le maître est cru* sur son serment, pour la quotité des gages, pour le paiement du salaire et pour les à-comptes donnés ( art. 1551 ).

Dans tous les cas où il s'agit de prêter un serment judiciaire, ce serment doit être ordonné par un jugement qui établit les faits sur lesquels il sera reçu, à peine de nullité ( code proc. , art. 126 ).

Le serment doit être fait par la partie en personne, à l'audience et en présence de l'autre partie, ou elle dûment appelée ( art. 127 ).

Lorsque le jugement est prononcé en présence des parties il est exécuté sans signification ; il peut être exécuté sur le champ, mais quelquefois le juge renvoie l'exécution à un autre jour, pour donner à la partie le tems de consulter sa conscience et de réfléchir sur les conséquences d'un acte aussi important que le serment.

Mais lorsque le jugement n'est pas prononcé en présence des parties, il doit être signifié par la partie la plus diligente, avec sommation contenant indication du jour et de l'heure de la prestation.

Celui auquel le serment est déféré doit le prêter confor-

---

(1) Argent ou autres objets donnés pour assurer l'exécution d'un marché. Si celui qui a donné les arrhes se rétracte, il les perd ; si c'est celui qui les a reçues, il doit en restituer le double ( argument de l'art. 1375 du code civil ).

mément aux rits de sa religion , et d'après les formes qu'elle prescrit ; le greffier en dresse procès-verbal.

### N.° 19.          SIGNIFICATION DU JUGEMENT
#### QUI ORDONNE LE SERMENT.

L'an etc. , à la requête etc. , j'ai , D. , huissier, etc. , signifié et avec celle du présent exploit donné copie au citoyen B. , demeurant à....., en son domicile, parlant à....., d'un jugement du tribunal de paix de la commune d....., en date du....., enregistré le....., folio....., case....., droit payé soixante-quinze centimes. Et à même requête que dessus , j'ai sommé ledit citoyen B. , en parlant comme dessus, de comparaître à l'audience du tribunal de paix du....., le....., à..... heure ,

Pour y prêter le serment à lui déféré par ledit jugement, sinon et faute de ce faire, la demande du requérant sur le fond lui sera adjugée ; dont acte. Le coût est de.....

Si c'est celui qui doit prêter le serment qui fait signifier , il faut changer le dernier paragraphe du modèle ci-dessus, et écrire celui-ci :

Pour assister, si bon lui semble , au serment que prêtera le requérant , ainsi qu'il est ordonné par ledit jugement. Ce fesant , les conclusions prises par le requérant sur le fond lui seront adjugées ; dont acte.

Si la partie qui doit faire le serment s'en trouve empêchée , elle doit demander le transport du juge à son domicile ; alors il est rendu jugement à cet effet, après que la partie adverse ou elle dûment appelée , a été entendue ( voir modèle n.° 13 , page 61 ).

### N°. 20. PROCÈS-VERBAL DE PRESTATION DE SERMENT.

Aujourd'hui le....., etc. , à l'audience publique du tribunal de paix du..... *( ou à tel autre endroit )*, est comparu le citoyen A. , etc....., lequel a requis qu'il plût au tribunal de recevoir de lui le serment ordonné par jugement du....., rendu entre lui et le citoyen B.; et le citoyen B., comparant *en personne* ou *par tel, son fondé de pouvoir*, a dit : ............................ (ou le citoyen B., quoique dûment appelé par acte du....., a fait défaut).

Lecture dudit jugement du..... ayant été faite par le greffier, le citoyen A. a fait sur le christ ( ou sur la bible, s'il est protestant), le serment suivant : « *Je jure sur mon âme et sur ma conscience, en face de la Divinité que je prends à témoin et pour juge de la vérité de ce que j'avance, m'assujettissant à sa vengeance, si ce que je vais affirmer est faux. Je jure que la liasse de papier-monnaie qui m'a été remise le....., par le citoyen B., n'était composée que de cent billets d'une gourde; et qu'il n'y avait aucun billet de deux gourdes ni aucune valeur qui pût élever la somme au-dessus de cent gourdes* (1).

Duquel serment, le tribunal donne acte audit citoyen A., pour servir et valoir ce que de droit; et après lecture faite à l'audience, le présent procès-verbal a été signé par le juge..... et par le greffier.....

Si la partie qui devait prêter le serment fait défaut, sa non comparution est constatée au procès-verbal sur la réquisition de l'autre partie; et cette non comparution équivaut au refus de faire le serment. Dans tous les cas, on procède au jugement immédiatement après le procès-verbal.

Aux termes de l'article 312 du code pénal, celui à qui le serment est déféré ou référé en matière civile et qui aura fait un faux serment, sera puni de la dégradation civique. ( Cette peine est prononcée par le tribunal criminel ).

La dégradation civique consiste dans la destitution et l'exclusion du condamné, de toutes fonctions ou emplois publics, et dans la privation de tous les droits ci-après énoncés : — Le

---

(1) Les mots du serment doivent se rapporter exactement aux faits et circonstances établis par le jugement interlocutoire, et dans ce jugement ces faits et circonstances doivent être précisés avec la plus grande attention.

condamné ne pourra jamais être juré, expert, ni être employé comme témoin dans les actes, ni déposer en justice autrement que pour y donner de *simples renseignemens.* — Il sera incapable de tutelle et de curatelle, si ce n'est de ses enfans et sur l'avis seulement de la famille. — Il sera déchu du droit de port-d'armes.

## SECTION V.

### *De la Récusation du Juge de Paix.*

Les faits qui donnent ouverture à la récusation du juge de paix sont au nombre de six, 1.º l'intérêt personnel que peut avoir le juge dans la contestation ; 2.º la parenté ou l'alliance du juge avec l'une des parties, jusqu'au degré de cousin germain inclusivement ; 3.º si dans l'année qui a précédé la récusation, il y a eu procès criminel entre le juge et l'une des parties, ou son conjoint, ou ses parens et alliés en ligne directe ; 4.º s'il y a procès-civil existant entre le juge et l'une des parties ou son conjoint; 5.º si le juge a donné un avis écrit dans l'affaire ; 6.º si le juge est débiteur ou créancier de l'une des parties (art. 52, c. proc.).

Ce qui est dit ici du juge de paix, s'entend également de ses suppléans.

Pour faire la récusation, la partie doit faire signifier au greffier, un acte contenant les motifs : il peut employer indifféremment le ministère de tous les huissiers qui ont droit d'exploiter dans la commune : par exemple, un huissier du tribunal civil du ressort. L'acte doit être signé, tant sur l'original que sur la copie, par la partie ou par son fondé de pouvoir *spécial.*

N.º 21.  ACTE DE RECUSATION.

L'an etc....., à la requête du citoyen J. Alexis, propriétaire, domicilié à....., j'ai, N., huissier etc., signifie et déclaré au citoyen S. , greffier du tribunal de paix du....., que le requérant récuse la personne du citoyen M., juge de paix de cette commune, de la cause pendante entre lui et le citoyen Ducatel , demeurant à...., attendu que ce magistrat ayant épousé la citoyenne Marie Israël, sœur de la dame Elisa Israël , épouse du citoyen Ducatel , est allié de ce dernier ; en conséquence, il requiert que ledit juge s'abstienne de ladite cause. Et j'ai, en parlant à la personne dudit greffier laissé copie du présent exploit dûment signé par le requérant ; dont acte. Le coût est de six gourdins.

(Signatures)          J. Alexis.          N***.

Vu et reçu copie du présent acte , S*** , greffier.


Le greffier doit garder cette copie en dépôt au greffe, sous sa responsabilité , et en donner communication immédiatement au magistrat récusé qui , dans le délai de deux jours, doit faire sa déclaration au bas de l'acte.

La réponse du juge, étant un simple acte particulier, ne doit être entourrée d'aucune solennité.


## N.° 22. REPONSE DU JUGE PORTANT ACQUIESCEMENT.

*Je , soussigné*, déclare m'abstenir du jugement de la cause qui fait l'objet ci-dessus.      A...... , le..... etc.      ( Signature ).


Lorsque la réponse porte abstention elle est simple , mais si elle porte refus , elle doit être motivée sur les causes de la récusation.


## N.° 23. REPONSE PORTANT REFUS DE S'ABSTENIR.

*Je* ne crois pas devoir m'arrêter aux causes de récusation portées dans l'acte ci-dessus , attendu que l'affinité ne produit pas l'affinité ; que le citoyen Ducatel n'est pas mon allié , qu'il est seulement allié de mon épouse, comme madame Ducatel est mon alliée.

A...... , le..... etc.                    ( Signature ).

Lorsque le juge acquiesce à la récusation, un suppléant le remplace et la cause est jugée sans difficulté. Mais si le juge refuse de s'abstenir, ou si dans les deux jours il ne fait aucune réponse, le greffier doit, dans les vingt-quatre heures de l'expiration du délai, envoyer, sur la réquisition de l'une des parties, expédition de l'acte de récusation et de la déclaration du juge, s'il y en a, au ministère public près le tribunal civil du ressort.

## N.° 24.    ACTE DE RÉQUISITION D'ENVOI.

Aujourd'hui le..... etc., au greffe du tribunal de paix du......, et pardevant nous, S., greffier, soussigné, est comparu le citoyen Alexis, etc. ; lequel nous a requis d'envoyer, dans le plus bref délai, au ministère public près le tribunal civil de ce ressort, l'expédition de l'acte portant récusation de la personne du citoyen M., juge de paix de cette commune, de la cause pendante entre lui comparant et le citoyen Ducatel, exploit de l'huissier N., en date du..... ; ensemble ( telles pièces ) (1) qu'il nous a déposées à cet effet. Dont acte requis par le comparant qui a signé ou déclaré ne savoir signer, etc.

Dans la huitaine de la réception des pièces, le tribunal civil doit juger la récusation, sur les conclusions du ministère public, sans qu'il soit besoin d'appeler les parties.

Lorsque le juge sait en sa personne des causes de récusation, il peut, avant aucun acte de récusation, se déporter de l'affaire, en motivant son déport par une déclaration sur le registre du greffe ( art. 56 ).

## N.° 25.    DÉPORT DU JUGE.

Aujourd'hui le..... etc., au greffe du tribunal de paix du...., et pardevant nous, greffier soussigné,

---

(1) En fesant la réquisition d'envoi, les parties peuvent y joindre des pièces concernant la récusation.

Est comparu le citoyen M., juge de paix de cette commune, lequel nous a déclaré que, de la cause pendante devant ce tribunal, entre les citoyens A. et D., il se déporte : attendu qu'il est allié du citoyen A. qui a épousé la citoyenne Eloïse, sa sœur. Dont acte requis par le comparant qui a signé avec nous après lecture.

Les parties peuvent contester les causes du déport du juge en portant la question au tribunal civil.

Lorsque, par suite de récusation ou d'autre empêchement légal de plusieurs magistrats, le tribunal se trouve incomplet pour juger une affaire, on doit se pourvoir au tribunal de cassation pour demander le renvoi de l'affaire à un autre tribunal. La procédure en ce cas est simple : on dépose au greffe du tribunal de cassation une requête sur timbre de 50 c., on y joint les pièces justificatives, et le tribunal statue sur la demande.

## N.º 26. REQUÊTE CONTENANT DEMANDE EN RENVOI.

*A MM. les doyen et juges composant le tribunal de cassation.*

R., juge de paix de la commune de Léogane, y demeurant,

A l'honneur d'exposer bien humblement que, par exploit du ministère de J., huissier, en date du....., il a fait citer le citoyen Louis Azor, propriétaire, demeurant sur l'habitation Montulé, en cette commune, à comparaître devant le tribunal de paix, pour se voir condamner au paiement d'un billet de 100 gourdes par lui souscrit en faveur de l'exposant ;

Que par acte en date du....., l'adversaire a récusé le citoyen F., suppléant de ce tribunal, lequel y a acquiescé ;

Que par suite de cette récusation, et l'exposant étant partie en cause, il ne reste que le suppléant H., qui seul ne peut connaître de l'affaire, aux termes des articles 22 du code de procédure et 32 de la loi organique.

Ce considéré, il vous plaira, Messieurs, de renvoyer la cause et les parties pardevant tel tribunal de paix que vous désignerez;

C'est justice.

R***.

N. B. *On fait mention des pièces produites au bas ou en marge.*

## SECTION VI.

### *Du Règlement de Juges.*

Lorsque deux ou plusieurs tribunaux se trouvent saisis d'un même différend, il s'élève un conflit de juridiction qui donne ouverture au règlement de juges ( art. 362 , c. de proc. ).

Si les justices de paix ressortent du même tribunal civil , le règlement de juges est porté à ce tribunal : s'ils relèvent de tribunaux divers , la demande en règlement est portée au tribunal de cassation.

A cet effet , le pourvoyant présente requête au tribunal où le conflit doit être jugé : il y joint les exploits qui justifient que le même différend est porté à plusieurs tribunaux de paix. Sur ce , le tribunal accorde permission d'assigner en règlement.

## SECTION VII.

### *Du faux Incident civil.*

Suivant l'article 19 du code de procédure, lorsqu'à l'audience l'une des parties déclare vouloir s'inscrire en faux contre un acte qu'on lui oppose, en dénie l'écriture ou la signature , on déclare ne pas connaître celle attribuée à un tiers , le juge doit parapher la pièce et rendre un jugement qui donne acte de la déclaration et renvoie les parties à vider l'incident pardevant qui de droit.

L'inscription de faux est poursuivie de deux manières : par action principale , au tribunal criminel , ou par action incidente , lorsqu'elle est l'objet d'une exception dans le cours d'une instance.

Si le déclarant veut employer la voie criminelle , il en fait la dénonciation au juge de paix , alors ce magistrat procède comme il est prescrit en l'article 11 du code d'instruction criminelle. S'il veut prendre la voie civile, il procédera comme il sera expliqué ci-après. On peut s'inscrire en faux contre toutes espèces d'actes en général, mais on ne peut demander la vérification d'écriture contre un acte authentique.

Lorsque devant le juge de paix il s'élève un incident, soit sur inscription de faux, soit sur vérification d'écriture, le juge doit examiner si l'incident est inséparable du fond, ou s'il peut en être divisé. Dans le premier cas, il surseoit à son jugement, et dans le second, il statue au fond, sans préjudice de l'incident; ce qui peut arriver dans les cas suivans :

Une partie fonde sa demande sur un titre authentique, le défendeur déclare vouloir s'inscrire en faux contre ce titre, le juge renverra l'incident pardevant qui de droit. Mais comme, aux termes de l'article 1104 du code civil, l'exécution de l'acte authentique n'est, de droit, suspendue que par la mise en accusation, dans le cas d'inscription de faux principal, et que la faculté accordée aux tribunaux de suspendre l'exécution de l'acte authentique ne peut être exercée que lorsqu'il y a *inscription* de faux incident, la simple allégation d'une partie ne peut arrêter l'exécution de l'acte. Alors le juge de paix doit prononcer sur le fond sans préjudicier à l'action en faux.

Si la demande est fondée sur un titre privé, le cas serait différent, car l'acte sous seing privé ne fait foi que lorsqu'il est reconnu ou tenu pour reconnu par la personne à laquelle on l'oppose ( c. civ., art. 1107 ).

Aux termes de l'article 1108, celui auquel on oppose un acte sous seing privé est obligé d'avouer ou de désavouer formellement son écriture ou sa signature; si l'acte émane d'un tiers, il peut se contenter de déclarer qu'il ne connaît pas l'écriture ou la signature de ce tiers. Dans ces deux cas la vérification en est ordonnée en justice ( 1109 ). La procédure se fait alors devant le tribunal civil ( c. proc., art. 194 et suivans ).

Ainsi, lorsqu'il y a lieu à vérification d'écriture ou à inscription de faux contre un acte sous seing privé, cet acte ne peut servir de base à une condamnation définitive avant la décision de l'incident.

Quoique l'inscription de faux incident civil ne puisse être poursuivie qu'au tribunal civil, les actes préliminaires de cette procédure peuvent être faits devant le tribunal de paix ; le tribunal civil n'en est saisi et l'instance en faux n'est liée que par la déclaration faite au greffe du tribunal civil ( art. 219 ).

Avant d'engager l'instance en faux, le poursuivant est tenu, aux termes de l'article 216, de faire préalablement sommation à son adversaire de déclarer s'il veut ou non se servir de la pièce arguée de faux, avec déclaration formelle qu'en cas de réponse affirmative il s'inscrira en faux.

## N.° 27.    SOMMATION A FIN D'INSCRIPTION.

L'an..... etc., à la requête du citoyen A., propriétaire, demeurant à....., j'ai, D., huissier exploitant près le tribunal de paix de la commune d....., y domicilié, soussigné, sommé le citoyen B., demeurant à....., de déclarer, dans huitaine, pour tout délai, si, dans la cause pendante entre les parties au tribunal de paix du....., il entend ou non se servir d'un prétendu billet de 200 gourdes portant la date du....., et dont la signature est attribuée au requérant ; lequel billet, produit à l'audience du....., a été paraphé par le juge de paix de cette commune : lui déclarant que dans le cas où il répondrait affirmativement, le requérant s'inscrira en faux contre ce billet ; et afin que ledit citoyen B. n'en ignore, je lui ai, à domicile et en parlant à....., laissé copie du présent exploit dont le coût est de six gourdins ; dont acte.

Dans les huit jours de cette sommation, la partie sommée doit faire signifier sa réponse par acte signé d'elle: et si elle ne peut signer, elle est obligée de donner une procuration spéciale devant notaire pour signer l'acte, et dans ce dernier cas il est donné copie de la procuration avec l'exploit.

## N.º 28.    RÉPONSE A LA SOMMATION N.º 27.

L'an..... etc., à la requête du citoyen B., propriétaire, etc, j'ai D., huissier etc, signifié et déclaré au citoyen A., demeurant à....., qu'en réponse à la sommation du....., le requérant déclare qu'il ( *entend ou n'entend pas* ) se servir du billet de 200 gourdes daté du....., signé du..... etc. Et afin que ledit citoyen A. n'en ignore, je lui ai, à son domicile et parlant à....., laissé copie du présent exploit, lequel est signé, ainsi que la copie, tant par moi que par le citoyen H., fondé du pouvoir spécial du requérant, suivant acte au rapport de Me. F., notaire à....., en date du....., dont copie est aussi donnée, en parlant comme dessus ; dont acte. Le coût est de six gourdins. ( On ajoute pour la copie de la procuration, 25 c. par rôle ).

*Signature de la partie,* H***. *Signature de l'huissier,* D***.

Si le défendeur veut engager le procès sur le faux, il doit répondre affirmativement, alors le poursuivant fait la déclaration prescrite par l'article 219 et la procédure est suivie au tribunal civil. Mais si le défendeur ne veut pas engager le procès sur l'incident, sa déclaration négative est inutile, puisqu'aux termes de l'article 218, le silence du défendeur équivaut à la réponse négative. Il faut cependant remarquer que la réponse affirmative même est sans effet, si elle est irrégulière.

Si le défendeur répond qu'il ne veut pas se servir de la pièce, ou s'il ne fait aucune réponse valable, le demandeur pourra, sur un simple acte, se pourvoir au tribunal où la demande principale est pendante, pour faire rejeter la pièce de l'instance, et statuer sur le fond.

## N.º 29.    ACTE POUR LE REJET DE LA PIÈCE.

L'an..... etc., à la requête du citoyen A., propriétaire, demeurant à....., j'ai, D., huissier exploitant près le tribunal de paix du....., y domicilié, soussigné, sommé le citoyen B., demeurant à....., de comparaître à l'audience du tribunal de paix du....., le..., à..... heure, pour voir dire : que, faute par lui d'avoir répondu dans la huitaine, à la sommation du..... et déclaré s'il entend ou non se servir du billet du...... etc., ladite pièce sera rejetée, par rapport à lui, de l'instance pendante entre les parties, sur la citation en date du....., sauf au requérant à tirer de cette pièce telles inductions ou conséquences qu'il jugera à propos, meme de former telle demande qu'il avisera pour ses dommages-intérets; et ledit citoyen B., condamné, même par corps, aux dépens. Et je lui ai, à son domicile et en parlant à......., laissé copie du présent exploit dont le coût est de six gourdins.

## CHAPITRE IV.

### *De la Prise à partie.*

Le juge de paix et les suppléans peuvent être pris à partie dans les quatre cas suivans : 1.º s'il y a *dol, fraude* ou *concussion*, qu'on prétendrait avoir été commis, soit dans le cours de l'instruction, soit lors du jugement ; 2.º si la prise à partie est *expressément prononcée* par la loi; 3.º si la loi prononce la responsabilité, *à peine de dommages-intérêts;* 4.º et enfin, s'il y a *déni de justice* ( art. 438, c. proc. ).

Le *dol* et la *fraude* consistent dans toutes manœuvres, supercherie, collusion entre le juge et une partie au détriment de l'autre. La *concussion* consiste à ordonner de percevoir, à exiger ou recevoir ce qu'on sait n'être pas dû, ou excéder ce qui est dû pour droits, taxes, contributions, deniers ou revenus, ou pour salaires ou traitemens ( c. pénal, art. 135 ).

L'article 146 du code d'instruction criminelle *prononce expressément* la prise à partie contre le juge de paix et son greffier, faute par eux de signer, dans les vingt-quatre heures, le jugement en matière de police.

L'article 20 du code de procédure prononce la responsabilité, *à peine de dommages-intérêts*, lorsque, par sa faute, le juge laisse périmer une instance.

Enfin, le *déni de justice* est défini par l'article 439, lorsque le juge refuse de répondre les requètes ou néglige de juger les affaires en état et en tour d'être jugées.

Le déni de justice doit être constaté par deux réquisitions faites au juge *en la personne du greffier*, et signifiées de trois jours en trois jours. *Tout huissier* requis est tenu de faire ces réquisitions, *à peine d'interdiction* ( art. 440 ).

N.° 30.          RÉQUISITION AU JUGE.

L'an..... etc, à la requête du citoyen A., etc., j'ai N., huissier, etc., requis le (1) citoyen R., juge de paix de la commune d....., en la personne du citoyen S., greffier dudit tribunal, de procéder au jugement de la cause pendante entre le requérant et le citoyen B., suivant citation en date du....., et j'ai audit greffier, laissé copie du présent exploit, en parlant à sa personne, qui a visé mon original ; dont acte. Le coût est de.....

Trois jours après la dernière réquisition on présente au tribunal de cassation une requête sur timbre de 50 c. ; cette requête ne peut contenir aucun terme injurieux contre les magistrats, à peine de 60 gourdes d'amende ; elle doit être signée de la partie, ou de son fondé de procuration *authentique et spécial*, laquelle procuration ainsi que les pièces justificatives, s'il y en a, doivent être annexées à la requête, à peine de nullité.

N.° 31.         REQUÊTE EN PRISE A PARTIE.

*A Messieurs les doyen et juges composant le tribunal de cassation de la République.*

A., propriétaire, demeurant à la Grande-Rivière du Nord, vous expose bien humblement que, par exploit en date du....., il a fait citer le citoyen Jn.-François en paiement d'un billet de 80 gourdes, devant le tribunal de paix du Cap-Haïtien ; que l'affaire a

______

(1) Ou Messieurs les juge et suppléans du tribunal de paix de la commune d....., s'il s'agit d'une cause en dernier ressort.

été portée à l'audience du..... ; que le tribunal, composé du citoyen M., juge, et du citoyen T., suppléant, après avoir entendu les parties, a ordonné le dépôt des pièces et renvoyé le prononcé du jugement définitif à huitaine. Ce qui était déjà une contravention à l'article 18 du code de procédure, puisqu'il ne devrait renvoyer le prononcé qu'à l'audience suivante.

Qu'enfin, le jour fixe pour le prononcé du jugement étant arrivé, le suppléant ne s'est point présenté à l'audience. Que jusqu'aujourd'hui, malgré les deux réquisitions faites auxdits magistrats, les 1er. et 5 du courant, l'affaire n'est pas encore jugée.

C'est pourquoi il vous plaira, Messieurs, permettre au requérant de prendre à partie les citoyens M. et T., juge, et suppléant du tribunal de paix de la commune du Cap-Haïtien ; ordonner la signification de votre arrêt à intervenir, avec assignation auxdits magistrats, en la personne du greffier.

Ce sera justice.

Lorsque la requête est admise, le demandeur doit, aux termes de l'article 944, la faire signifier en la personne du greffier ; mais comme le tribunal de cassation insère, ordinairement, la requête dans l'arrêt d'admission, il suffit de signifier cet arrêt pour remplir le but de la loi.

Ce même article dispose que la requête doit être signifiée dans les deux mois de son admission. Sous l'empire de l'ancien code de procédure, plusieurs prises à partie ont été rejetées par le tribunal suprême, pour défaut de signification de l'arrêt dans les deux mois de sa date ; c'est que l'article 746 de ce code prononçait une déchéance formelle. Nous devons observer ici que l'article 944 du code actuel ne prononce pas la déchéance formelle comme le susdit article.


N°. 32.        SIGNIFICATION DE L'ARRÊT.

L'an..... etc., à la requête du citoyen A., propriétaire, domicilié à la Grande-Rivière du Nord, pour lequel domicile est élu au Port-au-Prince (chez tel), j'ai, huissier..... etc, signifié et avec celle du présent exploit donné copie 1.º au citoyen M., juge de paix de la commune du Cap-Haïtien ; 2.º au citoyen T., sup-

pléant de juge audit tribunal, demeurant tous les deux au Cap-Haï‑
tien, en la personne du citoyen S., greffier de ce tribunal ; de
l'arrêt d'admission rendu par le tribunal de cassation de la Répu‑
blique, sur la demande en prise à partie du requérant, le.....; et,
en vertu dudit arrêt, j'ai donné assignation aux susdits magis‑
trats, de fournir leurs moyens de défense au greffe du tribunal
de cassation, et de comparaître, dans le délai de deux mois, à
la barre de ce tribunal, à huit heures du matin, pour y plaider
aux fins de ladite demande et se voir condamner à 500 g. de
dommages-intérêts avec dépens, même par corps, envers le requé‑
rant, pour les causes portées audit arrêt ; et j'ai, audit greffier,
en parlant à sa personne, laissé les deux copies sus-énoncées, et
il a visé mon original ; dont acte. Le coût est de......

N. B. La copie de l'arrêt et l'exploit se font sur timbres de 50 c.

# TITRE IV.

## 3.ᵉ PARTIE DE LA PROCÉDURE.

### *Du Jugement.*

On appelle jugement toute décision émanée d'un tribunal
inférieur, les décisions du tribunal de cassation s'appellent arrêts.

On compte à la justice de paix quatre espèces de jugemens :
le préparatoire, l'interlocutoire, le provisoire (1), et le définitif.

Ces jugemens sont toujours en dernier ressort ou à charge
d'appel ( v. page 12 ), contradictoires ou par défaut : contra‑
dictoires, lorsqu'ils sont rendus après avoir entendu contradic‑
toirement les parties ou leurs fondés de pouvoir ; par défaut,
lorsqu'une des parties n'a pas été entendue. Si c'est le défen‑
deur qui simplement fait défaut, le jugement est appelé *défaut ;*
si c'est le demandeur, il est appelé *congé défaut.*

La présence des parties à l'audience ne suffit pas pour don‑
ner au jugement le caractère de contradictoire. Si l'une des

-----

(1) Ces trois jugemens s'appellent *avant faire droit.*

parties refuse de se défendre , le jugement ne serait pas moins par défaut , même lorsque cette partie aurait été entendue à la même audience dans un précédent jugement ; exemple : le défendeur , au lieu de répondre au fond de la demande , présente une exception dilatoire tendant à demander un délai pour se procurer des pièces justificatives de sa défense ; le tribunal , par un premier jugement , le déboute et lui ordonne de plaider sur le fond : s'il craint de compromettre sa cause en se défendant sans les pièces , il peut s'abstenir de répondre ; en ce cas le jugement à intervenir sera par défaut , car le défendeur , quoique présent à l'audience , ne s'étant point défendu , ne peut être privé de la voie de l'opposition ; il se peut qu'en employant cette voie il aura le tems de recouvrer ses pièces et de former sa défense.

Aux termes de l'article 148 du code de procédure , la rédaction du jugement doit contenir les noms des juges ( c'est-à-dire , du juge et des suppléans, si le jugement est en dernier ressort ) ; les noms , professions et demeures des parties , leurs conclusions, l'exposition sommaire des points de fait et de droit , les motifs et le dispositif , et enfin la mention des pièces produites par les parties ; le tout à peine de nullité.

Les jugemens sont rendus au nom de la République et prononcés à haute voix ( loi organ. , art. 7 , et constit. , 176 ) ; les minutes de tous les jugemens doivent être portées par le greffier sur la feuille d'audience, signées par les juges qui ont tenu l'audience et par le greffier ( code proc. , art 24 ).

La minute ne doit pas contenir la formule exécutoire , cette formule est ajoutée par le greffier sur la grosse ; différemment on ne pourrait distinguer la grosse de l'expédition ; car celle-ci doit contenir exactement tout ce que contient la minute dont elle est la copie littérale, sinon c'est un extrait , et avec la formule c'est une grosse ( v. pages 19 et 65 ).

Le jugement une fois prononcé appartient au public , le juge ne peut y faire aucun changement, aucune addition , ni même une rectification , à peine de faux. Cependant il pourra sur les observations des parties, et en leur présence, mais seulement lors du prononcé, faire une simple correction.


## CHAPITRE 1er.

### *Des Jugemens préparatoires et des interlocutoires.*

Le jugement préparatoire est celui qui, sans rien préjuger au fond, ordonne un acte d'instruction pour mettre le procès en état de recevoir jugement définitif. Exemple: aux termes de l'article 18 du code de procédure, le juge, après avoir entendu les parties, doit prononcer sur le champ ou à l'audience suivante; lorsqu'il renvoie le prononcé, il doit rendre un jugement; ce jugement est purement préparatoire, car il ne préjuge pas le fond.

Le jugement interlocutoire est celui qui ordonne aussi un acte d'instruction, mais il diffère du préparatoire proprement dit, en ce que l'instruction ordonnée préjuge le fond.

Il est très-important de bien distinguer ces deux jugemens, car l'article 39 prescrit des bornes et des mesures différentes pour l'appel de l'un et de l'autre. Mais le code ne définit pas d'une manière précise ces deux espèces de jugemens, comme le fait l'article 452 du code français.

Voici la règle donnée par les jurisconsultes français pour distinguer l'interlocutoire du préparatoire.

*M. Pigeau*, *tome 1er.*, *page* 509 : « Le même jugement peut être simplement préparatoire dans une affaire, et interlocutoire dans une autre. La qualité du jugement diffère suivant que la partie apporte ou n'apporte pas de résistance contre la voie d'instruction proposée. Si elle n'élève aucune difficulté, c'est un signe certain qu'elle consent l'admission de la marche tracée par le juge pour parvenir à la découverte de la vérité; et alors si le fond est préjugé, on peut dire que c'est elle qui le préjuge. Ainsi, une partie offre la preuve testimoniale, l'autre y consent: le jugement admet; il n'est pas interlocutoire, puisque ce sont les parties qui ont préjugé, en fesant dépendre le fond, de la preuve testimouiale, et non les juges. Mais si une partie s'oppose et qu'on ordonne la preuve, le tribunal préjuge le fond; le jugement est interlocutoire. »

MM. Carré et Rogron donnent la même explication. M. Biret dit qu'un jugement qui ordonne la visite des lieux contentieux est un jugement interlocutoire, *si la visite a été contestée.*

Cependant, le tribunal de cassation de la République ne partage pas l'opinion de ces jurisconsultes, car il a décidé, par arrêt du 23 mars 1840, qu'un jugement est purement *préparatoire* lorsque, sans avoir statué sur une fin de non-recevoir opposée contre une demande incidente, il ordonne la jonction de cet incident au fond, malgré la résistance du défendeur à l'incident. Il est à observer que, pendant le délibéré qui dura deux mois, l'une des parties avait récusé les juges, et que, malgré la récusation, le jugement ordonnait de plaider l'incident joint au fond, devant les mêmes juges récusés : cette dernière disposition n'a pas été considérée non plus par le tribunal suprême comme disposition définitive ni interlocutoire.

Un jugement peut avoir plusieurs chefs et chaque chef une qualité différente, de sorte que le même jugement peut être définitif sur un chef, et préparatoire ou interlocutoire sur un autre. Le tribunal de cassation a décidé, par arrêt du 29 janvier 1838, qu'on peut se pourvoir en cassation contre un chef de jugement, sans avoir besoin d'attaquer le jugement en entier.

Quelques personnes prétendent que le juge n'est pas tenu de motiver le jugement préparatoire, en ce sens elles soutiennent que ce jugement n'est pas assujetti aux formalités prescrites par l'article 148 du code de procédure. Pour l'affirmative on peut invoquer un arrêt de la cour de cassation de France, en date du 3 décembre 1817; mais pour la négative on peut dire que les articles 148 du code de procédure et 176 de la constitution sont sans restriction, qu'on ne voit nulle

part une disposition exceptionnelle pour la forme des jugemens préparatoires. Or, si l'on peut arbitrairement retrancher une des formalités prescrites, chaque tribunal aura
le choix de la partie à retrancher: les uns retrancheront les
motifs, les autres les noms des parties ou le dispositif, et
dès-lors il n'y aura point de jugement.

Loin de rencontrer une disposition de la loi qui autorise
la suppression d'une des formalités de l'article 148 à la rédaction du jugement préparatoire, nous voyons dans l'article 37 une disposition qui rappelle ces formalités, puisqu'il
y est dit: la cédule pour appeler les experts contiendra *le
fait*, *les motifs* et la disposition du jugement.

L'importance de la rédaction complète du jugement préparatoire est plus sensible au tribunal de paix qu'au tribunal civil; car, au tribunal civil, la procédure est établie par
des pièces, les parties déposent des conclusions motivées,
fournissent des notes aux juges : de sorte que, pour délibérer sur une affaire plaidée depuis plusieurs jours, en je-
tant les yeux sur les dossiers le tribunal se rappellera toutes
les circonstances de la cause. Mais à la justice de paix, la
procédure étant verbale, c'est à l'audience même que le greffier doit prendre information de la profession du défendeur,
recueillir ses moyens de défense, préparer les points de fait
et de droit, sans quoi il serait impossible à un juge qui aurait
renvoyé le prononcé de plusieurs jugemens, de reconnaître l'é-
tat de chaque cause pour prononcer le jugement définitif;
tandis que si le jugement préparatoire est rédigé dans les formes, il facilitera la rédaction du jugement définitif.

Malgré les dispositions impératives de l'article 950, il n'est
guère possible de réprimer la violation de l'article 148 dans
un jugement en dernier ressort, car on ne peut attaquer un
tel jugement en cassation que pour incompétence ou excès de pouvoir ; encore, il faut qu'il soit définitif ( art. 918 ).

Quelle est donc la voie à employer contre un jugement
préparatoire ou interlocutoire qui porterait un préjudice no-

table à une des parties? Si, par exemple, un créancier demande contre un parent du juge, le paiement d'un billet à ordre de 100 gourdes; qu'au mépris d'une récusation faite contre lui, ce magistrat prend siége, et pour éluder les dispositions des articles 132 et 184 du code de commerce qui défendent aux juges d'accorder de délai de grâce pour le paiement d'un billet à ordre, il ordonne le dépôt des pièces et renvoie le prononcé de son jugement à six mois; un tel jugement n'est que préparatoire, d'après l'arrêt du 23 mars, et ne saurait être attaqué en cassation. Mais le dol du juge étant évident, la voie de la prise à partie serait ouverte contre lui : son excès de pouvoir serait aussi incontestable, et nous estimons que le tribunal suprême pourrait, sur la plainte de la partie, annuler ce jugement, en vertu des articles 201 et 202 de la constitution.

Suivant l'article 23 du code de procédure, le jugement doit contenir la liquidation des frais auxquels la partie qui succombe doit être condamnée. Il faut remarquer que cet article impose au juge le devoir de condamner aux dépens toute partie qui succombe (arrêt du trib. de cassation du 16 décembre 1839) ; qu'il n'y a d'exception à cette disposition qu'à l'égard des parens, ou des parties qui succombent respectivement sur quelques chefs; la loi laisse au juge le pouvoir de compenser les dépens dans ces derniers cas.

Sur la compensation des dépens, il faut distinguer la compensation simple de la compensation en partie; la première signifie que chaque partie supporte les frais qu'elle a faits, et la seconde, que chaque partie paie une portion des frais : ainsi, dans le premier cas, le demandeur supporte seul les frais de la citation et autres, s'il y en a : le défendeur n'ayant rien dépensé, n'a rien à payer ; dans le second cas, s'il y a deux gourdes de frais faits par le demandeur, le défendeur doit en payer la moitié, et si celui-ci fait quelques frais de son côté, le demandeur lui en paiera aussi la moitié.

Nous pensons que la compensation se borne aux frais de

l'instruction, et non aux frais du jugement et de l'exécution ; car, si je vous poursuis en paiement de 2 gourdes, et que le tribunal, tout en vous condamnant à me payer, compense les dépens, je gagnerai plus en vous abandonnant mes droits si je dois supporter les frais de l'exécution, et certes ce n'est pas là l'esprit du législateur.

La jurisprudence a toujours été de réserver les dépens dans les jugemens préparatoires et interlocutoires, pour les adjuger lors du jugement définitif sur l'exception ou sur le fond.

*Sur cette jurisprudence voici le raisonnement de M. Pigeau, tome 1er., page 542:* « Lorsque le jugement n'est qu'interlocutoire, quelque préjugé qu'il puisse établir en faveur d'une des parties, on réserve les dépens jusqu'à la décision du fond, quand même une des parties aurait résisté à cet interlocutoire. Ainsi, supposez que Paul demande à être reçu à la preuve testimoniale d'un fait contre Pierre, que celui-ci soutienne l'inadmissibilité de cette preuve, et qu'elle soit néanmoins ordonnée, il ne sera pas condamné aux dépens occasionnés par sa résistance ; telle est la jurisprudence des tribunaux. Si celui qui a obtenu l'interlocutoire succombe en définitif, il supporte ces dépens, parce qu'en résultat il a eu tort de demander cet interlocutoire, puisque la justice n'en a tiré aucune preuve en sa faveur. »

M. Carré, tome 1er., page 310, appuyé de l'opinion de MM. Démiau et Lepage, donne le même raisonnement.

Mais le tribunal de cassation vient de décider, par arrêt du 10 février 1840, que dans un jugement interlocutoire le juge peut prononcer la condamnation aux dépens.

N.° 33.        JUGEMENT PREPARATOIRE

SUR LA CITATION N.° 5, page 36.

*Au nom de la République.*

Le tribunal de paix de la commune du Port-au-Prince, a rendu le jugement suivant :

Entre le citoyen J. F., marchand, demeurant à la Croix-des-Bouquets, demandeur, comparant par le citoyen L., son fondé de pouvoir, d'une part ;

Et le citoyen J. P., propriétaire, demeurant au Port-au-Prince, défendeur, comparant en personne, d'autre part.

Le demandeur a conclu à ce qu'il plût au tribunal de condamner, même par corps, le défendeur à lui payer la somme de 50 gourdes 1 c., avec depens, pour des marchandises qu'il lui a vendues et livrees depuis le 12 fevrier dernier.

Le défendeur, soutenant qu'il existe une erreur dans le compte réclamé, a conclu à la reduction de la demande à 40 gourdes 1 c. ; et pour en effectuer le paiement il demande le délai d'un mois.

FAIT : Le 1er. du courant, le demandeur fit citer le défendeur, par exploit de R., huissier, aux fins de la demande ci-dessus. Le défendeur, à l'appui de sa défeuse, a produit un compte signé par le demandeur.

DROIT : Il s'agit de déterminer la quotité de la somme due, et de savoir si, pour le paiement, le tribunal doit accorder un delai au débiteur.

Le tribunal jugeant en dernier ressort, après avoir entendu contradictoirement les parties ;

Vu 1.º la citation introductive d'instance dûment enregistrée, etc. ;

2.º Un compte produit par le demandeur, présentant une balance de 50 gourdes 1 centime ;

3.º Un double de ce compte, présentant une balance de 40 gourdes 1 centime, produit par le défendeur.

Attendu qu'il est important de vérifier les deux comptes pour fixer la quotité de la somme due ;

Ordonne le dépôt des pièces pour en être délibéré, et renvoie le prononcé du jugement définitif à l'audience de demain quatre du courant, à huit heures du matin ; dépens réservés.

Donné de nous B., juge de paix, et S., suppléant, assistés de notre greffier, en audience du 3 avril 1840.

Il est ordonné etc.

En foi de quoi, le présent est signé par le juge, le suppléant et le greffier. (Suivent les signatures).


Pour former le jugement il faut l'avis unanime du juge et du suppléant ( v. page 12 ).

En cas de partage d'opinion, il est rendu jugement qui appelle un autre suppléant  pour  les départager.


## N.° 34.   JUGEMENT QUI CONSTATE LE PARTAGE.

*( Suivez le modèle ci-dessus jusqu'après le point de droit, et continuez ainsi ) :*

Le tribunal jugeant en dernier ressort, après avoir entendu contradictoirement les parties à l'audience du trois du courant;

Vu 1.° le jugement préparatoire de cette date, 2.° la citation, 3.°, 4.°, etc. ;

Attendu que, sur la 1re. question, il y a partage d'opinion, en ce que : l'une est que la différence de 10 gourdes qui se trouve dans les comptes des parties, doit être rectifiée sur le compte du demandeur ; tandis que l'autre opinion est pour la rectification sur le compte du défendeur ;

Ordonne que, pour se départager, le citoyen N., suppléant, soit appelé et l'affaire de nouveau plaidée à l'audience du 6 du courant, à huit heures du matin ; dépens reservés.

Donné de nous B., juge, et S., suppléant, assistés de notre greffier, et *prononcé en présence des parties*, en audience du 4 avril 1840, etc.


## N.° 35.        JUGEMENT PRÉPARATOIRE
### QUI ORDONNE UNE JONCTION (1).

Le tribunal de paix de la commune de la Croix-des-Bouquets a rendu le jugement suivant,

Entre le citoyen Henry Saul, maître sellier, demeurant en ce bourg, demandeur, comparant par le citoyen Racine, son fondé de pouvoir, d'une part ;

Et le citoyen Marcellus, propriétaire, demeurant aussi en ce bourg, défendeur, comparant en personne, d'autre part.

Le demandeur, par son fondé de pouvoir, a conclu: « Attendu

─────────────

(1) V. page 51.

que les offres réelles libèrent le débiteur ( art. 1043 du code c.); attendu qu'au mépris de la consignation faite au greffe de la somme de 99 gourdes, par suite d'offres réelles à l'adversaire, celui-ci a fait procéder à l'emprisonnement du concluant, que partant cet emprisonnement est nul et vexatoire ; plaise au tribunal annuler l'emprisonnement, ordonner la mise en liberté du concluant, la radiation de son acte d'écrou, et condamner l'adversaire à 200 gourdes de dommages-intérêts et aux dépens, le tout par corps. »

Le défendeur a conclu : « Attendu que, par citation en date du 16 du courant, l'adversaire a été cité pour l'audience de demain, à huit heures du matin, aux fins de la nullité de ses prétendues offres et consignation; que la demande dont il s'agit maintenant ne peut être jugée que comme conséquence de la première; plaise au tribunal ordonner la jonction de ces deux demandes, et réserver les dépens (1). »

FAITS : Par jugement en date du 12 du courant, le tribunal condamna le demandeur à payer au défendeur la somme de 99 gourdes en principal, et aux dépens liquidés à 2 gourdes 50 c. Le 15, le débiteur déposa au greffe 99 gourdes, par suite d'offres réelles à son créancier. Le 16, ce dernier fit citer le premier pour l'audience dn 18, à huit heures du matin, pour entendre prononcer la nullité desdites offres. Le même jour, le débiteur, en vertu d'une cédule d'abréviation, fit citer le créancier pour cette audience, aux fins de sa demande en nullité d'emprisonnement.

DROIT : Il s'agit de savoir s'il y a lieu d'ordonner la jonction des deux demandes ou si elles peuvent être jugées séparément.

Le tribunal jugeant à charge d'appel, après avoir entendu contradictoirement les parties ;

Vu le procès-verbal d'offres et les deux citations sus-énoncées ;

Considérant que la demande en nullité d'emprisonnement ne peut être décidée que comme conséquence de la demande en nullité d'offres, formée par le défendeur ;

Fesant droit à la demande en jonction, joint la demande en nullité d'emprisonnement à celle pendante entre les parties sur la

_______________

(1) Si Marcellus n'avait pas formé la demande en nullité d'offres par voie d'action, il aurait pu la présenter à l'audience par voie d'exception contre la demande de Saul ( v. page 51 ).

nullité d'offres ; continue la cause à l'audience de demain 18 avril courant , à huit heures du matin ; dépens réservés.

Donné etc.


N.º 36.         JUGEMENT PRÉPARATOIRE

SUR DEMANDE EN GARANTIE (2).

Entre le citoyen C. , marchand , demeurant à..... , demandeur , comparant en personne , d'une part ;

Et le citoyen A. , marchand , demeurant au Cap-Haïtien , défendeur , comparant en personne , d'autre part.

Le demandeur a conclu à ce que le défendeur fût condamné , même par corps , à lui payer , avec dépens , la somme de 300 gourdes , montant d'un billet par lui souscrit *solidairement* avec le citoyen B. , le.....

Le défendeur a demandé qu'il lui fût accordé le délai d'un mois pour appeler le citoyen B. , demeurant au Fort-Liberté, en garantie.

FAIT : Le défendeur , cité en condamnation d'une obligation qu'il souscrivit solidairement avec le citoyen B. , au profit du demandeur, demande délai pour appeler son cobligé en garantie.

DROIT : Il s'agit de savoir si le délai doit etre accordé au défendeur.

Le tribunal jugeant à charge d'appel , après avoir entendu contradictoirement les parties ;

Vu la citation introductive d'instance et le billet produit par le demandeur , etc. ;

Considérant que le citoyen B. , demeurant au Fort-Liberté, étant débiteur solidaire , peut etre appelé en garantie ;

Accorde , en vertu de l'article 40 du code de procédure , le délai de dix jours au citoyen A , pour appeler son garant , et continue la cause a l'audience du..... , à deux heures de relevée ; dépens réservés , etc.


N.º 37.         JUGEMENT INTERLOCUTOIRE

QUI ORDONNE L'ENQUÊTE.

Entre A. et B. , etc. *( suivez le modèle ci-dessus )*.

---

(2) V. page 54 et suivantes.

Le demandeur conclut à ce que le défendeur soit condamné à lui restituer quatre pièces de toile qu'il a déposées chez ce dernier pendant l'incendie du 2 mai dernier, sinon à lui payer 300 gourdes de dommages-intérets, et en outre aux dépens, le tout par corps.

Le défendeur dit qu'il n'a jamais reçu les objets réclamés, et il conclut au rejet de la demande, avec dépens.

Le demandeur requiert qu'il lui soit permis d'en faire preuve par témoins.

Le défendeur s'y oppose, et soutient qu'aux termes de l'article 1126 du code civil, cette preuve ne peut etre admise sur une demande qui excède 16 gourdes (1).

FAIT : Par citation en date du....., le demandeur fit citer le défendeur en restitution de quatre pièces de toile qu'il dit avoir déposees chez lui au moment que les flammes de l'incendie du 2 mai se dirigeaient vers sa maison. Les parties ayant comparu à cette audience, elles sont entendues contradictoirement dans le développement de leurs moyens ci-dessus.

DROIT : Il s'agit de savoir si le tribunal peut admettre la preuve testimoniale offerte par le demandeur.

Le tribunal jugeant à charge d'appel ; vu la citation introductive d'instance, etc. ;

Attendu que les dispositions prohibitives de l'article 1126 du code civil re oivent exception dans les cas prévus par l'article 1133 ;

Attendu d'ailleurs, que l'article 1717 admet la preuve testimoniale pour dépôt nécessaire, meme lorsqu'il s'agit de valeur excédant 16 gourdes ;

Sans s'arreter à la fin de non-recevoir opposée par le défendeur, ordonne que le demandeur fasse preuve, par temoins, de ce qu'il a déposé chez le défendeur les quatre pièces de toile réclamées, lors de l'incendie du 2 mai ; sauf la preuve du contraire. Le tout à l'audience du....., à..... heure..... ; dépens réservés.


N.° 38.        JUGEMENT INTERLOCUTOIRE

QUI ORDONNE LA VISITE DES LIEUX.

Le demandeur conclut à ce que le défendeur soit condamné à

---

(1) Remarquez que ce sont ces dernières conclusions qui donnent à ce jugement le caractère d'interlocutoire.

faire, dans un mois, les réparations locatives d'une maison sise à....., rue....., que celui-ci tient de lui à loyer ; sinon à lui payer 200 gourdes de dommages-intérêts, avec dépens : le tout par corps.

Le defendeur ayant répondu qu'il n'existe pas de réparations locatives à faire dans la maison, que les dégradations qui y existent proviennent de vétusté ; le demandeur requiert que les lieux soient visités par le juge pour éclaircir le fait. Sur ce, le défendeur déclare qu'il proteste contre cette visite, attendu qu'elle est inutile et frustratoire.

FAIT : Il appert que le demandeur fit bail au défendeur, par acte du....., de la maison qui fait le litige, pour cinq années, à raison de 1000 gourdes par an. Le bail expiré, le demandeur actionna le défendeur aux fins de la demande ci-dessus.

DROIT : Il s'agit de déterminer la nature des dégradations alléguées par le demandeur.

Le tribunal jugeant à charge d'appel ; vu 1.º la citation en date du..... ; 2.º le bail etc. ;

Considérant que les parties sont contraires en fait ;

Ordonne, avant faire droit, que le....., à..... heure, il sera procédé à la visite de ladite maison par le juge de paix, assisté des citoyens A., B. et C., experts nommés pour donner leur avis sur le litige ; dépens réservés ( v. p. 69 et suivantes ).


## N.º 39.    JUGEMENT PRÉPARATOIRE

### QUI ORDONNE LE SERMENT DÉCISOIRE.


Entre B., demandeur, et A. défendeur, etc.,

Le demandeur conclut ainsi : attendu qu'en fesant un paiement de 100 gourdes au citoyen A., je lui ai donné par erreur 100 billets de deux gourdes ; — attendu en droit, que ce qui a été payé sans être dû est sujet à répétition, et que celui qui a reçu ce qui ne lui est pas dû est tenu à la restitution ( art. 1022 et 1162, c. civ. ) ; — plaise au tribunal de condamner le citoyen A. à me restituer les 100 gourdes que je lui ai payées en sus de son dû, et en outre aux dépens, le tout par corps.

Le défendeur soutient n'avoir pas reçu de billets de 2 gourdes dans la liasse de 100 billets qui lui a été remise par le demandeur, et conclut au rejet de la demande avec dépens, même par corps.

Le demandeur requiert acte de ce qu'il défère le serment décisoire à son adversaire (1) sur l'objet de la contestation.

FAIT : Le demandeur, pour s'acquitter d'une créance de 100 gourdes, remet au défendeur une liasse contenant 100 billets de caisse. Il soutient que, par erreur, il a donné des billets de 2 gourdes au lieu de billets d'une gourde, parce qu'il avait deux liasses de 100 billets, l'une de billets d'une gourde et l'autre de billets de 2 gourdes.

Le défendeur n'ayant reconnu que le paiement de 100 gourdes, est appelé en serment par le demandeur.

DROIT : Il s'agit de savoir combien contenait la liasse de billets qu'a donnée le demandeur au défendeur, le.....

Le tribunal, jugeant en dernier ressort, après avoir entendu les parties ;

Vu 1.ª la citation introductive d'instance ; 2.ª une quittance de 100 gourdes donnée, le....., par le défendeur au demandeur ;

Attendu que le serment décisoire peut etre déféré sur toute espèce de contestation ;

Donne acte au demandeur, du serment qu'il défère au défendeur (2). En conséquence, ordonne qu'à l'audience du....., à..... heure, ledit citoyen A. soit tenu d'affirmer, sous serment, que *la liasse de papier-monnaie qui lui a été remise, le....., par le citoyen B., n'etant composée que de cent billets d'une gourde, et qu'il n'y avait aucun billet de deux gourdes, ni aucune valeur qui pût élever la somme au-dessus de* 100 *gourdes* ; dépens réservés.

Donné etc., prononcé en présence du citoyen A., et en absence du citoyen B., etc. ( v. page 73 et suivantes ).


## N.º 40.   JUGEMENT PREPARATOIRE

### QUI DONNE ACTE DE LA NON-RECONNAISSANCE D'ÉCRITURE.

Entre A. et B., etc.

Le demandeur a conclu à ce que le défendeur, comme héritier de la succession R., fût condamne à lui payer 300 gourdes avec

---

(1) Si le défendeur réfère le serment, on le constate aussi.

(2) Si le serment a été référé par le défendeur, le tribunal lui en donnera acte aussi.

intérêts et dépens , montant d'un billet souscrit en sa faveur par feu R. , le.....

Le défendeur a requis le renvoi de la demande , attendu qu'il ne reconnaît pas l'écriture attribuée à son auteur.

FAIT : Par exploit en date du....., le demandeur fit citer le dé-fendeur en condamnation d'un billet de 300 gourdes fait en sa faveur, portant la date du..... , et la signature R. , enregistré le.....

DROIT : Il s'agit de savoir si le billet émane du citoyen R.

Le tribunal jugeant à charge d'appel , après avoir entendu contradictoirement les parties ;

Vu 1.º la citation introductive d'instance ; 2.º le billet produit par le demandeur ;

Attendu que le défendeur déclare ne pas reconnaître l'écriture dudit billet , attribuée à son auteur ;

Donne acte au citoyen B. , de la déclaration qu'il ne reconnaît pas l'écriture de ce billet , attribuée à son auteur ; et , en vertu de l'article 19 du code de procédure , renvoie les parties à se pourvoir sur l'incident , pardevant le juge qui doit en connaître ; surseoit le jugement du fond jusqu'à la décision de l'incident ; dépens réservés.

Et à l'instant , le juge de paix a paraphé ledit billet.

Donné etc.

N. B. Sur le billet le juge écrit : *Ne varietur* et y fait son paraphe.

## CHAPITRE II.

### Des Jugemens provisoires et des Jugemens définitifs.

Le jugement provisoire est celui qui ordonne une mesure provisoire pour la conservation de l'objet en litige , ou à raison de la position des parties : par exemple, deux personnes disputent la propriété d'une chose , le juge peut établir un séquestre en attendant l'accomplissement de l'instruction pour parvenir au jugement définitif.

Le jugement définitif est celui qui décide définitivement la contestation , ou qui décide seulement une question particulière de la contestation générale. Ainsi, le jugement qui statue dé—

nitivement sur une exception, est définitif, soit qu'il accueille ou rejette l'exception, bien qu'il ne termine pas la contestation.

## N.º 41.  JUGEMENT PROVISOIRE.

Le tribunal etc. (suivez le modèle n.º 33, page 96).

Entre le citoyen J., propriétaire, demeurant à....., demandeur, comparant en personne, d'une part ;

Et le citoyen R., juge de paix de cette commune, demeurant à....., défendeur, comparant en personne, d'autre part.

Le demandeur conclut à ce que le défendeur soit condamné, même par corps, à lui payer, avec dépens, la somme de cent gourdes, pour deux mois de loyer de maison échus le.....

Le défendeur conclut au rejet de la demande, avec dépens, attendu que le prix de la location était convenu à 40 g. par mois ; qu'ainsi, il ne peut devoir que 80 g. pour les deux mois. En conséquence, il demande que l'estimation en soit faite par experts.

Le demandeur conclut incidemment à ce que, sans préjudicier à ses droits au principal, le défendeur soit condamné à lui payer par provision, les 80 g. qu'il reconnaît devoir.

Le défendeur dit qu'il n'entend rien payer à moins que la contestation ne soit terminée.

FAIT : Le....., le demandeur fit bail verbal au défendeur, d'une maison sise à....., rue...... Sur la citation donnée au dernier, en condamnation de 100 g. pour deux mois échus, une contestation s'élève sur le prix du bail.

DROIT : Il s'agit de déterminer le prix de la location et de savoir si la demande provisoire doit être accueillie.

Le tribunal jugeant en dernier ressort, après avoir entendu les parties, et vu la citation etc. ;

Attendu qu'aux termes de l'article 1487 du code civil, lorsque le prix du bail verbal est contesté, et qu'il n'existe pas de quittance, le locataire peut en demander l'estimation par experts ;

Ordonne, avant faire droit, que le..... il se transportera dans ladite maison, avec les citoyens....., experts convenus entre les parties pour donner leur avis sur la valeur de ladite location.

Statuant sur le provisoire : attendu qu'il n'existe point de contestation sur les 80 g. reclamées par le demandeur avec réserves ;

Condamne ledit citoyen R., à payer au demandeur, par toutes les voies de droit, même par corps (1), la somme de 80 g. ; laquelle somme sera portée en réglement après le jugement définitif ; dépens réservés.

Donné de nous S. , suppléant de juge, remplissant les fonctions du titulaire, assisté du citoyen T. , suppléant, et de notre greffier. Prononcé en présence des parties à l'audience du..... etc.

## N.° 42.    JUGEMENT DEFINITIF

### SUR LE PRÉPARATOIRE N.° 34 , page 98.

Entre..... etc. *( rapportez les qualités et les conclusions du n.° 33 ).*

FAIT (2) : Le 12 février , le demandeur vendit au défendeur des marchandises pour une somme de 200 g. , payable dans un mois. N'ayant reçu qu'une somme de 149 g. 99 c. à valoir, par divers à-compte, il fit citer le débiteur en condamnation. — L'affaire portée à l'audience du 3 du courant, le tribunal, après avoir entendu contradictoirement les parties , ordonna le dépôt des pièces, pour être le jugement définitif prononcé à l'audience du 4. A cette audience , le tribunal se trouvant partagé, la cause fut renvoyée à l'audience d'aujourd'hui pour être replaidée devant le suppléant N. , appelé pour vider le partage.

DROIT : Il s'agit 1.° de déterminer la quotité de la somme due , 2.° de savoir si le tribunal doit accorder au débiteur un délai pour le paiement.

Le tribunal jugeant en dernier ressort, après avoir entendu les parties ;

Vu la citation etc. ;

Attendu que les deux comptes produits par les parties sont concordans , excepté une erreur de 10 g. qui se trouve dans l'addition des quittances portées sur le compte du défendeur ;

Attendu que de la rectification de cette erreur il résulte que le

---

(1) Aux termes des articles 77 et 78 de la loi sur l'organisation judiciaire , toute ordonnance de prise de corps contre un juge pour faits civils ou autres , emporte la suspension de ses fonctions.

La suspension des fonctions entraîne toujours, pendant sa durée , la suppression du traitement qui y est attaché.

(2) Dans le jugement préparatoire les faits de la contestation ne peuvent être précisés comme dans le jugement définitif.

débiteur n'a payé sur les deux cents gourdes que 149 g. 99 c. à valoir, que partant la balance se trouve fixée à 50 g. 1 c. ;

Attendu que le débiteur justifie qu'il a des recouvremens à faire pour se libérer (1) ;

Condamne ledit citoyen J. P. à payer au demandeur, par toutes les voies de droit, et même par corps, la somme de 50 g. 1 c. ; lui accorde le délai de quinze jours pour effectuer ce paiement, et le condamne, en outre, aux dépens liquidés à....., aussi par corps.

Donné de nous B., juge, S. et N., suppléans ; en audience du six avril mil-huit-cent-quarante.

## N.° 43.        JUGEMENT DEFINITIF

### SUR LA JONCTION N.° 35.

Entre le citoyen Henry Saul, maître sellier, demeurant à la Croix-des-Bouquets, demandeur en nullité d'emprisonnement, et défendeur en nullité d'offres, comparant par le citoyen Racine, son fondé de pouvoir, d'une part ;

Et le citoyen Marcellus, propriétaire, demeurant en ce bourg, défendeur en nullité d'emprisonnement, demandeur en nullité d'offres, comparant en personne, d'autre part.

Le citoyen M. a conclu : attendu que par jugement du 12 du courant, l'adversaire a été condamné à lui payer 99 gourdes en principal, avec dépens liquidés à 2 g. 50 c. ; que le 15, ce dernier lui fit des offres réelles et déposa 99 g. pour se libérer ; — attendu qu'entr'autres formalités prescrites pour la validité des offres, l'article 1044 - 3.° du code civil veut qu'elles soient de la totalité de la somme exigible, des intérêts dus, *des frais liquidés*, et d'une somme pour les frais non liquidés ; que l'adversaire n'a offert ni les 2 g. 50 c. de frais liquidés, ni une somme pour les frais non liquidés ; — plaise au tribunal déclarer nulles lesdites offres, en conséquence débouter l'adversaire de sa demande en nullité d'emprisonnement, et le condamner, même par corps, aux dépens, et à 100 gourdes de dommages-intérêts.

-------

(1) L'article 1030 du code civil permet au juge d'accorder au débiteur des délais modérés, en usant de ce pouvoir avec une grande réserve. — Et l'article 129 du code de procédure veut que le jugement énonce les motifs du délai.

Le citoyen S. a conclu : attendu qu'il a offert les 99 gourdes, avec la condition *sauf à parfaire* ;

Plaise au tribunal déclarer valables lesdites offres, et fesant droit à la demande en nullité d'emprisonnement, suivant les conclusions prises à l'audience d'hier, annuler cet emprisonnement et condamner l'adversaire à 200 gourdes de dommages-intérêts et aux dépens, même par corps.

FAIT : Par jugement en date du 12 du courant, le tribunal condamna le citoyen Saül à payer à M. la somme de 99 g. en principal, et aux dépens liquidés à 2 g. 50. — Le 15, le débiteur déposa au greffe 99 g., par suite d'offres réelles à son créancier. — Le 16, ce dernier fit citer le premier pour l'audience de ce jour pour entendre prononcer la nullité desdites offres. — Le même jour, le débiteur, en vertu d'une cédule d'abréviation, fit citer le créancier pour l'audience du 17, en nullité de son emprisonnement opéré le 16, à la requete du créancier, pour la même créance qui fut l'objet desdites offres. — Sur la demande du créancier, à l'audience du 17, il fut rendu jugement qui ordonne la jonction des deux instances et continue l'audience à ce jour, où les parties ont été contradictoirement entendues.

DROIT : Il s'agit de savoir 1.º si les offres sont valables, 2.º si l'emprisonnement doit être annulé.

Le tribunal jugeant à charge d'appel, vu la citation etc. ;

Attendu qu'avec le principal, le citoyen S. n'a pas offert les frais liquidés ; que le *sauf à parfaire* écrit dans le 3.º alinéa de l'article 1044 du code civil, ne se rattache qu'à la disposition concernant l'offre d'une somme pour les frais non liquides ;

Attendu que les offres ne libèrent le débiteur qu'autant qu'elles sont valablement faites ;

Par ces motifs, déclare insuffisantes lesdites offres, déboute le citoyen S. de sa demande en nullité d'emprisonnement et le condamne, même par corps, aux dépens.

Donné etc.


## N.º 44. JUGEMENT SUR LA GARANTIE, page 100.

Entre le citoyen C., marchand, demeurant à....., demandeur originaire, comparant en personne, d'une part ;

Le citoyen A., marchand, demeurant au Cap-Haïtien, défendeur originaire, demandeur en garantie, comparant en personne, d'autre part ;

Et le citoyen B., marchand, demeurant au Fort-Liberté, défendeur en garantie, comparant en personne, d'autre part.

*( Après, les conclusions, les points de fait et de droit ).*

Attendu que les citoyens A. et B. sont débiteurs solidaires du citoyen C. d'une somme de 300 gourdes, que le créancier ne réclame son paiement que contre le citoyen G.;

Le tribunal jugeant etc.; vu etc.;

Fesant droit à la demande originaire du citoyen C., condamne A. à payer ladite somme de 300 gourdes au demandeur et aux dépens, même par corps.

Fesant droit à la demande en garantie de A. contre B., condamne ledit B. à acquitter, garantir et indemniser ledit A. de la moitié de ladite somme de 300 gourdes, et compense les dépens pour moitié entre A. et B., le tout par corps. Lesdits depens son liquidés à..... pour le citoyen C., et à..... pour le citoyen A.

N.° 45.                    JUGEMENT DEFINITIF

SUR L'INTERLOCUTOIRE N.° 37.

*( Après les qualités, les conclusions, les points de fait et de droit, etc. ), si l'enquête prouve, le jugement est ainsi conçu :*

Attendu que du procès-verbal d'enquête dressé à l'audience du....., il résulte que les quatre pièces de toile réclamées ont été réellement déposées par le demandeur chez le défendeur, en les remettant à la personne même de ce dernier : attendu que la contre-enquête faite à la requête du défendeur ne détruit pas la preuve résultant de l'enquête ;

Condamne le défendeur à restituer au demandeur, dans les vingt-quatre heures de la signification du présent jugement, lesdites quatre pièces de toile *( désignez la qualité )*, sinon ordonne qu'il soit contraint, même par corps, à payer au demandeur la somme de 300 gourdes de dommages-interets (1) ; le condamme aux dépens, aussi par corps, liquidés à....., et commet l'huissier..... pour la signification du présent jugement (2).

---

(1) Aux termes de l'art. 933 du code civil, toute obligation de faire ou de ne pas faire se résout en dommages-intérêts, en cas d'inexécution de la part du débiteur.

(2) Voir les dispositions de l'art. 680 du code de procédure.

*Si l'enquête ne prouve pas, le jugement se rédige ainsi :*

Attendu qu'il ne résulte de l'enquête faite à la requête du demandeur aucune preuve du dépôt des 4 pièces de toile réclamées ; qu'au contraire, de la contre-enquête faite à la requête du défendeur, il résulte que..... etc. ; déclare le demandeur non-recevable en sa demande, l'en déboute et le condamne aux dépens, etc.

*S'il s'agissait d'une cause en dernier ressort, il faut ajouter dans l'exposition des faits : les noms, âge, profession et demeure des témoins, etc. (Voyez page 60).*

### N.° 46.    JUGEMENT DÉFINITIF

SUR LA VISITE DES LIEUX ORDONNÉE page 101, N.° 38.

*Après les faits et le droit, etc., on fait mention du procès-verbal de la visite.*

Attendu que les réparations à faire dans la maison sont 1.°, 2.° etc. ; que ces réparations sont réputées locatives par l'article 1525 du code civil ;

Condamne, etc.

*S'il s'agissait d'une affaire en dernier ressort, comme au n.° 41, page 105, ajoutez dans les points de fait les noms des experts, la prestation de leur serment et le résultat de leur avis (code procédure, art. 51).*

### N.° 47. JUGEMENT DÉFINITIF SUR LE SERMENT (1).

Le tribunal....., vu le serment prêté par le citoyen A, en exécution du jugement du..... (voyez n.° 20, page 77) ;

Attendu qu'aux termes des articles 1135 et 1137 du code civil, le serment établit une présomption légale qui dispense de toute preuve ; que du serment prêté par le citoyen A., il résulte que la liasse de papier-monnaie qui lui a été remise le..... par B., n'était composée que de cent billets d'une gourde ;

Par ces motifs, déboute le citoyen B. de sa demande, et le condamne, même par corps, aux dépens liquidés à.....

---

(1) Il est inutile de faire observer qu'à chaque jugement on doit rapporter les qualités, les conclusions, les faits et le droit avant les motifs et le dispositif.

*Si le serment n'a pas été prété, le jugement est rendu ainsi :*

Attendu que le citoyen A. refuse de prêter le serment à lui déféré par jugement du......; qu'aux termes de l'article 1147 du code civil, il doit succomber dans sa défense;

Condamne ledit A. à payer, avec dépens, même par corps, la somme de 100 gourdes qu'il a indûment perçue, etc.


## N.° 48.    JUGEMENT SUR DÉCLINATOIRE.

Attendu, etc. :

Le tribunal se déclare incompétent pour connaître de la demande ; renvoie les parties pardevant qui de droit, et condamne le demandeur aux dépens.

*En cas de rejet du déclinatoire :*

Statuant sur le déclinatoire proposé par le défendeur ; attendu etc. ; déboute ledit défendeur de son exception déclinatoire, lui ordonne de procéder au fond et le condamne aux depens.


## N.° 49.    JUGEMENT QUI ACCORDE DÉLAI

### MOYENNANT CAUTION.

*Le jugement qui ordonne de fournir caution fixera le délai dans lequel elle sera présentée, et celui dans lequel elle sera acceptée ou contestée* (code proc., art. 442).

Attendu, etc.

Le tribunal condamne le défendeur à payer au demandeur, par toutes les voies de droit, et même par corps, la somme de 300 gourdes, montant du compte produit par le demandeur.

Fesant droit au délai demandé par le défendeur ;

Attendu etc. ; lui accorde le délai de trois mois pour se libérer, à compter de ce jour, en payant par tiers d'un mois en un mois ; faute du premier ou autre subséquent paiement, il sera contraint pour le tout. Cependant, ce delai n'aura lieu qu'à la charge par lui de fournir au demandeur bonne et valable caution dans trois jours, à compter de cette date ; sinon, et ledit tems passé, il sera déchu dudit délai et contraint pour le tout : sera tenu le demandeur, en cas de présentation, d'accorder ou contester la caution dans trois jours ; sinon elle sera tenue pour acceptée et fera sa soumission au greffe. Et condamne ledit défendeur, même par corps, aux dépens liquidés à.....

## CHAPITRE III.

### *Des Jugemens sur actions possessoires et des Jugemens par défaut.*

La possession, dit l'article 1996 du code civil, c'est la jouissance d'une chose ou d'un droit que nous tenons ou que nous exerçons par nous-mêmes, ou par un autre qui la tient ou qui l'exerce en notre nom ;

La possession, pour fonder une prescription, doit être *continue et non interrompue, paisible, publique, non équivoque, et à titre de propriétaire.* ( V. les art. 1997 et suivans ).

C'est par suite de ces dispositions que l'article 31 du code de procédure civile dit que les actions possessoires ne sont recevables qu'autant qu'elles sont intentées dans l'année du trouble, par ceux qui, depuis une année au moins, étaient en possession *paisible* par eux ou les leurs, *à titre de propriétaire.*

*Les actions possessoires* sont de trois espèces : la complainte, la réintégrande et la dénonciation de nouvel œuvre.

La complainte, c'est l'action par laquelle celui qui est en possession annale d'un immeuble ou de toute autre chooe immobilière, demande à se faire maintenir dans sa possession, lorsqu'il est troublé par quelqu'un qui, se disant propriétaire, veut se mettre à sa place.

La réintégrande, c'est l'action par laquelle on demande à être rétabli dans la possession du bien ou du droit dont on a été dépouillé *par violence ou voie de fait.*

La dénonciation de nouvel œuvre, c'est l'action par laquelle on demande à faire cesser les travaux qu'un tiers fait exécuter sur un terrain voisin, et qui porte préjudice à la propriété du réclamant.

Pour exercer l'action possessoire, de quelque nature qu'elle soit, il faut avoir la possession annale de l'objet litigieux ; il faut encore que cette possession soit publique, paisible et à titre de propriétaire. Ainsi, celui qui n'a qu'une possession clandestine ou produite par la *violence*, ou qui n'a eu lieu qu'à titre *précaire* (1), ne peut intenter cette action.

L'action possessoire, pour être reçue, doit être intentée dans l'année du trouble, sinon elle est prescrite : il faudrait alors se pourvoir au pétitoire.

Il y a deux sortes de troubles : le trouble de fait et le trouble de droit : le premier a lieu lorsqu'on entreprend quelque chose sur l'immeuble, soit en cultivant, soit en recueillant les fruits : le second résulte des actes qui peuvent servir de base à l'interruption civile, telles qu'une citation, une saisie, etc. (art. 2012, code civil). En ce cas, on prend l'acte pour trouble, et l'on intente l'action en complainte.

Ainsi, si celui qui a la possession annale vient à être dépossédé et qu'il laisse le nouveau possesseur en jouissance pendant une année, il sera non-recevable à se prévaloir de la possession qu'il a perdue, pour fonder une action en réintégrande.

L'article 33 du code de procédure défend de cumuler le possessoire avec le pétitoire. Pour distinguer ces deux actions, il faut se rappeler que le possessoire est une question de fait, et le pétitoire une question de droit ; que le juge de paix n'a d'attribution que pour juger la première, tandis que la seconde est du domaine du tribunal civil. En conséquence, lorsqu'une action possessoire est soumise au juge de paix, ce magistrat ne doit examiner que les faits qui justifient que le possesseur a joui depuis une année au moins, à titre de propriétaire, abstraction faite de la question du droit de propriété : ces faits peuvent être prouvés par titre ou par témoins. Mais quelque vicieux que soit le titre à l'égard du fond du droit, lors même que la partie adverse présenterait un titre régulier qui justifierait son droit de propriété contre le possesseur, le juge de paix ne pourrait pas en apprécier le mérite.

_______

(1) Par tolérance, permission avec dépendance; tels qu'un fermier, un dépositaire, etc.

Dès lors, celui qui a un droit réel sur un immeuble possédé depuis l'an et le jour par un tiers, ne peut qu'intenter l'action pétitoire, c'est-à-dire, porter sa demande en revendication devant le tribunal civil.

Aux termes de l'article 34, le demandeur au pétitoire ne peut agir au possessoire. Ainsi, lorsque le défendeur au possessoire présente une assignation qui lui a été donnée au pétitoire, le demandeur doit être débouté purement et simplement.

### N.º 50.    CITATION EN COMPLAINTE.

L'an etc. *( Suivez les 7 premières lignes du n.º 5, page 36 )*.

Pour entendre dire : attendu que le requérant est propriétaire d'une habitation sise à....., section....., commune d.....; que le sus-nommé, propriétaire de l'habitation....., contiguë avec celle du requérant, a anticipé sur la lisiere nord de ladite habitaton et y a fait des plantations ; il sera condamné à délaisser le terrain anticipé ; avec defense de plus à l'avenir troubler mon requérant dans sa jouissance, sous peine de payer 300 g. de dommages-interets ; et pour les torts occasionnés à mon requérant par cette anticipation, il sera dès à present condamné, meme par corps, à 20 g. de dommages-interets et aux dépens. Et afin que etc.

Si l'action en complainte est fondée, le tribunal fera droit à la demande ; si elle n'est pas fondée, comme si le demandeur intente son action après l'année du trouble, le jugement rejettera la demande.

### N.º 51. JUGEMENT QUI DÉBOUTE LE DEMANDEUR.

Attendu que depuis plus d'une année le défendeur est en possession du terrain litigieux (1) ;

---

(1) La preuve peut en être faite par témoins ou par suite d'une visite des lieux pour constater l'époque de la possession ou celle du trouble.

Le tribunal donne acte au defendeur, de ce qu'il prend pour trouble de sa possession, la qualité de propriétaire prise par le demandeur et la demande de ce dernier suivant la citation introductive d'instance ; en consequence, deboute le demandeur de sa demande en complainte, et maintient le defendeur dans la possession annale du terrain litigieux, avec défense au demandeur de l'y troubler ni inquiéter à l'avenir, et condamne ledit demandeur aux dépens, liquidés à..... (1).

## N.° 52.    CITATION EN REINTÉGRANDE.

L'an etc. Pour et attendu que le requérant a été dépossédé par violence ( ou autrement ) d'une maison sise à....., rue....., dont il était en paisible possession et jouissance depuis long-tems ; entendre prononcer que le requérant sera reintégré dans la possession et jouissance de ladite maison ; qu'à lui rendre et délaisser cette possession, le sus-nommé sera contraint par les voies de droit, avec défense de plus à l'avenir troubler ni inquiéter mon requérant etc.

## N.° 53.    DÉNONCIATION DE NOUVEL ŒUVRE.

...... Pour et attendu que ledit citoyen....., propriétaire d'un fonds voisin de la propriété du requérant, sise à....., etc., a commencé *tel ouvrage* (2) qui porte préjudice à la propriété de mon requérant, s'entendre condamner à démolir ( ou à discontinuer ) l'entreprise commencée (3) ; sous peine de payer 200 g. de dommages-interets, meme par corps ; et pour les torts occasionnés au requérant, il sera condamné dès à present à....., etc.

Les jugemens se rendent en la meme forme que ci-dessus.

Il y a peu de différence entre le jugement par défaut et

---

(1) Toute action possessoire et toute demande d'une valeur indéterminée ne peuvent être jugées qu'à charge d'appel ( arrêt du 30 juillet 1838 ).

(2) Voir code civil, articles 518 et suivans.

(3) Voir l'article 983 du code civil.

le jugement contradictoire à la justice de paix, si ce n'est la voie de l'opposition qui est réservée à la partie condamnée par défaut.

Les regles à observer à l'égard du défaillant sont déjà expliquées pages 38, 42 et 49. Il ne reste qu'à faire remarquer que, suivant l'article 27 du code de procédure, si l'une des parties ne comparaît pas au jour indiqué par la citation, *la cause est jugée* par défaut. En conséquence, les dispositions de l'article 156 concernant *le profit joint* devant le tribunal civil, ne sont pas applicables à la justice de paix.

Il est à remarquer encore que la péremption prononcée par l'article 159 contre les jugemens par défaut du tribunal civil non exécutés dans les trois mois de leur obtention, n'a pas lieu à la justice de paix.

## N.º 54.    DÉFAUT CONTRE LE DEFENDEUR.

Entre le citoyen A., propriétaire, demeurant à....., demandeur, comparant en personne, d'une part ;

Et le citoyen B., propriétaire, demeurant à....., défendeur, *défaillant*, d'autre part.

Le demandeur a conclu.......

FAIT, etc. — DROIT, etc.

Le tribunal jugeant en dernier ressort (ou à charge d'appel) ;

Vu 1.º la citation en date du....., exploit de l'huissier *tel* (1) etc.

Attendu que le défendeur, quoique dument appelé, n'a point comparu ni personne pour lui ;

Donne défaut contre ledit citoyen B. ; et pour le profit, attendu etc. (le reste comme le jugement contradictoire).

*S'il y a lieu de proroger le délai de l'opposition, on ajoute après la condamnation :*

Statuant sur ce qui a été représenté par le citoyen ..... que le défendeur n'a pu être instruit de la procédure, étant absent de-

---

(1) Remarquez que dans les jugemens par défaut il est surtout essentiel de constater l'acte par lequel le défendeur a été appelé.

puis le..... pour un voyage , et qu'il ne sera de retour que le 23 du courant ;

Proroge le délai de l'opposition jusqu'au 24 , *en cas de signification avant le 21* (1).

*Si c'est le demandeur qui fait défaut, le congé se rédige ainsi :*

Attendu que le demandeur n'a point comparu , ni personne pour lui , pour justifier sa demande :

Donne au défendeur congé de la demande , et condamne le demandeur au dépens.

*Que le jugement soit contradictoire ou par défaut, s'il est à charge d'appel, le juge peut, sur la demande des parties, en ordonner l'exécution provisoire, à la charge de caution. En ce cas on ajoute au dispositif :*

Ordonne l'exécution provisoire du présent jugement, à la charge par ledit citoyen ...... de fournir caution solvable, en cas d'appel ; et en cas de présentation , accorde au citoyen ..... (*partie condamnée*) le délai de trois jours qui suivront celui de la présentation , pour accepter ou contester la caution , sinon , ce délai passé , elle sera tenue pour acceptée et fera sa soumission au greffe.

Le jugement qui autorise l'exécution provisoire à la charge de fournir caution, doit-il prescrire un délai pour la présentation ?

Cette question a été agitée par M. Carré, tome 2, page 492 , et ce savant jurisconsulte l'a résolue négativement.

« Quelque générale que paraisse la disposition d. l'article 517 , ( cet article correspond à notre art. 442 ) dit ce savant jurisconsulte, nous ne pensons pas que la question que nous posons doive être décidée par l'affirmative. Il dépend , en effet, comme le dit M. Delaporte, tome 2 , page 95 , de la partie autorisée à exécuter un jugement sous la condition de fournir caution, de pro-

---

(1) Cette condition est utile pour. empêcher la conversion de la prorogation en abrogation , car , si le créancier ne fait signifier le jugement que le 23 il ne pourra opposer une fin de non-recevoir contre l'opposition formée le 26 ; le débiteur ne peut être privé du délai de trois jours que lui accorde l'article 26.

céder ou non à cette exécution : il n'y a donc aucun motif pour l'obliger à la donner dans un délai déterminé ; son intérêt seul suffira pour la faire se hâter , puisqu'elle ne pourra exécuter le jugement qu'elle aura obtenu , qu'après avoir rempli la condition sous laquelle elle y est autorisée. L'article ne nous semble donc applicable que dans les circonstances seulement où le juge *condamne* à fournir caution. »

On ne peut rien ajouter à ces judicieuses observations à l'égard du créancier; mais à l'égard du débiteur, je pense qu'il doit y avoir une différence, car il lui faut un délai moral pour examiner la solvabilité de la caution : or, il ne peut dépendre de l'arbitraire du créancier de limiter ce délai et d'établir par-là une forclusion en sa faveur. Mais il ne doit pas non plus être laissé au caprice du débiteur de retenir le créancier dans une attente éternelle , et de rendre illusoire le bénéfice de l'exécution provisoire , sous prétexte de prendre du tems pour examiner la solvabilité de la caution. Il me semble donc qu'il est important de fixer le délai de l'acceptation.

## CHAPITRE IV.

### *Des effets du Jugement.*

Le jugement , s'il est définitif , termine le procès , à tel point que , si la partie contre laquelle il est rendu ne prend pas les voies légales pour le faire anéantir , personne ne peut en arrêter l'effet ; le juge qui l'a prononcé est obligé d'en respecter l'autorité , lors même qu'il viendrait à reconnaître son erreur.

Il donne hypothèque sur les biens du condamné ( code civ. , art. 1884 ) (1) , mais l'hypothèque ne prend rang que du jour

----

(1) L'hypothèque judiciaire produit son effet sur les biens présens et à venir ( art. 1890 ).

de l'inscription prise sur les registres du conservateur , *dans la forme et de la manière prescrite par la loi* ( art. 1901 ).

Pour opérer l'inscription , le créancier représente , soit par lui-même , soit par un tiers , au conservateur des hypothèques du ressort où sont situés les biens sur lesquels on veut conserver l'hypothèque , une expédition du jugement. Il y joint deux bordereaux écrits sur papier timbré de 25 c. , dont l'un peut être porté sur l'expédition du titre.

Ces bordereaux doivent contenir , 1.º les nom , prénom , domicile du créancier , sa profession , s'il en a une , et élection d'un domicile pour lui dans un lieu quelconque du ressort du bureau ; 2.º les nom , prénom , domicile du débiteur , sa profession , s'il en a une connue , ou une désignation individuelle et spéciale , telle que le conservateur puisse reconnaître et distinguer , dans tous les cas , l'individu grevé d'hypothèque (1) ; 3.º la date et la nature du titre ; 4.º le montant du capital des créances exprimées dans le titre , ou évaluées par l'inscrivant , pour les rentes et prestations , ou pour les droits éventuels , conditionnels ou indéterminés , dans les cas où cette évaluation est ordonnée : comme aussi le montant des accessoires de ces capitaux , et l'époque de l'exigibilité ( art. 1915 ).

## N.º 55.          BORDEREAU DE CRÉANCE.

Le citoyen Georges Turmol , charpentier , domicilié au Cap-Haïtien , ou il fait élection de domicile en sa demeure ( ou chez tel .... ) , requiert du conservateur des hypothèques du ressort de cette ville , l'inscription de son hypothèque , sur tous les biens du citoyen Nicolas Cherisol , propriétaire , domicilié au Fort-Liberté ;

Pour sûreté , conservation du paiement des sommes suivantes , résultant d'un jugement du tribunal de paix de la commune du

---

(1) Les inscriptions à faire sur les biens d'une personne décédée , peuvent être faites sur la simple désignation du défunt ( art. 1916 ).

Fort-Liberté, rendu contradictoirement, *ou par défaut*, entre les parties, le 4 juin 1840 ; savoir :

En principal, deux cent-cinquante-quatre gourdes. 254
Frais liquidés audit jugement, quatre gourdes. . 4
Frais de signification, deux gourdes. . . . . . . 2

Total de la somme actuellement exigible, *ou exigible le*.... g . . . . . . . . . . . . . . . . . 260     260

Frais d'exécution approximés à soixante-quatre g. 64
Deux années d'interets à 5 p. o/o, vingt-six g. . . 26

Total de la somme non encore exigible. . . . g. 90     90

TOTAUX. . . . g.   350 (1)

*Fesant pour le citoyen Georges Turinol*,<br>H. GERMAIN.

# TITRE V.

### 4e. PARTIE DE LA PROCÉDURE.

## *Des voies contre les Jugemens.*

Les voies ouvertes aux parties contre les jugemens sont ordinaires ou extraordinaires. Les voies ordinaires sont l'opposition et l'appel, les voies extraordinaires sont la requête civile et la cassation. La tierce-opposition est aussi une voie extraordinaire, mais elle ne peut etre exercée que par ceux qui n'ont pas été parties au jugement.

---

(1) Le conservateur fait mention, sur son registre, du contenu aux bordereaux, et remet au requérant tant l'expédition du jugement que l'un des bordereaux, au pied duquel il certifie avoir fait l'inscription.( art. 1917 ).

# CHAPITRE Ier.

## *De l'Opposition et de l'Appel.*

L'opposition est une voie accordée à la partie défaillante contre toute espèce de jugement par défaut, soit en dernier ressort, soit à charge d'appel ; son effet est de suspendre l'exécution du jugement et d'en demander la réformation au tribunal qui l'a rendu.

Pour statuer sur l'opposition, il ne faut pas positivement la présence du même juge qui a rendu le jugement, il suffit de porter l'opposition devant le même tribunal ; ainsi un suppléant tenant l'audience peut fort bien rétracter, sur l'opposition, un jugement rendu par le juge titulaire.

L'opposition, pour être recevable, doit être faite dans les trois jours qui suivent celui de la signification du jugement par l'huissier du juge de paix, ou tel autre que le juge aurait commis ( art. 28, code procéd. ).

La signification faite sans commission, par un autre huissier que celui de la justice de paix, n'est pas nulle, si toutefois cet huissier avait caractère pour exploiter dans le lieu de la signification ; mais un tel acte ne fera courir ni le délai de l'opposition ni celui de l'appel.

Le juge peut proroger le délai de l'opposition ; et lors même que le jugement ne porterait pas cette prorogation, la partie condamnée peut encore être relevée de la rigueur du délai et admise à opposition ( art. 29 ).

Tout jugement rendu à charge d'appel par le tribunal de paix, peut être attaqué devant le tribunal civil, si l'on prétend qu'il a été mal et injustement rendu. Néanmoins on ne peut interjeter appel d'un jugement préparatoire avant le jugement définitif.

Il n'y a qu'un seul cas où la loi permet d'appeler d'un jugement en dernier ressort, c'est lorsque ce jugement est basé sur un interlocutoire qui n'a pas été exécuté dans les deux mois de sa date ( art. 20 ).

Le délai de l'appel est de trente jours , à dater de la signification du jugement ( art. 21 ).

## N.º 56.        SIGNIFICATION DE JUGEMENT.

L'an mil huit-cent-quarante , le premier de juin , à la requête du citoyen A. , propriétaire , domicilié à..... ; j'ai , R. , huissier exploitant près le tribunal de paix de la commune d....., y domicilié , soussigné , signifié et avec celle du présent exploit donné copie , au citoyen B. , demeurant a..... , à son domicile , en parlant à..... , d'un jugement du tribunal de paix de la commune d..... , rendu entre les parties le..... , afin qu'il n'en ignore ; dont acte. Le coût est de.....

*On peut faire une simple signification , ou une signification avec commandement , au gré du requérant ; ce dernier acte sera expliqué au titre suivant.*

## N.º 57.        ACTE D'OPPOSITION.

L'an..... etc. , j'ai , R. , huissier etc. , signifié et déclaré au citoyen B. , demeurant à..... , à son domicile , en parlant à..... , que le requérant est opposant à l'exécution d'un jugement rendu par défaut contre lui à la justice de paix d..... , le..... , à lui signifié le..... ; que cette opposition est fondée sur ce que , 1.º le requérant n'a pas été mis en demeure de se défendre , par une citation en forme ; que s'agissant d'une demande de 200 g. , il devait être appelé par une citation et non par une simple cédule , comme dans le cas de demande qui n'excède pas 50 g. ; — 2.º que le requérant , quoique caution solidaire du citoyen J. , ne pouvait être condamné par corps à payer la somme , puisqu'il ne s'était jamais soumis à cette contrainte. — En conséquence , j'ai donné citation audit citoyen B. , à comparaître le..... , à l'audience du tribunal de paix de la commune d..... , à huit heures du matin , pour voir recevoir l'opposition du requérant , et , par suite , rétracter ledit jugement ; décharger le requérant des condamnations contre lui portées par icelui , et condamner ledit B. aux dépens , même par corps. Et afin que ce dernier n'en ignore , je lui ai, à domicile et en parlant comme dessus, laissé copie du présent exploit dont le coût est de 1 g. 50 c. ; dont acte.

Lorsqu'un jugement par défaut est attaqué par l'opposition, il faut nécessairement qu'un autre jugement statue sur le mérite de l'opposition avant de pouvoir procéder à l'exécution.

N.° 58.       JUGEMENT SUR L'OPPOSITION.

Entre le citoyen A., propriétaire, demeurant à....., défendeur originaire, demandeur en opposition, comparant en personne, d'une part ;

Et le citoyen B., propriétaire, demeurant à....., demandeur, originaire, défendeur en opposition, comparant en personne, d'autre part ;

Le citoyen A. a conclu : « Attendu qu'il a été condamné sans avoir été légalement appelé pour se défendre, en ce que la demande a été introduite par une simple cédule au lieu d'une citation dans les formes prescrites par l'article 6 du code de procédure ; — attendu encore que, comme caution du citoyen J. d'une somme de 200 g., il a été condamné, en contravention aux articles 133 du code de procédure et 1826, 5.° du code civil, à payer cette somme, et par corps, quoique dans l'acte de cautionnement il ne se fût pas soumis à cette contrainte. — Qu'il plût au tribunal recevoir son opposition contre le jugement du..... ; rétracter ledit jugement ; le décharger des condamnations contre lui portées par icelui ; et condamner son adversaire, même par corps, aux dépens. »

Le citoyen B. oppose une fin de non-recevoir contre l'opposition : attendu que l'article 28 du code de procédure n'accorde à la partie défaillante que le délai de trois jours pour former opposition au jugement qui le condamne par défaut ; que loin de se conformer à cette disposition formelle de la loi, le citoyen B. a fait signifier le 6 l'opposition d'un jugement signifié depuis le 1er. ; en conséquence il conclut au rejet de l'opposition, avec dépens, même par corps.

Le citoyen A. répond à la fin de non-recevoir : « ............... »

FAIT : Le citoyen A., ayant cautionné solidairement le citoyen J. envers le citoyen B., pour une somme de 200 g., montant d'une obligation, fut condamné par défaut à payer cette somme ; le jugement lui ayant été signifié le 1er., il fit opposition à l'exécution par acte du 6 du courant.

DROIT : Il s'agit de savoir si le citoyen A. est recevable le 6 à former opposition contre un jugement signifié le 1er.

Le tribunal jugeant à charge d'appel etc. Attendu qu'aux termes de l'article 28 du code de procédure, le délai de l'opposition est de trois jours ;

Considérant que le jugement a été signifié le premier et que l'opposition ne date que du 6 ; déclare le citoyen B. non-recevable dans son opposition, l'en déboute et le condamne, même par corps, aux dépens etc.

*Si la fin de non-recevoir est rejetée :*

Attendu que le citoyen A. justifie qu'il lui a été impossible de faire signifier son opposition dans le délai, à cause de ( *consignez le motif* ), déboute le citoyen B. de sa fin de non-recevoir ; reçoit l'opposition du citoyen A. ; ordonne au citoyen B. de répondre au fond, et le condamne aux dépens de l'incident.

*Si le moyen résultant du défaut de citation est admis, le jugement doit être rétracté en entier, sans qu'il soit permis d'examiner la demande originaire :*

Attendu que la demande originaire a été introduite sans citation.

Le tribunal rétracte le jugement du..... ; décharge le citoyen A. des condamnations contre lui portées, et condamne le citoyen B. aux dépens, même par corps, etc.

*Si le jugement n'est attaqué qu'en partie, comme s'il ne s'agis-sait que du second moyen seulement :*

Attendu que par l'acte de cautionnement le citoyen A. ne s'était pas soumis à la contrainte par corps ; qu'aux termes de l'article 1826 du code civil, la caution d'un contraignable par corps n'est passible de cette voie que lorsqu'elle s'est soumise à cette contrainte ;

Le tribunal reçoit l'opposition du citoyen A., contre le jugement du..... ; y fesant droit, décharge l'opposant de la contrainte par corps prononcée contre lui par ledit jugement ; maintient le surplus des condamnations y portées, et condamne le citoyen B. aux dépens de l'instance en opposition, etc.

*Si l'opposition est régulière en la forme, et mal fondée au fond :*

Attendu que par l'acte de cautionnement le citoyen A. s'est formellement soumis à la contrainte par corps ; qu'il se trouve passible de cette voie, aux termes de l'article 1826 du code civil ;

Le tribunal le déboute de son opposition, comme mal fondée ;

ardonne que le jugement du..... soit exécuté selon sa forme et teneur , et condamne etc.

*Si l'une des parties fait défaut sur l'opposition :*

Le tribunal donne défaut contre le citoyen..... , etc. ; et pour le profit , attendu. etc. ( *comme ci-dessus* ).

*L'opposant , quoique demandeur en opposition , est toujours défendeur originaire , par son oposition il ne fait que présenter sa défense sur la demande originaire ; ainsi , sa non comparution n'entraîne pas de droit le congé comme dans la demande originaire , le tribunal est tenu de juger le mérite de l'opposition ; mais l'opposant qui se laisse juger une seconde fois par défaut , n'est plus admis à faire une nouvelle opposition : le second jugement , étant rendu sur la défense écrite dans l'acte d'opposition , a force de jugement contradictoire* ( art. 30 ). *Le jugement est rendu en ces termes :*

Entre le citoyen A , etc. , demandeur originaire , defendeur à l'opposition du citoyen B. , exploit de R. , huissier , en date du..... , tendant à ce que le jugement du..... soit rétracté : attendu que ce jugement a été rendu sans citation préalable , et que , comme caution du citoyen J. , la contrainte par corps ne pouvait etre prononcée contre lui ; comparant en personne , d'une part.

Et le citoyen B. , etc. , défendeur originaire , demandeur à ladite opposition , défaillant , d'autre part.

*Après les points de fait et de droit.* Le tribunal donne défaut contre ledit citoyen B. , et pour le profit, etc. ( *comme aux modèles ci-dessus* ).


N.° 59.                    ACTE D'APPEL.

L'an..... etc. , à la requête du citoyen A. , propriétaire , *domicilié à.....* , lequel constitue Me. L. , défenseur public , pour occuper sur la présente assignation ( si l'appelant doit occuper par lui-même , il doit faire élection de domicile au lieu du siége du tribunal civil , *argument de l'article* 71 *du code de procédure* ) ;

J'ai , N. , huissier etc. , donné assignation au citoyen B. , demeurant à..... , pour comparaître , dans le délai de la loi et à toutes les audiences suivantes du tribunal civil d..... , à huit heures du matin , jusqu'à jugement définitif ; pour voir recevoir mon requérant appelant du jugement rendu entre les parties , à l'audience du tribunal de paix d..... , le..... Ce fesant , attendu que ce jugement est basé sur une simple cédule au lieu d'une citation dans les formes prescrites par l'article 6 du code de procédure ; et attendu encore que le requérant, comme caution, ne pouvait être condamné par corps à payer les 200 g. qui font l'objet de ce jugement, le susdit jugement sera mis au néant ; le requérant déchargé des condamnations contre lui prononcées, et le citoyen B. condamné aux dépens, même par corps. Et afin que ledit citoyen B. n'en ignore, je lui ai, à son domicile et en parlant à....., laissé copie du présent exploit dont le coût est de.....

## CHAPITRE II.

### De la Requête civile et du Pourvoi en cassation.

La requête civile est ouverte à la justice de paix, contre les jugemens définitifs rendus contradictoirement, et les jugemens par défaut qui ne sont plus susceptibles d'opposition, dans les huit cas suivans : 1.º s'il y a dol de la part de la partie au profit de laquelle le jugement a été prononcé, ou de son mandataire ; 2.º s'il a été prononcé sur chose non demandée ; 3.º s'il a été adjugé plus qu'il n'a été demandé ; 4.º s'il a été omis de prononcer sur l'un des chefs de la demande ; 5.º s'il y a contrariété de jugemens définitifs entre les mêmes parties et sur les mêmes moyens, dans le même tribunal ; 6.º si dans un même jugement il y a des dispositions contraires ; 7.º si l'on a jugé sur pièces reconnues fausses depuis le jugement auquel elles ont servi de base ; 8.º si depuis le jugement, il a été recouvré des pièces décisives, et qui avaient été retenues par le fait de la partie ou de son mandataire ( argument de l'article 416 du code de procédure ).

Cet article, il est vrai, ne parle que des jugemens rendus par *les tribunaux civils* ; et sur ce, quelques personnes sont de l'opinion que la loi n'a pas entendu admettre cette voie contre les jugemens de la justice de paix. Les partisans de cette doctrine s'étaient encore de ce que l'article 426 veut que la requête civile soit portée au même tribunal qui a rendu le jugement attaqué ; que l'article 433 en exige la communication au ministère public , et que ce magistrat , aux termes de l'article 26, ne peut exercer son ministère à la justice de paix. Ainsi jugé au tribunal de paix du Port-au-Prince , le 20 mai 1840.

Ces raisonnemens paraissent très-rationnels au premier coup-d'œil , mais examinons maintenant s'ils ne sont pas autant d'erreurs.

Il n'est pas difficile , ce me semble, de repousser victorieusement ces argumens. D'abord on ne peut contester en fait , que les tribunaux de paix ne soient des tribunaux civils d'exception.

Si l'article 426 veut que la requête civile soit portée au même tribunal qui a rendu le jugement attaqué, rien de plus facile que l'accomplissement de cette disposition ; on n'a qu'à saisir le tribunal de paix qui a rendu le jugement.

Mais l'absence du ministère public ? — Ceci ne peut être l'objet d'une discussion sérieuse. L'article 89 prescrit aussi la communication des causes des mineurs , des interdits , etc. ; ces causes sont cependant jugées à la justice de paix sans communication.

Au tribunal de commerce on admet sans difficulté la requête civile, et la jurisprudence établit que la procédure se fait sans communication, par la raison que le ministère public n'assiste pas aux audiences commerciales ; ainsi on peut bien suivre la même jurisprudence au tribunal de paix.

Au lieu d'entreprendre le développement des précieux avantages de la requête civile , je crois mieux faire en transcrivant ici un passage du manuel de M. Levasseur , qui a autant de force que de raison :

« ......... La requête civile est-elle autorisée en justice de paix ? Non , suivant MM. Merlin , Pigeau , Pardessus et Delvincourt , parce que cette voie n'est admise que contre les jugemens de première instance et d'appel , et que les justice de paix ne sont pas les tribunaux de première instance que la loi désigne. » Mais cette doctrine n'est qu'une erreur suivant la jurisprudence de la cour suprême, et suivant plusieurs jurisconsultes.

Citons d'abord M. Henrion de Pansey : « Il est étonnant que dans l'ouvrage le plus remarquable de notre époque ( répertoire de M. Merlin), on ait professé l'opinion que la requête civile n'est pas recevable en justice de paix. On ne peut se le dissimuler, *fermer la requête civile dans ces justices, ce serait sanctionner le vol et commettre la plus criante des injustices.* Aussi, voyons-nous que l'article 480 (1) est conçu dans les termes les plus généraux et les plus absolus. »

« Refuser, dit un autre jurisconsulte, la requête civile contre les nombreux jugemens en dernier ressort des justices de paix, ce serait créer une classe à part de jugemens, où la surprise, l'impéritie, la collusion et la fraude seraient irréparables. »

« Nulle part, ajoute le savant professeur Carré, on ne voit la moindre trace, dans l'intention des législateurs, de changer, par l'article 480, l'ancienne jurisprudence qui admettait la requête civile dans tous les tribunaux, même ceux d'exception. »

Quant à la cour de cassation, par un premier arrêt du 21 avril 1813, rendu à raison d'une requête civile formée devant un juge de paix, elle a cassé le jugement de ce magistrat par le motif

_______________

(1) Cet article correspond à notre article 416, excepté que le premier ne parle que des jugemens en dernier ressort, au lieu que notre article 416 ne fait pas cette distinction.

On demande à quoi sert la requête civile contre les jugemens à charge d'appel, puisque l'appel est dévolutif; et l'on prétend qu'il est plus simple de prendre cette voie ordinaire que de recourir à la voie extraordinaire de la requête civile.

Le délai de l'appel est de 30 jours, à partir de la signification ( art. 21 ); et celui de la requête civile est de 45 jours ( art. 419 ). Le délai de l'appel court contre les mineurs, celui de la requête civile ne court pas contre eux ( art. 420 ).

L'avantage n'est pas moins en faveur des majeurs : dans le cas de dol, de faux, etc., la fraude peut être découverte long-tems après le délai de l'appel; la voie de la requête civile sera encore ouverte, car le délai ne commence que du jour de la découverte de la fraude.

La requête civile est donc plus efficace en Haïti. Au-delà de l'appel elle offre encore une ancre de salut, aux majeurs, contre les artifices de la fraude ; aux mineurs, contre la collusion, l'impéritie où la négligence de leurs tuteurs.

qu'il avait porté atteinte à l'autorité de la chose jugée ; *mais elle a renvoyé devant un autre juge de paix pour faire droit sur la requête civile.*

Par deux autres arrêts des 14 mai 1811 et 24 août 1818, la même cour a décidé que la requête civile peut être formée contre tout jugement en dernier ressort, et que les tribunaux de commerce sont compétens d'en connaître : or, ces tribunaux n'ont, comme les justices de paix, qu'une juridiction d'exception ; pourquoi donc les uns pourraient-ils juger la requête civile, tandis que les autres ne le pourraient pas ?

C'est par une simple citation, ou par une requête que l'on introduit, dans les justices de paix, la requête civile ; l'un et l'autre acte sont valables, suivant deux arrêts des 19 juin 1814 et 3 juillet 1816.

La première formalité à remplir sur la requête civile c'est la consignation d'une somme de 30 gourdes au greffe, si le jugement est contradictoire, ou de 15 gourdes seulement, s'il est par défaut ; la quittance du greffier est signifiée en tête de la citation ( art. 430 et 431 ).

*A cause de cette signification, la citation doit être faite sur timbre de 25 centimes.*

N.º 60.　　　ACTE DE CONSIGNATION.

Aujourd'hui etc., est comparu au greffe du tribunal de paix de la commune d....., et pardevant nous greffier, soussigné, le citoyen A. ( *profession et demeure* ), lequel nous a déclaré qu'il se pourvoit en requête civile contre un jugement de ce tribunal, rendu le..... entre lui et le citoyen B., etc., signifié le..... Et conformément à l'article 430 du code de procédure, il a déposé en nos mains, la somme de trente gourdes pour amende et dommages-intérêts ; dont quittance. Lecture faite au comparant, il a signé avec nous.

A***. N***, greffier.

| | | |
|---|---|---|
| Coût de l'acte. | 25 c. | |
| Expédition et timbre. | 50 | g. 1 50 |
| Enregistrement. | 75 | |

N.° 61.        DEMANDE EN REQUÊTE CIVILE

### PAR CITATION.

L'an etc. , à la requête etc. ; j'ai ,.... , huissier etc. , donné citation au citoyen B. , etc. , à comparaître à l'audience du tribunal de paix de la commune d....., le....., à..... heure. Pour entendre dire : attendu qu'à l'audience du....., ledit citoyen B. n'avait demandé ni la condamnation aux dépens , ni la contrainte par corps contre le requérant ; qu'en condamnant ce dernier aux dépens et en prononçant le par corps contre lui par le jugement du....., le tribunal , sur le premier chef, a prononcé sur chose non demandée , et sur le second , a adjugé plus qu'il n'a été demandé ; en conséquence, la requête civile du requérant contre ledit jugement sera entérinée ; ce fesant , les dispositions qui prononcent le par corps et les dépens seront rétractées dudit jugement ; la remise des sommes consignées sera ordonnée , et ledit citoyen B. condamné aux dépens, même par corps. Et afin qu'il n'en ignore, je lui ai , à domicile et en parlant à....., laissé copie de la quittance ci-dessus , en tete du présent exploit ; dont acte. Le coût est de.....

Sur cette citation la cause est portée à l'audience et la procédure se fait en la forme ordinaire. Néanmoins il faut observer qu'on ne doit d'abord plaider que sur le *rescindant*, c'est-à-dire , sur la question de savoir si les moyens de requête civile portés dans la citation sont admissibles. L'article 454 défend positivement de plaider sur d'autres moyens, mais cette disposition ne prohibe pas les fins de non-recevoir , les exceptions, etc.

Un premier jugement doit statuer préalablement sur le rescindant, et son effet se règle sur les trois circonstances suivantes :

1.° *Si la demande est rejetée comme nulle*, pour inobservation des formalités ; *comme non-recevable* pour avoir été formée hors du délai ; ou *comme mal fondée*, si les moyens ne sont pas justifiés , le demandeur est condamné à 20 gourdes d'amende envers l'État, et à 10 gourdes de dommages intérêts envers le défendeur, sans préjudice de plus forts dommages-intérêts, s'il y a lieu (art. 435).

2.° Si la demande est admise, le jugement est rétracté en tout ou en partie, selon qu'il y a lieu ; la remise de la somme consignée est ordonnée, ainsi que la restitution des choses perçues en vertu du jugement ou de la partie rétractée ; en un mot, les parties sont remises au même et semblable état qu'elles étaient avant le jugement, alors elles sont admises à procéder sur le *rescisoire*. c'est-à-dire, sur la contestation principale que le jugement rétracté avait décidé.

3.° Si le jugement est rétracté en partie, pour avoir statué sur chose non demandée ou pour contrariété de jugemens, etc., la chose non demandée ou le jugement contraire étant supprimé, il n'y a plus de rescisoire à plaider, l'instance est terminée par le jugement sur le rescindant.

On ne peut plus se pourvoir une seconde fois en requête civile, soit contre le jugement déjà attaqué par cette voie, soit contre le jugement qui rejette la demande, soit contre celui rendu sur le rescisoire, à peine de nullité et de dommages-intérêts (art. 437).

## N°. 62.   JUGEMENS SUR LA REQUÊTE CIVILE.

Entre le citoyen A., demandeur ou *défendeur* originaire, et demandeur en requete civile, comparant etc., d'une part ; — et le citoyen B., etc.

*Après les conclusions, les points de fait et de droit :*

Attendu que par jugement du....., le tribunal a condamné le demandeur aux dépens, et qu'il a été ordonné d'exécuter, même par corps, les condamnations contre lui prononcées ; — Attendu que le défendeur, alors demandeur originaire, n'avait demandé ces condamnations ni dans la citation ni dans ses conclusions à l'audience ; partant le tribunal a, d'une part, jugé sur chose non demandée, et de l'autre part, accordé plus qu'il n'a été demandé. En conséquence, il y a deux ouvertures à requete civile, aux termes des numeros 2 et 3 de l'article 416 du code de procédure civile.

Par ces motifs, le tribunal enterine la requete civile du demandeur, contre le jugement du.....; retracte de ce jugement la disposition qui prononce la contrainte par corps contre le demandeur, et celle qui le condamne aux dépens; maintient le surplus de ces dispositions, pour être exécuté selon sa forme et teneur; ordonne la remise de la somme de 30 gourdes, déposée au greffe; et condamne le défendeur aux dépens, etc.

*Si le jugement est rétracté en entier :*

Le tribunal entérine, etc., rétracte ledit jugement ; en conséquence, remet les parties en tel et semblable état qu'elles étaient avant ledit jugement ; ordonne la remise de la somme déposée, etc. , condamne le défendeur aux dépens....., et ordonne aux parties de procéder sur le rescisoire à l'audience du.....    .

*Si la requête civile est rejetée :*

Le tribunal déboute le citoyen A. de sa demande en requête civile contre le jugement du....., lequel sera exécuté selon sa forme et teneur ; condamne le demandeur à 20 gourdes d'amende envers la caisse publique, et à..... de dommages-intérêts envers le défendeur, et aux dépens, etc.

La loi n'admet le pourvoi en cassation contre les jugemens *définitifs* rendus en *dernier ressort* par le tribunal de paix, que pour incompétence ou excès de pouvoir ( art. 918).

Le délai du pourvoi est de 30 jours, à dater de la signification du jugement à personne ou domicile ( 922 ). La première formalité à remplir c'est de faire, dans ce délai, la déclaration au greffe du tribunal qui a rendu le jugement ( art. 927 ). Ensuite on signifie, dans la huitaine de la déclaration, outre le délai de distance, un acte sur timbre de 50 centimes, contenant les moyens, avec assignation à la partie adverse de fournir ses moyens dans le délai de deux mois. Et dans les 45 jours de la signification de ses moyens, le demandeur doit s'inscrire au greffe du tribunal de cassation et y déposer l'amende de 30 gourdes et les pièces énoncées en l'article 930. Le reste de la procédure se fait devant le tribunal de cassation.

N.º 63.    DÉCLARATION DE POURVOI.

Aujourd'hui douze juin mil-huit-cent-quarante ;

Est comparu au greffe du tribunal de paix de la commune d....., et pardevant nous greffier, soussigné, le citoyen A., propriétaire, demeurant à....., lequel nous a déclaré se pourvoir en cassation contre un jugement de ce tribunal, rendu le..... entre lui et le citoyen B., propriétaire, demeurant à....., signifié le..... ; et que pour occuper sur ce pourvoi, il constitue Me. L., défenseur public près les tribunaux du Port-au-Prince. Dont acte requis par le comparant qui a signé avec nous, après lecture, etc.

A***. E***, greffier.

Coût de l'acte. . . . . . .  25 c.   ⎱
Timbre et expédition. . . .  50     ⎰ g. 4 75 c.
Enregistrement . . . . g. 4     ⎰

### N.° 64.       MOYENS DE CASSATION.

L'an etc. ; — A la requête du citoyen A., propriétaire, domicilié à....., ( si le demandeur veut constituer un défenseur public qui réside à la capitale, on ajoute ) : lequel constitue Me. L., défenseur public au Port-au-Prince ( en cas contraire il faut faire élection de domicile au Port-au-Prince, arg. de l'art. 71 ), pour lequel domicile est élu au Port-au-Prince, chez *tel*, j'ai, ....., huissier etc., signifié et déclaré au citoyen B., demeurant à....., que le réquérant se pourvoit en cassation contre un jugement rendu entre les parties à la justice de paix du....., le..... Pour excès de pouvoir : en ce que le juge de paix a prononcé ledit jugement en dernier ressort, sans être assisté d'un suppléant. En conséquence, j'ai donné assignation aud.t citoyen B. de fournir ses défenses au greffe du tribunal de cassation, et de comparaître à la barre de ce tribunal, dans le délai de deux mois, à huit heures du matin ; pour voir casser et annuler ledit jugement, et renvoyer la cause à un autre tribunal pour être de nouveau jugée. Et afin que ledit citoyen B. n'en ignore, je lui ai laissé copie du présent exploit ; dont acte. Le coût est de.....

## CHAPITRE III.

### *De la Tierce-Opposition.*

Une partie peut former tierce-opposition à un jugement

qui préjudicie à ses droits , et lors duquel , ni elle, ni ceux qu'elle représente n'ont été appelés , encore qu'ils eussent du l'être ( art. 410 , code procédure ).

Pour exercer la tierce-opposition trois conditions sont donc exigées , et l'absence d'une seule écarterait ce droit. Il faut : 1.º que le jugement préjudicie aux droits de celui qui veut l'attaquer ; 2.º que l'opposant n'ait point été partie dans le jugement , soit par lui-même, soit par la personne qu'il représente , soit par celle qui était préposée à sa défense ; 3.º que lui-même ou ce qu'il représente aient dû être appelés.

## N.º 65.    CITATION EN TIERCE-OPPOSITION.

L'an etc. , à la requête du citoyen Har.eux , propriétaire , demeurant à..... , heritier de la secess on Sol mon , j'ai , N. , huissier etc. , donné citation au citoyen Felix jeune, et à la citoyenne Stella , veuve Solimon , demeurant tous les deux a..... , à comparaître à l audience du tribunal de paix de la commune d..... , le..... , à..... heure ; pour voir recevoir le requérant tiers-opposant à l'execution d'un jugement rendu à la justice de paix du..... , le..... ; lequel jugement condamne la succession Solimon à payer audit citoyen Felix la somme de 300 gourdes. Et attendu en droit qu'une succession ne peut être représentée que par l'heritier ; que la veuve Solimon était sans caractère pour repondre à la demande , ledit jugement sera retracté, et le citoyen Felix condamné , même par corps, aux depens. Et afin que les sus-nommes n'en gnorent, je leur ai, à chacun séparement, laissé copie de la presente citation , u domicile du citoyen Félix , en parlant à..... , et au domicile de la veuve Solimon , en parlant à..... ; dont acte. Le cout est de

## N.º 66. JUGEMENT SUR LA TIERCE-OPPOSITION.

Entre le citoyen Harieux , etc. , demandeur en tierce-opposition., comparant etc. ;

Le citoyen Felix , etc. , demandeur originaire ; défendeur à la tierce opposition ; comparant etc. ;

Et la citoyenne Stella , veuve Solimon , défenderesse originaire et défenderesse à la tierce-opposition ; comparant etc.

*Après les conclusions, les points de fait et de droit :*

Attendu etc. ; — Le tribunal reçoit le citoyen H. tiers-opposant à l'exécution du jugement du..... ; y fesant droit, rétracte ledit jugement et condamne F., même par corps, aux dépens.

*Si le tribunal rejette la demande, le tiers-opposant est condamné à 10 gourdes d'amende.*

Attendu etc. ; Le tribunal, sans s'arrêter ni avoir égard à la tierce-opposition du citoyen H., laquelle est déclarée nulle *ou* non-recevable ( voir page 130 ), ordonne que ledit jugement sorte son plein et entier effet ; condamne ledit H. à 10 gourdes d'amende envers la caisse publique, conformément à l'article 415 du code de procédure, et le condamne en outre, même par corps, aux dépens, etc.

# TITRE VI.

## 5.ᵉ PARTIE DE LA PROCÉDURE.

## *De l'Exécution du Jugement.*

Les biens d'un débiteur sont le gage commun de ses créanciers ( code civil, art. 1860 ).

Lorsque la partie condamnée refuse de satisfaire à la condamnation, le créancier peut exercer contre elle les voies de contrainte, qui sont : la saisie-arrêt, la saisie-mobilière, la saisie-immobilière, et l'emprisonnement, *lorsque le jugement autorise cette dernière voie.*

Pour procéder à l'exécution forcée, il faut lever la grosse du jugement qui porte la condamnation, et la faire signifier au débiteur. Si le jugement est contradictoire, il est exécutoire dès la signification, en observant toutefois, les délais prescrits entre le commandement et l'exécution, suivant la voie qu'on veut exercer. Lors même que le jugement est à charge d'appel, il est exécutoire dès la signification ; mais si le débiteur en interjette appel, l'exécution est suspendue jusqu'à la décision du tribunal d'appel, à moins que l'exécution provisoire n'ait été autorisée ; et s'il est par défaut, il n'est exécutoire qu'après le délai de l'opposition.

En cas de contestation sur l'exécution d'un jugement, il faut considérer, s'il est en dernier ressort ou s'il est à charge d'appel : dans le premier cas on s'adresse au tribunal de paix, et dans le second cas il faut s'adresser au tribunal civil, car le juge de paix est sans attribution pour connaître de l'exécution de son jugement rendu à charge d'appel. Néanmoins il ne faut pas confondre l'exécution avec les actes préliminaires pour parvenir à l'exécution, comme la présentation et la réception de caution etc.


## CHAPITRE Ier.

### *Des Réceptions de Caution.*

Lorsque l'exécution provisoire d'un jugement à charge d'appel est ordonnnée, si le débiteur en interjette appel, ou s'il y a pourvoi en cassation contre un jugement en dernier ressort, le créancier doit fournir caution avant de passer outre à l'exécution ( code de procédure, art. 22 et 928 ).

On a vu, pages 117 et 118, que le jugement qui ordonne de fournir caution doit déterminer le délai de l'acceptation, mais cette explication ne suffit pas pour la caution sur le pourvoi en cassation, car ici la caution n'est pas ordonnée par le juge, mais bien par la loi, et la loi n'a pas fixé le délai de l'acceptation ; alors, pour surmonter la difficulté déjà prévue, il me semble qu'on doit présenter la caution par une simple citation à l'audience pour voir prononcer son admission.

L'article 1806 du code civil porte : « Toutes les fois qu'une personne est obligée *par la loi* ou *par une candamnation*, à fournir une caution, la caution offerte doit remplir les conditions prescrites par les articles 1783 et 1784. — Lorsqu'il s'agit d'un cautionnement judiciaire, la caution doit, en outre, être susceptible de la contrainte par corps. »

La solvabilité d'une caution ne s'estime qu'eu égard à ses

propriétés foncières , excepté en matière de commerce , ou *lors-que la dette est modique* ( art. 1784 ).

Qu'est-ce qu'une dette modique ? — La loi ne la définit pas , mais la jurisprudence comprend dans cette classe les va-leurs qui sont de la compétence du tribunal de paix. En effet , exiger l'établissement de la solvabilité de la caution par ses pro-priétés foncières , ce serait , ou en écarter la discussion du tri-bunal de paix , ou attribuer à ce tribunal la connaissance des droits hypothécaires ou d'autres questions immobilières que la loi lui refuse.

La caution est présentée par exploit signifié à personne ou à domicile , l'autre partie est tenue de déclarer , dans le dé-lai qui lui est accordé , si elle l'accepte ou la refuse ; dans le cas d'acceptation , la caution fait sa soumission au greffe ; dans le cas de non acceptation , l'incident est porté à l'audience. Si la partie qui doit accepter laisse passer le délai sans faire de réponse, son silence est pris pour acceptation , alors la cau-tion fait sa soumission , qui sera exécutoire sans jugement , même pour la contrainte par corps ( code proc. , art. 444 ).

## N.° 67.        PRÉSENTATION DE CAUTION.

L'an..... etc. , à la requête etc. , j'ai , ..... , huissier etc. , signi-fié et déclaré au citoyen B. etc. , que le requérant , pour satis-faire au jugement du tribunal de paix du..... , rendu entre les par-ties le..... , dont l'exécution provisoire est ordonnée , présente pour sa caution , la personne du citoyen J. ( *profession et demeure* ) ; en conséquence , j'ai sommé ledit citoyen B. d'accorder ou de contester ladite caution , dans le délai de..... , fixé par ledit juge-ment , sinon la caution fera sa soumission. Et je lui ai laissé copie du présent exploit , à son domicile et en parlant à..... ; dont acte. Le coût est de 1 g. 50 c.

*Si la partie répond sur le champ , l'huissier constate ainsi sa ré-ponse , après le parlant à..... : «* lequel a répondu qu'il *accepte* ou *re-fuse* la caution. » *Si elle ne répond pas sur le même acte , elle le fait par un acte séparé :*

L'an..... etc. , j'ai , ..... , huissier etc. , signifié et déclaré au citoyen D. etc. , que le requérant *accepte* ou *refuse* la personne du citoyen J. , qui lui a été présentée pour caution par acte du..... etc.

*En cas de contestation , l'incident est porté à l'audience par une citation dans la forme ordinaire.*

N.° 68.                    JUGEMENT

SUR LA RÉCEPTION DE CAUTION.

Attendu que le citoyen J. ne présente pas une solvabilité suffisante , en ce que etc. ;

Le tribunal déboute le citoyen D. de sa demande en validité de caution etc.

*Si les reproches sont mal fondés :*

Attendu que le citoyen J. offre une solvabilité suffisante pour répondre de la valeur du cautionnement , — Le tribunal , sans avoir égard aux moyens proposés par le citoyen B. contre ladite caution , reçoit le citoyen J. pour caution ; ordonne qu'il fasse sa soumission au greffe , et condamne etc.

N.° 69.        SOUMISSION DE LA CAUTION.

Aujourd'hui..... etc. , est comparu au greffe du tribunal de paix du....., le citoyen J. ( *profession et demeure* ) , lequel a déclaré se rendre caution du citoyen B. , en exécution du jugement du....., par lequel le citoyen D. , etc. , est condamné à payer au citoyen B. la somme de....., pour ( *expliquez le dispositif du jugement* ) ; en conséquence il fait sa soumission à telles fins que de droit ; dont acte requis par le comparant qui a signé avec nous après lecture , ou déclaré etc. — *Cet acte doit être signifié avant de procéder à l'exécution du jugement.*

N. B. Celui qui ne peut pas trouver une caution , est reçu à donner à sa place un gage en nantissement suffisant ( code civil. , art. 1807 ).

## CHAPITRE II.

### *De la Saisie-Arrêt.*

La saisie-arrêt est un acte conservatoire par lequel un créan-

cier met sous la main de la justice les sommes ou autres *objets
mobiliers* appartenant à son débiteur et qui se trouvent en des
mains tierces.

Si ces effets sont en la possession du débiteur on prend la
voie de la saisie-exécution.

On peut exercer la saisie-arrêt en vertu d'un titre authentique exécutoire ou non , comme en vertu d'une simple permission du juge ( code proc. , art. 478 et suivans ).

Pour faire la saisie-arrêt on n'a pas besoin de signifier le
titre ni faire aucun commandement , lors même qu'elle est faite
en vertu d'un jugement par défaut ; néanmoins , si on l'exerce
en vertu de la permission du juge , il faut donner copie de
l'ordonnance en tête de l'exploit ( art. 480 ).

Dans la procédure en saisie-arrêt il y a toujours trois parties :
le créancier , qu'on appelle *saisissant* ; le débiteur , qu'on appelle *saisi* ; et la personne détentrice des objets saisis , qu'on
nomme *tiers-saisi*.

## N.° 70.    EXPLOIT DE SAISIE-ARRÊT.

L'an..... etc. , en vertu ( d'un *billet* , d'une *permission* , ou d'un *jugement* du tribunal de paix de la commune d..... ), en date du.... ,
et à la requête du citoyen A. ( *profession et demeure ;* l'exploit doit
contenir élection de domicile dans le lieu où demeure le tiers-saisi ,
*si le créancier* n'y demeure pas ), pour lequel domicile est élu à..... ,
*chez tel.* Pour sûreté conservation du paiement de la somme de..... ,
due au requérant par le citoyen B. etc. , j'ai , N. , huissier etc. ,
saisi-arrêté entre les mains du citoyen C. etc. , toutes les sommes et
effets généralement quelconques qu'il doit ou pourra devoir , à
quelque titre que ce soit , audit citoyen B. ( *on peut ajouter , s'il
est nécessaire :* et notamment le montant des loyers échus et à
échoir d'une maison appartenant audit citoyen B. , qu'il occupe à
titre de locataire ) ; lui fesant défense , au nom de la République ,
la loi et justice , de s'en dessaisir , payer ni vider ses mains en
celles de qui que ce soit , sous aucun prétexte , jusqu'à ce que
par justice il en soit autrement ordonné ; sous peine de payer deux
fois , et d'être personnellement responsable , non-seulement des causes
de la présente saisie , mais encore de toutes pertes , dépens et dom.

mages-intérêts qui pourraient en résulter. Et afin que ledit citoyen C. n'en ignore, je lui ai, à domicile et en parlant à....., laissé copie du présent exploit etc.

*Dans les trois jours, outre le délai de distance, le saisissant doit dénoncer cet acte à la partie saisie, avec citation en validité (* art. 484 *). Ainsi, si la saisie est faite le* 1er. *, la dénonciation doit être faite le* 4 *, sauf le délai de distance, à peine de nullité.*

N.º 71.             DEMANDE EN VALIDITÉ.

L'an etc., à la réquête du citoyen A. etc., j'ai, N., huissier etc., signifié, dénoncé et avec celle du présent exploit donné copie de l'acte ci-dessus au citoyen B., demeurant à....., en son domicile, parlant à....., avec citation à comparaître à l'audience du tribunal de paix d....., le...., à..... heure, pour *se voir condamner, même par corps, à payer au requérant la somme de*..... (*pour telle cause, suivant tel acte* ); *en conséquence, et pour en faciliter le paiement* (si la saisie est faite en vertu d'un jugement, comme il y a déjà condamnation, on supprimera la phrase italique ci-dessus), voir prononcer la validité de la saisie-arrêt opérée sur lui, ès-mains du citoyen C., par l'acte ci-dessus, et ordonner que les sommes et effets dont le tiers-saisi sera jugé débiteur envers lui, soient remis au requérant (*avec le montant des loyers échus et à échoir* ), en déduction ou jusqu'à concurrence de la somme due en principal, intérêts, frais et dépens ; à quoi faire, payer et vider ses mains jusqu'à ladite concurrence, sera le tiers-saisi contraint, même par corps ; quoi fesant, déchargé. Et ledit citoyen B. condamné, même par corps, aux dépens ; dont acte. Le coût est de cinq gourdins. (*Cet acte ne coûte qu'une gourde* 25 c., *à cause de l'original qui se fait au bas de l'acte n.º* 70 ).

*Dans le délai de trois jours, le saisissant doit dénoncer la demande en validité au tiers-saisi, et citer ce dernier en déclaration. Faute de cette dénonciation la saisie ne sera pas nulle, mais les paiemens faits sans égard à la saisie, seront valables.*

N.º 72. DÉNONCIATION DE LA DEMANDE EN VALIDITÉ.

L'an etc., à la requête du citoyen A. etc., j'ai, ....., huissier etc., signifié, dénoncé et avec celle du présent exploit donné copie de l'acte ci-dessus au citoyen C., demeurant à....., en son domicile, parlant à....., etc.

*Si la saisie est faite sans titre, en vertu de permission du juge, ou si elle est faite en vertu d'un titre privé, on ne cite pas le tiers-saisi en déclaration avant le jugement sur la validité; mais si elle est faite en vertu d'un titre authentique, on ajoute:*

Et à même requête que dessus, j'ai donné citation audit citoyen C. pour comparaître le..... ( *observez le délai de la citation* ), à..... heure, au greffe du tribunal de paix d....., pour y faire la déclaration de ce qu'il peut devoir, à quelque titre que ce soit, au citoyen B., et y déposer tous titres ou autres pièces justificatives à l'appui de sa déclaration ; lui déclarant que faute de ce faire, il sera réputé débiteur pur et simple des causes de la saisie, et comme tel, contraint à payer au requérant le montant de sa créance contre le saisi, avec intérêts, frais et dépens ; dont acte. Le coût est de.....

Si la saisie est faite entre les mains des trésoriers, receveurs, dépositaires ou administrateurs des caisses ou deniers publics, *en cette qualité*, elle ne sera point valable, si l'exploit n'est fait *à leur personne*, et s'il n'est visé par eux sur l'original, ou en cas de refus, par le ministère public.

On n'assigne pas ces fonctionnaires en déclaration, mais à la dénonciation ils doivent délivrer un certificat constatant s'il est dû à la partie saisie, et énonçant la somme, si elle est liquide ( 490 ).

## N.° 73.   DÉCLARATION DU TIERS-SAISI.

Aujourd'hui..... etc., est comparu au greffe du tribunal de paix d....., le citoyen C. etc., lequel a dit que, pour satisfaire à la citation en date du....., à la requête du citoyen A., par suite de la saisie-arrêt formée entre ses mains par exploit du....., il déclare et affirme *qu'il doit ou ne doit pas au citoyen B., etc.....* ( v. l'art. 491 ) ; et pour justifier la présente déclaration, il nous a déposé les pièces suivantes : 1.° etc........, pour être communiquées audit citoyen A. Dont acte lu au comparant qui a signé, etc.

*L'expédition de cet acte est signifiée au saisissant par un simple acte, comme la première partie du modèle n.° 71 jusqu'au mot parlant à ( voir les art. 495 et suivans ).*

L'article 498 porte : le tiers-saisi qui ne fera pas sa déclaration, ou qui ne fera pas les significations ordonnées par les articles précédens, *sera* réputé débiteur pur et simple des causes de la saisie.

Cette disposition du nouveau code est plus rigoureuse que l'article 373 de l'ancien code, ce dernier disait que le tiers-saisi *pourra être déclaré débiteur*. Or, il était facultatif au juge de rendre le tiers-saisi débiteur, suivant les circonstances ; mais aujourd'hui, la volonté de la loi est trop impérative pour l'éluder ; ainsi, si le tiers-saisi ne doit rien au saisi, il doit en faire la déclaration et la signification voulues, sinon il encourra la rigueur de la loi.

Lorsque le délai est expiré sans que le débiteur ait fait la déclaration, le créancier le fait citer en condamnation de la créance.

Si au mépris de la saisie-arrêt le tiers-saisi se dessaisit des objets arrêtés entre ses mains, il sera tenu de les restituer ( argument de l'article 1028 code civil ).

## N.° 74. JUGEMENT SUR LA DEMANDE EN VALIDITÉ.

*Si la saisie est faite sans titre ou en vertu d'un titre non-exécutoire :*
Attendu , etc. — Le tribunal condamne le citoyen B. à payer au citoyen A. la somme de 300 gourdes , par toutes les voies de droit, même par corps. Et pour en faciliter le paiement, déclare bonne et valable la saisie-arrêt opérée le....., par exploit d....., à la requête du demandeur , sur ledit citoyen B. , ès-mains du citoyen C. En conséquence, ordonne que le tiers-saisi soit cité en déclaration, et que les sommes et effets dont il sera jugé débiteur envers le saisi, soient remis au demandeur, *avec le montant des loyers échus et à échoir de la maison du saisi qu'il occupe,* en déduction ou jusqu'à concurrence de ladite somme de 300 gourdes , avec intérêts, frais et dépens ; à quoi faire, ordonne que le tiers-saisi soit contraint,

même par corps ; quoi fesant, déchargé ; et condamne ledit B. , même par corps, aux dépens liquidés à.....

*Si la saisie est faite en vertu d'un jugement , ou d'un autre titre exécutoire :*

Attendu que par jugement du....., le citoyen B. a été condamné à payer au demandeur la somme de 100 gourdes , avec dépens ; — attendu qu'aux termes de l'article 478 du code de procédure, le créancier peut saisir-arrêter entre les mains d'un tiers, les sommes et effets appartenant à son débiteur ;

Le tribunal déclare bonne et valable la saisie-arrêt opérée le....., par exploit du....., à la requête du citoyen A. , sur le citoyen B. , ès-mains du citoyen C. ; ordonne que les sommes et effets dont ce dernier sera jugé débiteur envers ledit B. , soient remis au demandeur, etc, *( le reste comme ci-dessus ).* — Si la saisie est faite *en vertu d'un jugement à charge d'appel, la demande en validité doit être portée au tribunal civil, car le tribunal de paix ne peut connaître de l'exécution de son jugement rendu à charge d'appel.*

*Si la saisie est nulle ou mal fondée :*

Attendu , etc. — Le tribunal déboute le demandeur de sa demande en validité , donne main-levée de la saisie-arrêt , etc. , et condamne le demandeur aux dépens , etc.

*Si l'une des parties fait défaut :*

Le tribunal donne défaut contre le citoyen ........ ; et pour le profit , attendu etc.

*Pour les effets insaisissables voir les articles 501 et suivans, code procédure.*

## N° 75 . REQUÊTE POUR OBTENIR LA PERMISSION

### DE SAISIR.

*( La requête se fait sur timbre de 12 centimes ).*

A Monsieur le juge de paix de la commune d.....

Le citoyen V. , etc. , expose que le citoyen B. , etc. , lui doit une somme de 300 gourdes pour *( telle cause).* En conséquence , il vous supplie de lui permettre de faire saisir-arrêter tout ce qu'il saura être dû et appartenir audit débiteur ; et vous ferez justice.

**M.**

Nous juge de paix de la commune d....., soussigné, permettons au requérant de faire saisir-arrêter sur le citoyen B., ainsi qu'il est requis ; *( si la créance n'est pas liquide on ajoute ) :* pour la somme de..... à laquelle nous évaluons provisoirement la créance, conformément à l'article 480 du code de procédure.

Donné à....., le..... etc.

## CHAPITRE III.

### *De la Saisie-Exécution.*

La saisie-exécution, à la différence de la saisie-arrêt, ne peut être faite qu'en vertu d'un titre exécutoire ; elle doit être précédée d'un commandement à la personne ou au domicile du débiteur, fait au moins six heures avant l'exécution, et contenant notification du titre, *s'il n'a été déjà notifié.*

Si le créancier est nanti d'une obligation notariée, il n'a pas besoin de jugement pour faire la saisie, il n'a qu'à se faire délivrer une grosse par le notaire, en vertu de laquelle il fera procéder à la saisie.

Lorsque le titre a déjà été notifié, comme il est dit page 122, n.° 56, on ne fait qu'un simple commandement, sans avoir besoin de donner copie du titre.

N.° 76.                COMMANDEMENT.

L'an etc., à..... heure....., en vertu de la grosse en forme exécutoire d'un jugement du tribunal d..... *(ou d'un acte portant obligation, reçu par Me......, notaire etc. )*, en date du ....., et à la requête du citoyen..... etc. *( profession et demeure )* (A), j'ai, N. , huissier etc., fait commandement, au nom de la République, la loi et justice, au citoyen B. , demeurant à ....., en son domicile, parlant à ....., de présentement payer au requérant ou à moi, huissier, pour lui, 1.° la somme de 200 g. en principal, 2.° 5 g. pour les frais liquidés, 3.° 1 g. 50 c. pour le présent commandement, formant la somme de 206 g. 50 c., sans préjudice d'autres dus, droits, actions, intérêts, frais et de la mise d'exécution ; lequel, en parlant comme dessus, ayant refusé de payer, je lui ai déclaré qu'il y sera contraint par les voies de rigueur ( ou *n'ayant compté ladite somme je lui ai remis ladite grosse, dont quittance )*; et je lui ai, en parlant comme dessus, laissé copie du présent exploit ( avec celle de ladite grosse, *s'il y a lieu* ); dont acte. *( Le coût étant porté dans le corps de l'acte, il est inutile de le répéter au bas ).*

## N.° 77.    PROCÈS-VERBAL DE SAISIE.

L'an..... , le....., à..... heure etc. , en vertu de ( suivez le modèle ci-dessus jusqu'à la lettre ( A ), je, N., huissier etc., me suis transporté au domicile du citoyen B. , sis à....., rue....., où étant j'ai fait itératif commandement , au nom de la République, etc. ( *suivez le modèle ci-dessus jusqu'au mot* refusé de payer ); j'ai saisi et mis sous la main de justice les objets suivans : 1.° 12 chaises peintes en jaune, dorées ; 2.° deux tables d'acajou à deux tiroirs ; 3.° deux glaces, etc. , etc. *( désignez les objets ; pesez, mesurez, jaugez les marchandises, spécifiez l'argenterie par pièce et poinçons et les peser* ( c. proc., art. 509, 510 et 511 ).

(B.) Pour la garde desquels objets saisis, j'ai établi le citoyen C. *( nom , profession et demeure )*, lequel présent, s'est volontairement rendu gardien desdits effets et a promis de les représenter à toute réquisition légale, comme dépositaire judiciaire, sous les peines de droit que je lui ai bien expliquées ; pour être, lesdits effets, vendus et adjugés dans la huitaine franche échéant le...., à..... heure, j'ai laissé copie du présent procès-verbal au citoyen B. , en parlant à....., et au citoyen C. , gardien, en parlant à sa personne ; le tout fait en présence et assistances des citoyens G. et H. *( professions et demeures )*, qui ont signé l'original et les copies du présent procès-verbal ( excepté le gardien qui a déclaré ne savoir signer ) ; dont acte. Le coût est de 4 g. 25 c. , compris salaire des témoins, timbres et enregistrement etc.

*Les personnes qui ne savent pas signer ne peuvent être témoins d'une saisie, car l'art. 506 exige leur signature. Cet article explique aussi les qualités que doivent posséder les témoins. — Mais quant au gardien, la loi, article 520, n'exige pas qu'il sache signer. ( Pour les droits et devoir du gardien, voir les art. 524 et suivans du code proc. , et code civil, art. 1729 ).*

*Si la saisie est faite hors du domicile du débiteur, le procès-verbal ne contient pas itératif commandement, il se rédige ainsi :*

L'an etc. *( comme ci-dessus )*, me suis transporté *à tel endroit*, où sont déposés des effets appartenant au citoyen B.., et j'ai saisi etc., *( le reste comme ci-dessus, excepté la copie du procès-verbal qui doit être notifiée dans le jour, si la partie saisie n'était pas présente* (c. proc., art. 623 ). La notification se fait par simple acte.

*Pour les objets insaisissables, voir les articles* 513 *et* 514.

*Si l'on refuse d'ouvrir les portes où la saisie doit être faite, ou si pendant l'opération il se trouve des meubles fermans dont l'ouverture est refusée, l'huissier en fait mention sur son procès-verbal, établit gardien aux portes, et va requérir le juge de paix, ou à son défaut, l'officier de police: en présence de qui il fait ouvrir de force les portes et meubles par des ouvriers propres à ce travail* (art. 508 ).

L'ouverture de tel meuble etc. m'ayant été refusée, j'ai établi les citoyens G. et H. *( professions et demeures )*, gardiens provisoires aux portes, lesquels présens ont promis de bien et fidèlement veiller à ce qu'il ne soit rien enlevé, et ont signé, etc.

Ce fait, je me suis retiré devant Mr. le juge de paix de....., ou le citoyen....., suppléant du juge de paix de la commune de....., lequel, sur ma réquisition de se transporter sur le lieu pour ordonner l'ouverture de la porte ou des meubles sus-énoncés, y a obtempéré *( en cas de refus l'huissier le constate;* contre lequel refus, j'ai, pour mon requérant, fait toutes réserves et protestations ), et s'est transporté avec moi à ladite maison, et a fait ouvrir les portes par le citoyen....., serrurier, demeurant à.....; et nous avons signé etc.

En conséquence, j'ai saisi et mis sous la main de justice les objets suivans..... etc. Dans un tiroir de l'armoire ayant trouvé la somme de 120 g. en 12 billets de caisse de dix gourdes chacun, les parties étant convenues de les déposer entre les mains du citoyen....., j'ai remis cette somme audit citoyen....., qui le reconnait, à la charge de la représenter etc., *ou* j'ai retenu ladite somme pour être déposée au greffe.

Dans un autre tiroir *ou tel endroit* ayant trouvé plusieurs papiers, et attendu l'absence du saisi, Mr. le juge *ou l'officier de police* les a renfermés dans une malle *( désignez la malle, sa longueur, sa largeur, etc. )*; la clef de laquelle m'a été remise pour être déposée entre les mains du greffier du tribunal de paix; ensuite, sur les extrémités de trois bandes de papier portant sur l'ouverture de ladite malle, le juge a apposé son sceau, *ou l'officier de police a apposé son sceau dont l'empreinte est portée sur le présent procès-verbal et sur les copies, pour être l'une desquelles remise audit greffier et expédiée au greffe du tribunal civil* (v. les art. 512, 797 et 804, c. proc.).

*On termine le procès-verbal comme ci-dessus, à la lettre (B.), excepté la copie du procès-verbal qui est remise pour le saisi, au juge ou à l'officier de police* (art. 522); *ensuite l'huissier constate le dépôt des effets au greffe.*

Et le..... etc., à..... heure, je, huissier susdit et soussigné, me suis transporté au greffe du tribunal de paix du....., et j'ai remis au citoyen L., greffier, 1.º la somme de 120 g. en 12 billets de caisse de 10 g. chacun; 2.º la clef de la malle sur laquelle les scellés ont été apposés, comme il est dit ci-dessus; 3.º une copie du présent procès-verbal portant l'empreinte du sceau du citoyen P., officier de police, ainsi que le reconnait ledit greffier qui a signé avec moi; dont acte.

*Dans toutes les exécutions, en cas de rébellion, l'huissier la constate sur son procès-verbal; il peut même requérir la force publique, au besoin, et le délinquant sera poursuivi conformément aux dispositions du code d'instruction criminelle, sur la copie du procès-verbal expédiée au ministère public* (argum. des articles 476, 521 et 685 du code de procéd.).

Le citoyen..... *(profession et demeure),* ayant commis telle voie de fait etc., je me suis retiré devant Monsieur le commandant de la commune, et, sur l'exhibition de la grosse dudit jugement *ou* acte, il a envoyé à ma réquisition *dix hommes des grenadiers de tel corps,* commandés par le citoyen..... *(désignez son grade),* pour prêter main-forte à l'exécution; et étant rendu sur le lieu, j'ai continué ainsi : etc.

*Celui qui se prétend propriétaire des effets saisis, doit, pour les revendiquer, remplir les formalités suivantes :* (art. 529.)


### N.º 78.                    OPPOSITION A LA VENTE.


L'an....., le..... etc., à la requête etc., j'ai, ....., huissier etc., signifié et déclaré au citoyen C., demeurant à....., établi gardien des effets saisis sur le citoyen B.., à la requête du citoyen T.;

que le requérant est opposant à la vente des effets suivans *( désignez les objets )*, compris dans ladite saisie, attendu que ces effets appartiennent au requérant, ainsi qu'il sera justifié *par tel acte* etc. Protestant de nullité de tout ce qui sera fait au préjudice de la présente opposition, et j'ai laissé copie audit citoyen C., en son domicile et parlant à....., sous toutes réserves de droit ; dont acte. Le coût est de 1 g. 50. *Cet exploit est dénoncé au saisissant et au saisi, ainsi qu'il suit :*

L'an etc., à la requête etc., j'ai, ....., huissier etc., signifié, dénoncé, et avec celle du présent exploit donné copie de l'acte ci-dessus 1.º au citoyen T., demeurant à....., en son domicile, parlant à.....; 2.º au citoyen B., demeurant à....., en son domicile, parlant à....., avec citation à comparaître à l'audience du tribunal de paix de la commune d..... *( si la saisie a été faite en vertu d'un jugement à charge d'appel, la demande sera portée au tribunal civil )*, pour voir dire : attendu que les objets désignés audit acte appartiennent au requérant, ainsi qu'il résulte *( telle preuve )*, lesdits effets seront distraits de ladite saisie et remis au requérant, et en outre pour répondre et procéder aux fins de dépens ; dont acte. Le coût est de 1 g. 75 c.

*Le réclamant qui succombe dans sa réclamation est condamné, s'il y échet, aux dommages-intérêts et aux dépens envers le saisissant ; mais si la demande est reconnue fondée, le tribunal donnera main-levée sur les objets réclamés, et en ordonnera la remise au propriétaire. Les frais de la demande en revendication doivent être supportés par la partie saisie, et non par le saisissant, car celui-ci ne peut-être responsable d'un fait qui ne lui est pas personnel. D'ailleurs l'art. 2044 du code civil dit qu'en fait de meuble, la possession vaut titre, et l'art. 528 du code de procédure, prescrit à l'huissier de passer outre à toutes les réclamations.*

Les créanciers du saisi ne peuvent s'opposer à la saisie, mais ils peuvent former opposition sur le prix de la vente ( art. 530 ).

## N.º 79.  OPPOSITION SUR LE PRIX DE LA VENTE.

L'an etc., à la requête etc., j'ai, ....., huissier etc., déclaré 1.º au citoyen T., demeurant à....., en son domicile, parlant à..... ; 2.º au citoyen....., huissier du tribunal de paix d....., demeurant à....., en son domicile, parlant à....., que le requérant est opposant à ce que le prix de la vente des effets saisis sur le citoyen B. soit distribué sans sa participation, attendu que le requérant est créancier dudit citoyen B. d'une somme de..... *( si l'opposant ne demeure pas dans la commune )*; aux fins de la présente opposition le requérant fait élection de domicile chez le citoyen ...... Et afin que les sus-nommés n'en ignorent, je leur ai, à chacun séparément, laissé copie du présent exploit, en parlant comme dessus; dont acte. Le coût est de 2 gourdes 25 centimes.

Si l'opposant n'a point de titre authentique, après l'opposition il doit faire les poursuites de droit pour obtenir condamnation contre le débiteur. Quoique l'article 531 dise qu'il ne sera fait aucune poursuite contre l'opposant, sauf à discuter les causes de son opposition, lors de la distribution, cette disposition n'empêche pas que les créanciers fondés en titre authentique interviennent dans le procès dirigé pour obtenir condamnation contre le saisi, ils peuvent opposer contre la demande toute exception, toute fin de non-recevoir, employer tout moyen pour empêcher la fraude et la collusion entre le débiteur et le prétendu créancier ( argument du code civil, art. 956 et 957 ).

Si l'huissier se présente pour faire une saisie et qu'il trouve une saisie déjà faite, il ne pourra pas faire une autre saisie, mais il fera un procès-verbal de récolement des effets saisis, dans lequel il comprendra les effets omis : le créancier dénoncera ce procès-verbal au premier saisissant avec sommation de vendre le tout dans la huitaine : ce procès-verbal vaudra opposition sur le prix de la vente.

Faute par le premier saisissant de faire vendre dans le délai voulu, tout opposant fondé en titre exécutoire pourra, après sommation au saisissant, faire procéder au récolement et tout de suite à la vente ( art. 533 et 534, c. proc.).

## N.° 80.    PROCÈS-VERBAL DE RECOLEMENT.

(Suivez le modèle ci-dessus n.° 77 jusqu'au mot *j'ai saisi* ) ; j'ai voulu procéder à la saisie, mais le citoyen C. m'ayant présenté un procès-verbal dressé le..... par l'huissier....., à la requête du citoyen T., j'ai procédé au récolement des effets saisis sur ledit procès-verbal, ainsi qu'il suit ( *désignez les effets* ) : et ayant remarqué d'autres effets qui ne sont pas portés sur le procès-verbal, je les ai saisis et mis sous la main de justice, ainsi qu'il suit : 1.° etc. ; lesquels j'ai remis à la garde dudit citoyen..... ( *suivez le reste du n.° 77* ).

*La dénonciation se fait ainsi :*

L'an etc., j'ai, ....., huissier etc., signifié, dénoncé et avec celle du présent exploit donné copie du procès-verbal ci-dessus, au citoyen T., demeurant à....., en son domicile, parlant à....., avec sommation de faire procéder, dans le délai de..... jours, à la vente des effets saisis, sinon, proteste le requérant d'y faire procéder lui-même ; dont acte.

*Si la vente doit se faire un autre jour que celui désigné au procès-verbal de saisie, la partie saisie doit être appelée*, avec un jour d'intervalle, outre *le délai de distance* ( art. 535 ).

L'an etc., j'ai, ....., huissier etc., sommé le citoyen B. etc., de se présenter le....., à..... heure....., pour assister, si bon lui semble, à la vente de ses effets saisis par procès-verbal d..... etc., le prévenant que la vente aura lieu tant en absence que présence, et je lui ai, à domicile, laissé copie, etc.

S'il y a dans le procès-verbal de saisie, des vaisselles d'argent, des bagues et joyaux, le saisissant doit les faire estimer avant d'annoncer la vente ; si ces objets sont estimés à une valeur de 60 gourdes au moins, ils doivent être exposés deux fois avant la vente, et ils ne peuvent être vendus au-dessous de leur valeur réelle ( art. 543 ).

## N.° 81.    SOMMATION AU SAISI D'ASSISTER

### A L'ESTIMATION.

L'an etc., à la requête etc., j'ai, ....., huissier etc., sommé le citoyen B., demeurant à....., de comparaître le....., à..... heure, au tribunal de paix d....., pour y assister, si bon lui semble, à l'estimation des bijous saisis sur lui, laquelle estimation sera faite par le citoyen....., bijoutier, expert choisi par le requérant, sauf audit B. à se procurer un autre expert, s'il le juge convenable ; lui déclarant que l'estimation sera faite tant en absence que présence, et je lui ai, à domicile, et en parlant à....., laissé copie du présent ; dont acte.

*A l'heure indiquée, le juge reçoit le serment de l'expert, et le greffier dresse procès-verbal de l'estimation en ces termes :*

Aujourd'hui etc., à..... heure, pardevant nous R., juge de paix de la commune d....., assisté de notre greffier, — Est comparu, en la salle d'audience du tribunal, le citoyen..... etc., demeurant à....., lequel nous a requis de recevoir le serment du citoyen....., expert par lui choisi, pour procéder à l'estimation des bijous, etc., saisis sur le citoyen B., par procès-verbal d..... (*si la partie saisie fait défaut on le constate, voyez page 71 ; si elle se présente et qu'elle propose un autre expert, les parties doivent s'accorder, sinon le juge désigne l'expert*).

En conséquence, le citoyen..... a prêté en nos mains, le serment de bien et fidèlement procéder à l'estimation desdits effets : lesquels ayant été présentés par le citoyen G., gardien d'iceux, ont été estimés par ledit expert, en notre présence, ainsi qu'il suit : 1.º etc. (*désignez les objets et le prix de l'estimation de chacun*).

En foi de quoi, nous avons dressé le présent procès-verbal, pour servir et valoir ce que de droit, et après lecture avons signé avec etc.

La vente doit être annoncée la veille et le jour même au son d'une caisse ou d'une clochette, dans les lieux désignés par l'article 538. La publication indiquera le lieu, le jour et l'heure de la vente, la nature des objets sans détails particuliers : elle est constatée par exploit.

## N.º 82. ANNONCE.

### VENTE PAR AUTORITÉ DE JUSTICE.

On fait savoir à tous ceux qu'il appartiendra, que le....., à..... heure d....., il sera procédé (*en tel lieu, telle rue*) à la vente, au plus offrant et dernier enchérisseur, des effets mobiliers consistant en tables, chaises, armoires, glaces, etc. ; *vaisselle d'argent, montre d'or, et autres bijoux actuellement exposés ( en tel lieu ).*

Les susdits objets ont été saisis à la requête du citoyen F. etc., demeurant à....., sur le citoyen B. etc.

A la charge par les adjudicataires de payer comptant le montant de leurs adjudications, sous peine de folle enchère.

Fait à....., le..... etc.

*Cette annonce est dressée par le saisissant ou par l'huissier, elle doit être visée par le juge de paix et par le commandant de la commune.*

*La publication se constate ainsi :*

L'an etc., à la requete etc., j'ai, ....., huissier etc., (après avoir fait exposer en tel lieu, rue, etc., les bijous, etc., saisis sur le citoyen.....), publié l'annonce ci-dessus au son de caisse *ou de clochette,* dans les endroits indiqués par la loi, afin que de son contenu personne n'ignore ; dont acte.

Le lendemain on publie la même annonce avec les mêmes formalités et l'on procède ensuite à la vente.

Faute par l'adjudicataire de payer le prix de son adjudication l'objet est revendu sur le champ à sa folle enchère ; l'huissier en fait mention sur le procès-verbal, et le fol enchérisseur est poursuivi pour la différence, sans qu'il puisse réclamer l'excédant, s'il y en a ( argument des art. 546 et 648 ).

L'huissier est personnellement responsable, même par corps, du prix des adjudications ; il doit faire mention sur le procès-verbal de vente, des noms et domiciles des adjudicataires : il ne peut recevoir d'eux aucune somme au-dessus de l'enchère, à peine de concussion ( article 547 ).

Il constate sur le procès-verbal les entraves portées à la liberté des enchères, et les délinquans sont passibles de la peine de quinze jours à trois mois d'emprisonnement ( code pénal, art. 344. )

## N.° 83.      PROCÈS-VERBAL DE VENTE.

L'an..... etc., à la requête..... etc., en vertu de la grosse en forme exécutoire d'un jugement du tribunal de paix du....., ou d'une obligation etc. , en date du...., et en conséquence des publications faites sous la date d'hier et d'aujourd'hui , annonçant la vente des effets saisis sur le citoyen B., à la requête du citoyen T., par procès-verbal d...., etc., je, ......, huissier..... etc., me suis transporté dans la maison sise à....., rue etc. , et j'ai procédé au récolement desdits effets confiés à la garde du citoyen C.; les ayant tous vérifiés , je les ai trouvés dans le même état et de la même quantité qu'ils sont désignés audit procès-verbal de saisie (*s'il y en a de manque ou de détérrioré, on ajoute*) : excepté telle chose etc. , sur quoi j'ai fait pour le requérant toutes réserves et protestations , et pour le surplus j'ai donné décharge au gardien.

Procédant à..... heure à la réception des enchères, en présence ou absence du citoyen B., partie saisie ,

Les objets ci-après désignés , ont été exposés , criés et adjugés, au plus offrant et dernier enchérisseur , ainsi qu'il suit :

| Numéros. | DESIGNATION. | ADJUDICATAIRES. | | PRIX. |
|---|---|---|---|---|
| | | NOMS. | DOMICILES. | |
| 1 | 1 table d'acajou. | Jn. Louis | Pt.-au-Pce. | 10 50 c. |
| 2 | 1 glace. | Paul fils. | Léogane. | 9 » |
| 3 | 1 dito. | | | |
| 4 | 1 matelas. | | | |
| 5 | 12 chaises. | | | |
| 6 | | | Total...... | » » |
| | *Prélèvement de frais.* | | | |
| | Au gardien pour 10 jours . . . g. | | 3 75 | |
| | Au tambour. . . . . . . . . . . . | | » » | |
| | Procès-verbal etc. . . . . . . . . | | » » | » |
| | NET PRODUIT. . . . . g. | | | » |

Le net produit de la vente s'élevant à g..... a été par moi remis au saisissant, et le reste des objets saisis ( *s'il y en a* ) ont été remis au saisi ( v. l'art. 544 ); *et en cas qu'il y ait des oppo-sans : —* Attendu l'opposition faite par les citoyens....., j'ai retenu ladite somme pour être déposée au greffe, conformément à l'article 569.

En foi de quoi, j'ai clos le présent procès-verbal qui est signé etc.

## CHAPITRE IV.

### *De l'Emprisonnement.*

L'emprisonnement est une contrainte exercée sur la personne, pour forcer le débiteur à payer.

On a vu que l'exécution sur les biens du débiteur peut être poursuivie en vertu d'un titre authentique ; mais pour la contrainte par corps, elle ne peut être exercée à moins qu'elle n'ait été prononcée par *un jugement* ( art. 1er. de la loi sur la contrainte par corps, et 1834 du code civil ).

C'est la justice seule qui a droit de disposer de la liberté personnelle des citoyens ; ainsi, quand même par un acte authentique une personne s'obligerait, et par corps, à payer une somme, le créancier ne pourra pas, en vertu de la grosse de l'acte, faire emprisonner le débiteur à défaut de paiement ; il sera obligé d'obtenir un jugement à cet effet.

Hors les cas spécialement prévus par la loi, le juge ne peut prononcer la contrainte par corps ( c. proc., art. 153 ).

EXTRAIT DE LA LOI SUR LA CONTRAINTE PAR CORPS, DU 26 MAI 1836, PROMULGUÉE LE 27 DU MEME MOIS.

Art. 1er. La contrainte par corps aura lieu pour dettes civiles et commerciales, quelle que soit la somme à laquelle elles s'élè-vent ; mais elle ne pourra être appliquée qu'en vertu d'un jugement.

2. Néanmoins, si le débiteur est étranger, le juge de paix pourra, par un simple ordre, et avant jugement, prononcer et faire exécuter provisoirement contre lui la contrainte par corps, quel que soit le montant de la dette, pourvu d'ailleurs que le terme de l'échéance

ou de l'exigibilité en soit arrivé , sans déroger toutefois aux dispositions de l'article 977 du code civil. — L'ordre d'emprisonnement devra être consigné au procès-verbal d'audience ; et extrait en sera donné au geôlier , qui sera tenu, si l'étranger le requiert , de lui en délivrer copie.

3. La contrainte par corps ne pourra être prononcée entre ascendans et descendans en ligne directe.

4. La contrainte par corps , pour objets susceptibles de liquidation , ne pourra être exécutée qu'après que la liquidation aura été faite en argent.

5. Dans aucun cas , le créancier ne sera tenu de nourrir le débiteur durant le tems de sa détention.

6. La contrainte par corps ne pourra être exercée une seconde fois , pour la même dette ; mais le débiteur pourra toujours être poursuivi, et exécuté sur ses biens , conformément aux dispositions de l'article 1836 du code civil.

7. Les dettes civiles résultent , 1.° de toutes condamnations judiciaires pour dépens, dommages et intérêts ; — 2.° de toutes obligations ou engagemens consentis pour 1.° achats de marchandises ou de denrées , non réputés actes de commerce ; 2.° achats de tous autres objets mobiliers ; 3.° acquisition d'immeuble ; 4.° Soulte d'échange ; 5.° prêt d'argent , de denrées et autres choses qui se consomment par l'usage ; 6.° avances faites aux entrepreneurs et aux ouvriers ; 7.° loyers de maison , appartement , chambre , cabinet , emplacement ou portion d'emplacement ; 8.° fermages , soit en nature , soit en argent , de biens ruraux ; 9.° redevances en nature dues par les cultivateurs partiaires.

8. La contrainte par corps , pour dettes civiles , ne pourra être prononcée contre les sexagénaires ni les mineurs.

9. Lorsque le débiteur présentera un gage suffisant pour assurer l'acquittement de la dette en principal et accessoires , ou qu'il offrira bonne et valable caution , il est laissé à la prudence du juge d'ordonner qu'il sera sursis à l'exécution de la contrainte par corps durant un délai modéré , mais déterminé. — Après l'expiration du délai , si le débiteur ne s'est pas libéré entièrement , la caution sera également contraignable par corps.

10. Il n'est rien innové au mode établi pour la perception des impositions foncières et du droit de patentes , par les lois qui y sont relatives.

11. La contrainte par corps aura lieu contre tous commerçans , sans distinction d'âge, pour toutes dettes résultant d'acte de commerce.

12. Sont seuls compris sous la dénomination de commerçans, ceux qui se trouvent dans le cas de l'article 1er. du code de commerce et de la loi sur les patentes.

13. Sont seuls réputés actes de commerce, les actes énumérés dans l'article 621 du susdit code.

14. Le débiteur contraint par corps, soit pour dettes civiles, soit pour dettes commerciales, ne pourra être détenu plus de trois mois pour toute somme jusqu'à 50 gourdes inclusivement, six mois au-dessus de 50 gourdes jusqu'à 100 gourdes, neuf mois au-dessus de 100 gourdes jusqu'à 500 gourdes, un an au-dessus de 500 gourdes jusqu'à 1000 gourdes, deux ans au-dessus de 1000 gourdes jusqu'à 2000 gourdes, trois ans au-dessus de 2000 gourdes.

15. Sont et demeurent abrogés, — 1.º l'article 1828 du code civil, mais seulement en ce qui est relatif au paiement des fermages des biens ruraux ; — 2.º l'article 1831 du même code ; — 3.º toutes lois, articles et dispositions de loi contraires à la présente loi, laquelle n'est point applicable aux dettes contractées antérieurement à sa promulgation.

N. B. La contrainte par corps peut être prononcée contre les membres du corps législatif ; mais, aux termes des articles 90 et 131 de la constitution, elle ne peut être exercée contre eux pendant la durée de leurs fonctions.

L'emprisonnement ne peut être fait qu'un jour après la signification, avec commandement du jugement qui le permet. Cette signification doit être faite par un huissier commis par le jugement ou par le juge de paix. A la différence du commandement qui précède la saisie-exécution, celui-ci doit être accompagné de la copie du jugement, quand même le jugement aurait été précédemment signifié ; il doit contenir en outre, élection de domicile dans la commune où siége le tribunal qui a rendu le jugement.

Lorsque le jugement ne porte pas commise d'huissier, ou que l'huissier commis se trouve empêché, on présente la grosse au juge de paix de la commune où se trouve le débiteur, et sur la réquisition verbale du créancier, ce magistrat met en marge ou au bas de la grosse :

En vertu de l'article 680 du code de procédure, nous, juge de paix de la commune d....., commettons l'huissier tel, pour signifier le présent jugement, avec commandement au citoyen ....., *qui est en ce moment dans la commune, etc.*

La commise de l'huissier n'est exigée que pour faire le commandement seulement : ainsi, après ce préalable, tout huissier requis pourra procéder à l'exécution, pourvu toutefois qu'il ait un pouvoir spécial de la partie ou de son mandataire (article 477, c. proc. ; v. aussi page 48, et le n.º 76 pour la forme du commandement).

Aux termes de l'article 684, s'il s'est écoulé une année entière depuis le commandement, il doit être fait un autre commandement en observant les mêmes formalités que ci-dessus.

Le débiteur ne peut être arrêté, 1.º avant le lever ni après le coucher du soleil ; 2.º les jours *de fêtes légales* ( v. page 32 ) ; 3.º dans les édifices consacrés au culte, mais seulement *pendant les exercices religieux* ; 4.º dans le lieu et pendant la tenue des séances des autorités constituées ; 5.º dans une maison quelconque, même dans son domicile, à moins qu'il n'eût été ainsi ordonné par le juge de paix du lieu, lequel juge de paix devra, dans ce cas, se transporter dans la maison avec l'officier ministériel ( art. 681 ). Enfin lorsqu'il est porteur d'un sauf conduit ( 682 ; v. page 61 ).

L'huissier doit être assisté de deux recors, haïtiens, ayant la jouissance et l'exercice de leurs droits civils et politiques, non parens ni alliés des parties et de l'huissier, jusqu'au degré de cousin germain inclusivement, ni leurs domestiques.

## N.º 84.   PROCÈS-VERBAL D'EMPRISONNEMENT.

L'an etc., en vertu de la grosse d'un jugement du tribunal de paix de la commune d....., en date du ........, et à la requête du citoyen R. ( profession et demeure, avec élection de domicile dans la commune, *si le créancier ni demeure pas* ), j'ai, N., huissier etc., fait itératif commandement, au nom de la République, la loi

et justice, au citoyen S., demeurant à ......, en parlant à sa personne, trouvée (dans telle rue, ou dans telle maison), de présentement payer au requérant, ou à moi, huissier, porteur de la
susdite grosse et muni de pouvoir spécial, 1.º etc. (comme au
modèle n.º 76); lequel ayant refusé de payer, je lui ai fait commandement de me suivre en prison pour y être écroué (1); (m'ayant
demandé le référé, je l'ai conduit devant le juge de paix, qui a
rendu l'ordonnance suivante):

« Attendu ....... etc., nous juge de paix de la commune d....,
ordonnons que le citoyen S. soit mis provisoirement en liberté, sauf
aux parties à se pourvoir sur le principal, *ou* ordonnons qu'il soit
passé outre à l'exécution etc. »    (Signature du juge).

En conséquence, j'ai remis ledit citoyen S. en liberté, et je lui
ai donné copie du présent procès-verbal, en parlant à sa personne.
Le tout fait en présence des citoyens B. et C. (*profession et demeure*), qui ont signé, *ou* déclaré ne savoir signer; dont acte.
Le coût est de .........

(2) En conséquence, j'ai conduit ledit citoyen S. en prison, et,
après avoir fait transcrire la grosse dudit jugement sur le registre
de la geôle, j'ai remis la personne dudit citoyen S. sous la garde
du citoyen K., geôlier de la prison d......., et j'ai dressé le présent
procès-verbal. Le tout fait en présence et assistances des citoyens
B. et C. (*professions et demeures*), récors, qui ont signé *ou* déclaré etc.

(*Après ce procès-verbal, l'huissier dresse l'acte d'écrou sur le*

------

(1) Si l'arrestation se fait dans une maison, ajoutez :
*Et ce, en présence du citoyen ........., juge de paix, qui l'a ainsi
ordonné.*
Si le débiteur est arrêté dans les rues et qu'il demande référé, l'huissier le conduira sur le champ devant le juge de paix, qui statuera
sur ses réclamations, par une ordonnance consignée sur le procès-
verbal ( art. 686 et 687 ). En cas de rébellion, suivez le procès-
verbal page 147.
(2) Si le débiteur ne requiert pas qu'il en soit référé, ou si, en
cas de référé, le juge ordonne qu'il soit passé outre, le débiteur
sera conduit dans la prison du lieu ; et s'il n'y en a pas, dans celle
du lieu le plus voisin : l'huissier et tous autres qui conduiraient,
recevraient ou retiendraient le débiteur dans un lieu de détention
non légalement désigné comme tel, seront poursuivis comme coupables de détention arbitraire ( art. 688, et constitution, articles 191
et 195. ).

registre, il en fait une copie qu'il remet au débiteur, et un original qu'il remet au créancier).

## N.° 85. ACTE D'ECROU.

L'an etc., en vertu de la grosse d'un jugement du tribunal de paix de la commune d....., en date du....., et à la requête du citoyen R., ( profession et domicile, avec élection de domicile, *s'il ne demeure pas dans la commune* ), j'ai, N., huissier etc., écroué sur le registre de la prison du....., la personne du citoyen S. ( profession et demeure ), pour la somme de....., qu'il doit au requérant ( X ).

En foi de quoi, j'ai dressé le présent acte décrou, et j'en ai remis copie avec celle du procès-verbal d'emprisonnement audit citoyen S., en parlant à sa personne ; dont acte. ( Le geôlier doit signer avec l'huissier ).

Tous créanciers ayant le droit d'exercer contre le débiteur la contrainte par corps, peuvent le recommander ( art. 692 ). Les formalités de la recommandation sont les mêmes que celles prescrites pour l'emprisonnement : néanmoins l'huissier ne sera pas assisté de recors.

## N.° 86. PROCÈS-VERBAL DE RECOMMANDATION.

L'an etc., ( comme au modèle n.° 84 jusqu'aux mots *ayant refusé de payer* ), je l'ai recommandé, et après avoir fait transcrire la grosse dudit jugement sur le registre de ladite prison, j'ai déclaré au citoyen K., geôlier, que ledit citoyen S. sera retenu pour la somme ci-dessus énoncée, à dater du jour où il sera dégagé des causes pour lesquelles a lieu son emprisonnement primitif, et j'ai dressé le présent procès-verbal ; dont acte. Le coût est de.....

L'écrou se fait en la forme ci-dessus, en ajoutant après la lettre X : « *Néanmoins, le présent écrou ne produira son effet qu'à dater du jour où ledit citoyen S. sera dégagé des causes pour lesquelles a lieu son emprisonnement primitif.* »

L'inobservation des formalités ci-dessus, soit dans l'emprisonnement, soit dans la recommandation, peut entraîner la nullité de l'exécution : et si la nullité est prononcée pour vice de forme, l'huissier est passible des dommages-intérêts tant envers le créancier qu'envers le débiteur ; si, au contraire, la nullité est prononcée quant au fond, comme si la personne emprisonnée ne devait pas, le requérant est passible des dommages-intérêts ( art. 699 ).

Si le jugement ne porte qu'une condamnation de 100 g. ou au-dessous, on ne suit aucune des formalités ci-dessus, l'emprisonnement se fait sur un simple ordre sans écriture, ni assistance de recors, sauf le cas de rébellion. Néanmoins l'ordre doit être transcrit sur le registre de la geôle ( arg. de la constitution, art. 192 ).

EXTRAIT DE LA LOI PORTANT AMENDEMENT AU TITRE 14 DE LA LOI N.° 4 DU CODE DE PROCÉDURE CIVILE.

Art. 1er. Lorsque le juge de paix, en conformité de la loi du 27 mai 1834, aura, *sur la demande d'un créancier*, condamné par corps un débiteur pour une somme qui n'excédera pas cent gourdes, ce débiteur sera reçu dans la maison d'arrêt sur l'exhibition de l'ordre du juge, dont copie devra être remise au susdit débiteur. Cet ordre sera donné, sans aucuns frais, et devra être inscrit sur la feuille d'audience ; il contiendra sommairement, à peine de nullité, et même de dommages-intérêts, s'il y a lieu, le nom du créancier, celui du débiteur, la cause et la valeur de la dette : cet ordre sera porté par un huissier du tribunal de paix, et, en cas de nécessité, par un agent de la force publique.

N.° 87.        ORDRE D'EMPRISONNEMENT.

*Au nom de la République.*

Nous, ........, juge de paix de la commune de ........ ; vu le jugement de notre tribunal, rendu le ........ en faveur du citoyen R. ( *profession et demeure* ), qui condamne, même par corps, le citoyen S. ( *profession et demeure* ), à lui payer la somme de .......

*pour telle cause ;* ordonnons qu'à la requête dudit citoyen R.., le citoyen S. soit conduit et déposé en prison, en exécution dudit jugement et conformément à l'article 1er. de la loi portant amendement au titre 14 de la loi n.º 4 du code de procédure civile.

Il est ordonné à tous huissiers et agens de la force publique, de mettre le présent à exécution, etc. ( comme au modèle N.º 14, page 65 ).

# TITRE VII.

## *Des Procédures diverses.*

### CHAPITRE Ier.

## *Des Offres réelles.*

Lorsque le créancier refuse de recevoir son paiement, le débiteur peut lui faire des offres réelles, et, au refus du créancier de les accepter, consigner la somme ou la chose offerte. Les offres réelles, suivies de consignation, libèrent le débiteur, et lui tiennent lieu de paiement *lorsqu'elles sont valablement faites.*

Pour les formalités à observer dans la procédure, voir code civil, art. 1044 et suivans, et code de procédure, art. 710 et suivans.

N.º 88.     PROCÈS-VERBAL D'OFFRES.

L'an etc., à la requête etc., j'ai, ......, huissier etc,, offert réellement et à deniers découverts, au citoyen R., etc., en son domicile, parlant à ......, la somme de deux cents gourdes en 19 billets de caisse de la valeur de dix gourdes chacun et 10 billets de la valeur d'une gourde chacun, tous papier-monnaie ayant cours, pour libérer le requérant des condamnations contre lui prononcées en faveur dudit citoyen R., par jugement du ...... etc ; savoir : 190 gourdes pour le principal, 5 gourdes pour les frais liquidés, 4 gourdes pour les intérêts échus, et 1 gourde pour les frais non liquidés, sauf à parfaire ou diminuer d'après la taxe, et à la charge par ledit citoyen R. de m'en donner quittance et décharge ; lequel , en parlant comme dessus , ayant répondu ( *si le créancier accepte* ) qu'il est prêt à recevoir ladite somme , je lui ai remis à l'instant les deux cents gourdes sus-énoncées , ainsi qu'il le reconnaît ; en conséquence , il a déclaré décharger le requérant et m'a remis la grosse , etc. En foi de quoi , j'ai dressé le présent procès-verbal ; et le citoyen R. ayant signé ou déclaré etc. , je lui en ai remis copie ; dont acte. Le coût est de.....

( *Si le créancier refuse* ) qu'il refuse de recevoir ladite somme , je lui ai déclaré que j'allai en faire la consignation ; en conséquence , je l'ai sommé de se présenter le..... , à..... heure....., au greffe du tribunal de paix de cette commune , pour voir opérer ladite consignation. En foi de quoi , j'ai dressé le présent procès-verbal ; et le citoyen R. ayant signé *ou* refusé de signer , je lui ai , en parlant comme dessus , laissé copie du présent , sous toute réserve de droit ; dont acte , etc.


## N.° 89.      PROCÈS-VERBAL DE CONSIGNATION.

L'an etc. , à la requête etc. , je , ..... , huissier etc. , me suis transporté au greffe du tribunal d....., à l'effet de consigner la somme de 200 g. aux risques du citoyen R. , par suite d'offres réelles à lui faites par procès-verbal du..... Le citoyen R. ( présent, ayant refusé de recevoir ladite somme ) ou *n'ayant pas comparu quoique dûment sommé à cet effet* , j'ai remis au citoyen..... , greffier , la somme de 200 g. en 19 billets de dix gourdes chacun et 10 billets d'une gourde chacun , le tout papier-monnaie ayant cours dans la République , pour le compte dudit citoyen R. , qui , en retirant ladite somme , sera tenu de décharger le requérant , de lui remettre la grosse du jugement etc. , et de payer tous les frais des offres et consignation ; et ce , sous la responsabilité spéciale dudit greffier. En foi de quoi, j'ai dressé le présent procès-verbal que le greffier a signé avec moi, et dont copie a été remise audit greffier et audit citoyen R. ( *s'il est présent* ) ; en cas contraire , la signification lui est faite en ces termes :

L'an etc. , à la requête etc. , j'ai , ..... , huissier etc. , signifié et donné copie du procès-verbal de consignation ci-dessus au citoyen R. , demeurant à....., en son domicile, parlant à..... , afin qu'il n'en ignore ; le sommant de retirer , si bon lui semble , la somme déposée, en satisfesant toutefois aux conditions dudit dépôt ; dont acte etc.

*Si les offres son faites en exécution d'un jugement à charge d'appel , la demande en nullité ou la demande en validité doit être portée au tribunal civil.*

## CHAPITRE II.

*Des saisie-gagerie , saisie-foraine , et saisie-revendication.*

La saisie-gagerie est un acte conservatoire que l'article 717 du code de procédure permet aux propriétaires, principaux locataires et fermiers de maisons ou bien ruraux , d'exercer sur les effets et fruits qui sont dans lesdites maisons ou bâtimens ruraux , pour sûreté du paiement des loyers et fermages échus. Cette faculté s'étend encore sur les meubles qui garnissaient la maison ou les bâtimens ruraux, lorsqu'ils ont été déplacés sans le consentement du créancier.

Pour exercer cette voie , soit qu'il y ait bail , soit qu'il n'y en ait pas , le créancier doit faire au débiteur un simple commandement , comme le modèle n.° 76 , mais au lieu de dire en vertu d'un jugement , on dit *en vertu de l'article 717 du code de procédure ;* et vingt-quatre heures après on peut faire la saisie , sans avoir besoin de permission du juge. Mais si le créancier ne veut pas attendre le délai de vingt-quatre heures , il présentera requête au juge , et en vertu de l'ordonnance qu'il obtiendra il fera saisir à l'instant.

N.° 90.      REQUETE POUR DEMANDER

LA PERMISSION DE SAISIR-GAGER.

*A M. le juge de paix de la commune d....*

Le citoyen R..... , propriétaire, demeurant à..... , expose humblement que le citoyen S. , son débiteur de la somme de..... pour loyer d'une maison sise à..... , est sur le point d'enlever les meubles et effets qui garnissent la maison pour répondre des loyers.

En conséquence , il requiert qu'il vous plaise, lui permettre de faire saisir-gager lesdits meubles et effets. Vous ferez bien.

N.º 91.    PERMISSION DU JUGE.

*Au nom de la République.*

Nous T., juge de paix de la commune d....., permettons, en vertu de l'article 717 du code de procédure, au citoyen R., de faire procéder à la saisie-gagerie sur le citoyen S., comme il est requis. — Donné à....., le..... etc. — *Il est ordonné* etc. ( Suivez le modèle n.º 14, page 65 ).

Tout créancier, même sans titre, peut, sans commandement préalable, mais avec permission du juge, faire saisir les effets trouvés *en la commune qu'il habite*, appartenant à son *débiteur forain* ( art. 720 ).

On appelle *forain* celui qui est hors de sa commune. Exemple : C., demeurant au Port-au-Prince, trouvé en cette ville, des effets appartenant à B., son débiteur, demeurant à Léogane, peut obtenir la permission de les saisir.

N.º 92.    REQUETE POUR OBTENIR

LA PERMISSION DE SAISIR SUR DÉBITEUR FORAIN.

*A M. le juge de paix de la commune du Port-au-Prince.*

Le citoyen C., marchand, patenté au n.º....., demeurant en cette ville, expose qu'il est créancier du citoyen B., demeurant à Léogane, de la somme de....., pour *telle cause* etc.

En conséquence, il requiert qu'il vous plaise lui permettre de saisir-arrêter les effets trouvés en cette commune, appartenant audit débiteur. Et vous ferez bien.

Celui qui veut se faire restituer ses effets qui sont en la possession d'un tiers, doit présenter requête au juge, pour obtenir la permission de les revendiquer ; cette requête doit contenir la désignation sommaire des effets réclamés ( art. 725 ).

L'article 2044 du code civil permet la revendication des objets perdus ou volés, pendant trois ans à compter de la perte ou du vol.

## N.° 93.     REQUETE POUR OBTENIR

### LA PERMISSION DE SAISIR-REVENDIQUER.

*A M. le juge de paix de la commune du Port-au-Prince.*

Le citoyen R. , spéculateur en denrées , demeurant en cette ville , patenté etc. ,

Expose que le citoyen S. , propriétaire , demeurant à....., après lui avoir vendu tous les cafés de la récolte de son habitation sise à....., à raison de..... p. o/o , a fait transporter 10 sacs des-dits cafés chez le citoyen T. , pour être vendus à ce dernier,

Attendu qu'aux termes de l'article 1368 du code civil , la vente est parfaite entre les parties , et la propriété est acquise de droit à l'acheteur à l'égard du vendeur , dès qu'on est convenu de la chose et du prix , quoique la chose n'ait pas encore été livrée ni le prix payé ;

Qu'au contraire, l'exposant a déjà payé la somme de..... sur le prix; partant lesdits cafés lui appartiennent.

Attendu enfin, que la vente de la chose d'autrui est nulle , suivant l'article 1384 ,

Il vous plaira , M. le juge , permettre au requérant de faire saisir-revendiquer les dix sacs de cafés sus-énoncés , et vous ferez bien.

( *L'ordonnance se met sur ces deux requêtes comme le modèle n.° 91 ).*

Les procès-verbaux de ces saisies se font comme le procès-verbal de saisie-exécution, page 145, mais au lieu de ces mots « en vertu d'un jugement, » on met : en vertu *d'un commandement*, pour la saisie-gagerie, ou d'une ordonnance etc.

On y établit un gardien , mais on ne désigne pas le jour de la vente ; puisque la vente , dans le cas qu'elle doit avoir lieu, ne pourra être faite qu'après le jugement sur la validité de la saisie. Pour la procédure sur la validité ou la main-levée, voir le chapitre de la saisie-arrèt : la demande est portée au tribunal du domicile de la partie saisie.

Une disposition particulière à la saisie-revendication, c'est lorsque celui chez lequel sont les effets, s'oppose à la saisie ; au lieu de passer outre, comme le veut l'article 528, on doit surseoir à la saisie et se pourvoir en référé devant le juge ( art. 727 ; v. page 158 ).

## CHAPITRE III.

### *Des Congés de location.*

On peut louer par écrit ou verbalement. Si le bail est verbal, *l'une des parties* ne peut donner congé à l'autre qu'en observant le délai fixé par l'usage des lieux ; mais si le bail est écrit, il cesse de plein droit à l'expiration du terme fixé, sans qu'il soit nécessaire de donner congé. Mais si à l'expiration du bail écrit, le preneur reste et est laissé en possession, il s'opère un nouveau bail dont l'effet est réglé suivant les dispositions relatives aux locations faites sans écrit.

Aux termes de l'article 1510 du code civil, le bail verbal ne cesse que par la vertu d'un congé signifié.

Le congé est l'acte par lequel un propriétaire ou principal locataire signifie à un locataire ou sous-locataire de sortir des lieux que celui-ci tient de lui, ou un locataire signifie à son propriétaire ou principal locataire qu'il lui remet les lieux qu'il tient de lui.

N.° 94.          ACTE DE CONGE.

L'an etc., à la requête etc., j'ai, ....., huissier etc., signifié et déclaré au citoyen D. etc., que le requérant lui donne congé par ce présent, *de tels lieux*, pour le....., auquel ledit citoyen D. sera tenu de vider les lieux, les remettre en bon état de toutes réparations locatives avec les clefs, et de payer la somme de..... pour les loyers jusqu'alors ; et j'ai laissé copie etc.

*Si c'est le locataire qui donne le congé, il se rédige ainsi :*

L'an etc., signifié et déclaré au citoyen..... que le requérant lui donne congé de *tels lieux* pour le....., où il offre de lui remettre les lieux vides et en bon état de toutes réparations locatives avec les clefs, et lui payer la somme de..... etc.

*En cas de contestation sur le congé, le litige est porté devant le juge.*

## CHAPITRE IV.

## *Du Protêt.*

Le porteur d'une lettre de change ou d'un billet à ordre endossé, est tenu de le faire protester, faute de paiement, le jour de l'échéance, sous peine de perdre son recours sur les endosseurs ; le protêt donne le droit au porteur d'exercer son recours individuellement contre le tireur et chacun des endosseurs, ou collectivement contre les endosseurs et le tireur ( arg. des art. 161 et 184, c. com. ).

N.° 95.         PROTÊT FAUTE DE PAIEMENT.

L'an etc., à la requête etc., je, ....., huissier etc., me suis transporté au domicile du citoyen B., etc. ; et après avoir fait l'exhibition d'une lettre de change ou d'un billet ainsi conçu : ( transcrivez l'effet et les endossemens ) « .......... »

J'ai sommé ledit citoyen B., en parlant à *sa personne* ( ou à *tel*, ledit citoyen B. étant absent ), de présentement payer au requérant ou à moi, huissier, pour lui, la somme de 300 g., montant dudit billet ; lequel, en parlant comme dessus, a répondu......

Sommé de signer, il a signé, *ou refusé* etc. ; en conséquence, j'ai, pour le requérant, protesté ledit billet, sous toutes réserves de droit : le tout fait en présence des citoyens R. et S. ( professions et demeures ) qui ont signé avec moi etc., et j'ai donné copie du présent audit citoyen B., en parlant comme dessus ; dont acte.

*( V. l'art.* 170 *du c. com. ).*

En faveur de la bonne foi qui est l'âme du commerce,

la loi accorde un crédit particulier aux lettres de change , aux billets à ordre et à leurs endossemens sur tous les autres actes sous seing-privé.

Les actes sous seing-privé n'ont de date certaine que du jour de leur enregistrement etc. , aux termes de l'article 1.er de la loi sur l'enregistrement et 1113 du code civil ; le transport d'une créance ordinaire doit être signifié au débiteur ( c. civ. , art. 1463 ) ; tandis que la date des effets de commerce fait foi ( art. 73 , n.° 14 , et 149 , n.° 2 de la loi sur l'enregistrement ), et leurs endossemens sont exempts de la signification. Mais pour prévenir la fraude , l'article 136 du code de commerce défend d'antidater les ordres , à peine de faux.

Une simple promesse datée du 1.er janvier , portant la clause du paiement d'une somme à six mois de date , devrait être exigible le 1.er juillet ; mais comme la loi ne fixe pas de délai de rigueur pour l'enregistrement des obligations sous seing-privé ( loi sur l'enreg. , art. 122 ) , et que l'accomplissement de cette formalité n'est exigé que lorsqu'on veut faire usage de l'acte en justice , le créancier ne fera enregistrer l'obligation que le 1.er juillet au moins , s'il veut faire des poursuites contre le débiteur. Mais celui-ci pourra facilement lui opposer une fin de non-recevoir , sur ce que la demande est prématurée , que le terme de l'obligation n'est pas échu ; car , en comptant la date de l'obligation sur celle de l'enregistrement , le paiement n'est exigble que le 1.er janvier de l'année suivante.

Le moyen de prévenir cette surprise , c'est de ne pas admettre la rédaction suivante : « *je paierai dans le délai de six mois, à partir de cette date , etc.* », mais d'exiger celle-ci : « *je paierai le* 1er *juillet* 1840 *la somme de.....* *etc.* » ; alors le paiement est exigible le 1.er juillet , quelle que soit la date qu'on voudrait attribuer à l'obligation.

EXTRAIT DE LA LOI SUR LE TIMBRE, DU 9 AVRIL 1827, PROMULGUÉE LE 10 DU MÊME MOIS.

Art. 2. Sont exceptés du droit du timbre les actes, etc., enfin la correspondance entre les autorités, et celle des citoyens.

3. Quiconque sera porteur d'un acte fait sur papier libre, quand la loi veut qu'il soit fait sur papier timbré, sera condamné à une amende égale à vingt fois la valeur du timbre auquel l'acte est assujetti.

Si l'acte est fait sur papier d'un timbre inférieur à celui qui est prescrit, l'amende sera égale à vingt fois la valeur du complément du timbre.

4. Ces amendes seront prononcées par les juges de paix, soit d'office, soit sur la dénonciation des fonctionnaires publics qui auront reconnu la contravention. Lesdits juges enverront la sentence de condamnation à l'agent administratif du lieu, pour qu'il en ordonne la recette. Ils en enverront aussi une copie au Secrétaire-d'Etat ; cette copie devra être revetue de la signature de l'agent d'administration.

5. Tout acte frappé d'amende et portant la quittance de l'agent administratif qui l'aura perçue, ne deviendra légal qu'après avoir été soumis aux formalités du timbre.

21. Le papier timbré se distribuera tous les jours, aux heures du bureau. — Les dimanches et les fêtes légales sont exceptés. — Les agens d'administration sont personnellement responsables de l'inexactitude qu'ils mettraient à réclamer de qui de droit les envois de papier timbré, dont ils ont besoin. Celui qui sera trouvé au dépourvu, par sa faute, paiera une amende égale à la valeur de trois mois de son traitement.

23. Les écritures privées qui auraient été faites sur papier non timbré, ne pourront être produites en justice, sans avoir été soumises au timbre et aux contrôles.

24. Il est fait défenses aux notaires, huissiers, greffiers, arbitres et experts, d'agir ; aux juges, de prononcer aucun jugement ; et aux administrations publiques, de rendre aucun arrêté, sur un acte ou pièce, non écrit sur papier timbré du timbre prescrit. — Aucun juge ou officier public ne pourra non plus coter et parapher un registre assujetti au timbre, si les feuillets n'en sont timbrés.

25. Il est également fait défenses à tout receveur de l'enregistrement, d'enregistrer aucun acte ou pièce qui ne serait pas sur papier timbré du timbre prescrit.

26. Les contrevenans, dans les cas prévus aux deux articles précédens, encourront les amendes déterminées par l'article 3.

27. Le papier timbré qui aura été employé à un acte quelconque, ne pourra plus servir pour un autre acte, quand même le premier n'aurait pas été achevé.

28. Il ne pourra être fait ni expédié deux actes à la suite l'un de l'autre, sur la même feuille de papier timbré, nonobstant tout usage contraire. — Sont exceptés, les ratifications des actes passés en l'absence des parties, les annexes, les quittances de prix de ventes, et celles de remboursement de contrat de constitution ou obligation, les inventaires, procès-verbaux et autres actes qui ne peuvent être consommés dans un même jour, et dans la même vacation ; les procès-verbaux de reconnaissance et levée de scelles, qu'on pourra faire à la suite du procès-verbal d'apposition, et les significations des huissiers qui peuvent également être écrites à la suite des jugemens et autres pièces dont il est délivré copie. — Il pourra aussi être donné plusieurs quittances sur une même feuille de papier timbré, pour à-compte d'une même créance.

29. Tout acte fait ou expédié, en contravention aux articles 27 et 28, ci-dessus, n'aura pas plus d'effet que s'il était sur papier non timbré.

## TARIF DU PAPIER TIMBRE.

*Actes sous seing-privé.*

|  | | | | | g. | c. |
|---|---|---|---|---|---|---|
| Toutes quittances de n'importe quelles sommes ou valeurs, le feuillet. . . . . . . . . . . . . . . . . . . . . . . | | | | | » | 6 1/4 |
| Tous actes ne stipulant aucune somme en espèces, la feuille . . . . . . . . . . . . . . . . . . . . . . . . . . . . | | | | | » | 25 |
| Obligations, billets, et autres actes stipulant une valeur en espèces, n'excédant pas la somme de 200 g. , le feuillet. | | | | | » | 12 1/2 |
| Dito | dito | dito | 500 g. , | la feuille. | » | 25 |
| Dito | dito | dito | 1000 g. , | dito . | » | 50 |
| Dito | dito | dito | 2000 g. , | dito . | 1 | » |
| Dito | dito | dito | 4000 g. , | dito . | 2 | » |
| Dito | dito | au delà de 4000 g. , | | dito . | 3 | » |

### Actes notariés.

Toutes quittances de n'importe quelles sommes ou va-
leurs, la feuille. . . . . . . . . . . . . . . . . . . . . . . . . . .   » 25
Tous autres actes ne stipulant aucune somme ou valeur,
la feuille. . . . . . . . . . . . . . . . . . . . . . . . . . . . . . .   » 25
Ventes d'animaux, la feuille. . . . . . . . . . . . . . . .   » 25
Actes de société, de séparation, la feuille. . . . . . .   » 50
Ventes, inventaires, donations de meubles, la feuille.   » 50
Ventes, échanges, donnations d'immeubles,   dito .   1   »
Contrats de mariage, la feuille. . . . . . . . . . . . .   1   »
Obligations, et autres actes stipulant une valeur en
espèces, n'excédant pas la somme de 500 g., la feuille. .   » 25
    Dito    dito    dito    1000 g,    dito . .   » 50
    Dito    dito    dito    2000 g.,    dito . .   1   »
    Dito    dito    dito    4000 g.,    dito . .   2   »
    Dito    dito    au-delà de 4000 g.,    dito . .   3   »

### Actes de l'Etat Civil.

Actes de mariage, la feuille. . . . . . . . . . . . . . . .   1   »
Actes de divorce,   dito . . . . . . . . . . . . . . . . .   3   »
Tous autres actes ou extraits, la feuille. . . . . . . .   » 25

### Actes des Justices de Paix.

Cédules, le feuillet. . . . . . . . . . . . . . . . . . . . .   » 6 1/4
Requêtes à la justice de paix, le feuillet. . . . . . . .   » 12 1/2
Jugemens, la feuille. . . . . . . . . . . . . . . . . . . . .   » 25
Tous autres actes, la feuille. . . . . . . . . . . . . . .   » 25

### Actes des Tribunaux Civils.

Requêtes, exploits, actes préliminaires, etc., la feuille.   » 25
Jugemens, la feuille. . . . . . . . . . . . . . . . . . . . .   1   »

### Actes du Tribunal de Cassation.

Requêtes, mémoires et autres actes, la feuille. . . .   » 50
Jugemens, la feuille. . . . . . . . . . . . . . . . . . . . .   2   »

### Actes de Commerce.

Chaque feuillet du livre journal et celui des inventaires. .   » 6 1/4
Patentes, y compris la quittance, la feuille. . . . . .   » 25

Connaissement à l'intérieur, la feuille. . . . . . . . . .    » 25
    Dito       à l'étranger,      dito . . . . . . . . . .    » 50
Permis d'embarquement et de débarquement, aux douanes, pour le commerce extérieur, la feuille. . . . .    » 12 1/2
Bordereau des droits, la feuille. . . . . . . . . . . . .    1    »
Rôles des bâtimens allant à l'étranger, la feuille. .    3    »
Rôles des caboteurs, la feuille. . . . . . . . . . . . .    » 50
Acquits-à-caution pour caboteurs, le feuillet. . . . .    » 12 1/2
Permis d'embarquement et de débarquement pour le cabotage, le feuillet. . . . . . . . . . . . . . . . . . . .    » 6 1/4
Comptes courans, comptes de ventes, factures, n'excédant pas la somme de. . . . . 500 g., la feuille. . .    » 25
    Dito    dito    dito    1000 g.,    dito . . .    » 50
    Dito    dito    dito    2000 g.,    dito . . .    1    »
    Dito    dito    dito    4000 g.,    dito . . .    2    »
    Dito    dito    au delà de 4000 g.,    dito . . .    3    »

### *Autres Actes.*

Permis pour vaquer dans une commune, le feuillet.    » 12 1/2
——————————— d'une commune à l'autre, dito .    » 25
——————————— d'un arrondis. à un autre, dito .    » 50
————— pour aller à l'étranger, la feuille. . . . . . . .    3    »
Pétitions aux autorités et autres pièces et actes, la feuille.    » 25
Tous actes et pièces non prévus et devant servir en justice ou présentés à une autorité, la feuille. . . . .    » 25

## FIN DU LIVRE PREMIER.

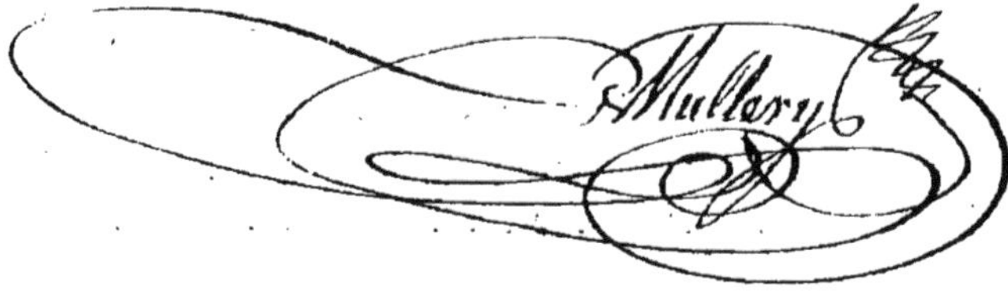

# LIVRE II.ᶜ



## TITRE I.ᵉʳ

### Du Conseil de Famille.

#### CHAPITRE I.ᵉʳ

### De la Composition, des Attributions et de la Convocation du Conseil de Famille.

Le conseil de famille est un tribunal domestique, institué dans l'intérêt des incapables, pour veiller à leur entretien, à la conservation et à l'administration de leurs biens.

Il faut nécessairement la convocation de six membres sous la présidence du juge de paix, pour composer le conseil de famille ; ces membres doivent être parens ou alliés de l'incapable, et pris moitié dans la ligne paternelle et moitié dans la ligne maternelle, en suivant l'ordre de proximité dans chaque ligne. A défaut de parens ou d'alliés, le conseil est composé d'amis ( cod. civ., art. 337 ).

Il n'y a que deux cas où il est permis d'augmenter ce nombre, et où l'on doit même convoquer plus de six membres : c'est lorsqu'il y a des frères germains ( *issus de même père et de même mère* ), quel que soit leur nombre, ils sont tous membres du conseil, et doivent être appelés ; et lorsqu'il s'agit de procéder au partage dans le cas prévu par l'article 697 de la loi portant modifications au code civil, alors l'époux survivant , les · héritiers majeurs , les mineurs émancipés assistés de leurs curateurs , les tuteurs des mineurs non émancipés , et les tuteurs des interdits sont tous membres du conseil.

Mais comme dans aucun cas on ne peut convoquer moins de six membres , si dans les deux cas sus-énoncés le nombre des membres désignés ne s'élève pas à six , on appellera d'autres parens ou alliés pour compléter ce nombre , et à défaut de parens ou d'alliés on appellera des amis. Dans tous les cas , les parens, les alliés ou les amis doivent représenter séparément , la ligne paternelle et la ligne maternelle ; excepté lorsque l'incapable est un enfant naturel qui n'a pas été reconnu de son père.

Le juge de paix , président du conseil de famille , a voix délibérative , et *prépondérante en cas de partage* , c'est-à-dire , si le conseil est réuni au nombre de six ou de huit membres compris le juge , par exemple : dans le cas ordinaire de la convocation de six membres , ou lorsqu'il y a sept frères germains , et qu'un membre ne comparaît pas , la présence des trois quarts des membres convoqués , étant suffisant pour délibérer , aux termes de l'article 342 du code civil ; si trois voix dans le premier ou quatre voix dans le second cas , sont d'un avis , et le même nombre , d'un avis contraire, il y aurait partage , mais le côté où se trouve la voix du juge , emporterait par la prépondérance de ce magistrat.

Il faut distinguer la majorité de la *prépondérance en cas de partage* , car la prépondérance ne peut exister qu'en cas de partage égal des suffrages : ainsi , lorsque le conseil délibère à sept , s'il y a quatre voix pour un avis , et trois compris celle du juge , pour l'avis contraire , les quatre voix emporteront par la majorité.

Les attributions du conseil de famille consistent à délibérer sur la nomination , l'exclusion , la dispense et la destitution des tuteurs , subrogés-tuteurs et curateurs ( c. civ., art. 336, 345, 346, 352, 353 et 357 ) ;

A autoriser le mariage des mineurs restés sans père ni mère , ni aïeuls ni aïeules , ou si ces ascendans sont dans l'impossibilité de manifester leur volonté , ou enfin , si le mineur est un enfant naturel non reconnu ( art. 146, 147 et 148 ) ;

A autoriser le tuteur ou le curateur à s'opposer au mariage de leur pupille ( 161 ) ;

A autoriser le subrogé-tuteur à affermer les biens du mineur au tuteur ( 361 ) ;

A autoriser l'aliénation des biens du mineur , dans les cas prévus par l'article 369 de la loi portant modifications au code civil ;

A autoriser le tuteur à accepter ou répudier les successions échues à son pupille ( c. civ. , 372 ) ; à accepter des donations ( 373 ) ; à introduire en justice une action immobilière ou à y acquiescer ( 374 ) ; à transiger ( 377, mod. c. civ. ) ; à provoquer la réclusion du mineur ( 378 , c. civ. ). Il peut aussi imposer au tuteur l'obligation de donner chaque année , un état de situation de sa gestion ( 380 ) ;

A statuer sur les contestations entre le père et la mère d'un enfant naturel , qui ne vivent pas sous le même toît , relativement à l'entretien de l'enfant et à l'administration de ses biens ( 333 , mod. c. civ. ) ;

A régler les dépenses de la tutelle , et autoriser le tuteur à prendre des administrateurs salariés ( 365 et 366, c. civ. ) ;

A autoriser l'émancipation du mineur de dix-huit ans , resté sans père ni mère ( 388 ), l'autoriser à faire le commerce ( c. com. , 2. ) , et le replacer sous la tutelle , s'il dissipe ou administre mal ses biens ( 395 , mod. c. civ. ) ;

A donner son avis en matière d'interdiction ( c. pro. , 782, et c. civ. , 404 ) ;

A régler les conventions matrimoniales des enfans de l'interdit ( c. civ., 420 ) ;

A régler la forme et l'administration de la tutelle de l'interdit , déférée à la femme ( 416 ) ;

A autoriser l'échange d'un immeuble de l'incapable contre un autre immeuble ( c. pr., 855 ).

Le conseil de famille procède au partage des successions dans lesquelles se trouvent des intéressés mineurs ou interdits ; il délègue un ou plusieurs de ses membres pour répondre à l'action des créanciers contre ces successions , ou pour procéder à la licitation des biens ( 697, mod. cod. civ. ), et enfin, pour notifier ses décisions.

Chacun des membres peut se pourvoir contre les décisions du conseil, en poursuivre l'homologation ou s'y opposer ( c. pr. , 773 et suiv. ).

Le conseil de famille est convoqué à la réquisition des parens de l'incapable , de ses créanciers ou d'autres intéressés , ou même d'office par le juge de paix.

La loi impose à toute personne qui a connaissance qu'un mineur est sans tuteur , le devoir d'en faire la déclaration au juge de paix du domicile de ce mineur : le domicile relativement à la tutelle , c'est le domicile d'origine : c'est-à-dire , le domicile du dernier décédé des père et mère du mineur ; c'est là que s'ouvre la tutelle.

On voit par le texte de la loi ( cod. civ. , art. 336), que les parens ou autres intéressés ont le droit de requérir la convocation du conseil ; mais il faut remarquer que c'est au juge de paix seul qu'il appartient de faire cette convocation ; que c'est lui qui doit désigner les membres pour composer le conseil. Cependant , comme ce magistrat peut ne pas connaître tous les parens et amis de l'incapable , la personne qui requiert la convocation , doit fournir une liste générale des parens et amis habiles à composer le conseil , pour que ce magistrat puisse faire son choix.

Dans plusieurs justices de paix on exige , pour convoquer le conseil de famille , la présentation d'une requête , et l'ordonnance du juge de paix dûment enregistrée et notifiée ; cette procédure est contraire à l'institution de la justice de paix qui n'admet qu'une procédure simple et peu dispendieuse. L'ajournement en vertu de permission sur requête , n'est établi qu'aux tribunaux civils ; mais à la jus-

tice de paix , lorsqu'il est nécessaire d'obtenir la permission
de citer , cette permission est donnée par simple cédule ,
encore il est toujours loisible aux parties de se présenter volontairement : ainsi, pour convoquer le conseil, il suffit d'expliquer verbalement le motif de la convocation au juge de
paix pour obtenir une cédule , en vertu de laquelle les membres seront cités à la requête de la partie, ou à la requête
du juge de paix , si ce magistrat agit d'office.

La citation n'est pas , comme en matière contentieuse ,
une formalité substantielle : les membres peuvent être convoqués par lettres missives et même verbalement , mais dans
ces cas les défaillans ne pourront être condamnés à l'amende
prévue par l'article 340 du code civil : c'est donc à celui qui
appelle les membres de s'assurer de leur disposition : dans
le doute , il doit les faire citer pour pouvoir les contraindre
à se présenter.

Le lieu de la séance est de droit chez le juge de paix ,
mais ce magistrat peut désigner un autre local ( art. 342 ),
alors la cédule en contiendra la désignation : le jour et
l'heure de la réunion doivent être fixés , en observant , outre
le délai de distance , un délai de trois jours , au moins ,
entre la notification et le jour de la réunion ( 338 ).

Il est d'usage de consigner aussi , dans la cédule , l'objet
sur lequel le conseil doit délibérer : mais cette explication est
inutile , elle est même dangereuse , car l'indiscrétion d'un
membre , une inconséquence de l'huissier peut donner accès à
l'intrigue qu'emploient souvent les personnes qui sont en opposition avec l'incapable , et compromettre par-là , des intérêts que le conseil doit ménager. D'ailleurs , le conseil
étant assemblé , chaque membre peut agiter telle question
qu'il juge à propos , sur laquelle le conseil doit délibérer et
statuer ce que de droit.

Il est encore à remarquer que quelques greffiers de la justice de paix soutiennent que chaque question décidée par le
conseil , doit être constatée par un procès-verbal séparé , sous

prétexte qu'en fesant un seul acte on soustrait au fisc une partie des droits du timbre et de l'enregistrement. Ce raisonnement n'est pas soutenable; le législateur a trop donné de preuves de l'intérêt qu'il porte aux infortunés, pour qu'on puisse croire un instant que le fisc voudrait spéculer sur les dépouilles des orphelins. Nous estimons, au contraire, que le conseil peut, dans la même séance et par un seul procès-verbal, rendre plusieurs décisions; par exemple : révoquer un tuteur, pourvoir à son remplacement, nommer un subrogé-tuteur, émanciper un ou plusieurs mineurs et leur nommer un ou plusieurs curateurs, etc., etc.

Bien que le greffier tienne la plume au conseil, il n'en est pas membre, partant il n'y a aucune voix délibérative ; le juge de paix même, quoique président du conseil, ne peut contrarier la volonté de la majorité, ni s'opposer à la rédaction du procès-verbal dans la forme arrêtée par la majorité ; il ne doit que faire consigner son avis et se pourvoir contre la décision, soit par voie de dénonciation au ministère public, soit par voie ordinaire, comme les autres membres ( arg. des art. 774, c. proc., et 81, l. org. ).

### N.° 96.          CEDULE DE CONVOCATION.

Nous, A, juge de paix d....., agissant d'office, ou *sur la réquisition du citoyen B.*, ( désignez ses qualités ) ; convoquons, pour composer le conseil de famille du mineur C., etc., les citoyens D., E. et F., demeurant à ....., *parens, alliés ou amis* de la ligne paternelle *(désignez le degré de parenté ou d'alliance)* ; et les citoyens G., H. et I., etc., de la ligne maternelle, lesquels se réuniront le ..... ( à telle heure, tel lieu ), pour délibérer sur les intérêts dudit mineur.

Donné à ....., le ...... etc.

*La notification se fait ainsi :* Notifiée a été la cédule ci-dessus 1.° au citoyen D., demeurant à ...., en son domicile, parlant à ..... ; 2.° etc., par moi R., huissier exploitant près le tribunal de paix d....., domicilié à ......, ce jourd'hui le ..... etc., avec citation à comparaître *( désignez le jour, le lieu et l'heure )*, pour composer le conseil de famille qui doit délibérer sur les intérêts du mineur C. Leur prévenant que, faute de s'y présenter, ils encourront la peine de douze gourdes d'amende prévue par l'article 340 (1) du code civil ; et afin que les susnommés n'en ignorent, je leur ai, à chacun séparément, laissé copie du présent exploit, en parlant comme dessus, ce requérant le citoyen B., demeurant à ........ Dont acte ; le coût est de .....

*S'il s'agit de quelque plainte contre le tuteur ou le subrogé-tuteur, il doit être appelé par une citation dans la forme ordinaire, à comparaître devant le conseil.*

Le défaillant ne doit être condamné à l'amende, que lorsqu'il fait défaut *sans cause légitime*, et sur une citation régulière. Ainsi, s'il est à la connaissance du juge qu'une cause légitime a empêché le défaillant de se présenter ou de se faire représenter, ou bien si le délai n'a pas été observé dans la citation, le juge ne devra pas prononcer l'amende ; et dans le cas que l'inobservation du délai provient de la négligence de l'huissier, celui-ci devra être condamné aux dépens et même aux dommages-intérêts, s'il y a lieu (arg. des art. 10 et 81 c. pr.).

Dans l'un et l'autre cas, le juge rendra une ordonnance sur le procès-verbal.

La condamnation à l'amende étant prononcée par défaut, le condamné a toujours le droit d'y former opposition ( V. les explications, pages 66 et 121 ).

_______________

(1) Art. 339 « Les parens, alliés ou amis ainsi convoqués, se rendront en personne ou se feront représenter par un mandataire spécial qui ne pourra jamais agir pour plus d'une personne.

« 340. Tout membre convoqué qui, *sans cause légitime*, ne comparaîtra point, encourra une amende qui ne pourra excéder douze gourdes, et qui sera prononcée, sans appel, par le juge de paix.

« 341. S'il y a excuse suffisante, et qu'il convienne, soit d'attendre le membre absent, soit de le remplacer, dans ce cas, comme en tout autre où l'intérêt du mineur semblera l'exiger, le juge de paix pourra ajourner ou proroger l'assemblée. »

## SECTION I.<sup>re</sup>

### *De la Tutelle.*

La tutelle est l'autorité et les fonctions dont est revêtu le tuteur. Il y a deux sortes de tutelles : la tutelle légale, qui est déférée par la loi aux ascendans et au mari de la femme interdite ; et la tutelle dative, qui est déférée par le conseil de famille, ou par le dernier mourant des père et mère du mineur, lorsque la tutelle lui a été conservée ( c. c. , 331 à 415, et m. c. c. , 333 ).

La tutelle est définitive, provisoire, ou *ad hoc*. Elle est ouverte dans les cinq cas suivans :

1.º A l'égard des mineurs ( *tutelle définitive* ), par la dissolution du mariage , arrivée par le décès de l'un des époux , ou par sa condamnation à une peine perpétuelle (1) à la fois afflictive et infamante.

2.º A l'égard des majeurs , par suite de l'interdiction prononcée pour cause d'imbécillité , de démence ou de fureur ( c. c. , 399 , 414 ; et c. pr. , 784 ).

3.º Par suite d'une condamnation *contradictoire et définitive*, à des peines *temporaires* (2) à la fois afflictives et infamantes , tant que le jugement conserve son effet ( c. pén. , 18 , et c. c., 27 et 418 ).

4.º ( *Provisoire* ). A l'égard des mineurs dont le père a disparu six mois après cette disparition , si la mère était décédée lors de cette disparition , ou si elle vient à décéder avant que l'absence du père ait été déclarée , ou enfin lorsque l'un des époux qui a disparu , a laissé des enfans mineurs issus d'un mariage précédent ( c. civ. , 131 et 132 ).

---

(1) Les peines perpétuelles à la fois afflictives et infamantes , sont *la mort* et *les travaux forcés à perpétuité.*

(2) Ces peines sont les travaux forcés à tems et la réclusion.

Si le père a disparu laissant des enfans mineurs issus d'un commun mariage, la mère en aura la surveillance, et elle exercera tous les droits du mari, quant à leur éducation et à l'administration de leurs biens. Mais si, à l'expiration de la première année de la disparition, le père n'a pas paru ni donné de ses nouvelles, la mère sera tenue de prendre qualité de *tutrice de ses enfans* ( 130 ).

5.° ( *Ad hoc*, c'est-à-dire pour un objet déterminé). Lorsque le mari ou ses héritiers désavouent un enfant (299), et pour l'exécution des dispositions à charge de restitution; c'est-à-dire, lorsque par un acte entre-vifs ou testamentaire, une personne a disposé de tout ou partie de ses biens, en faveur d'un ou plusieurs de ses enfans, ou d'un ou plusieurs de ses frères ou sœurs, à la charge de les rendre aux enfans nés et à naître, au premier degré seulement (853, 854, 861 et 862).

Le tuteur est la personne chargée, sous la surveillance d'un subrogé-tuteur, de prendre soin de la personne d'un incapable, d'administrer gratuitement ses biens en bon père de famille, sous peine de dommages-intérêts.

Il ne peut accepter la cession d'aucun droit ou créance contre son pupille, ni acheter ses biens, ni les prendre à ferme, à moins que le conseil de famille n'ait autorisé le subrogé-tuteur à lui en passer bail ( 361 et 1384 ).

Il ne peut ni emprunter pour le mineur, ni aliéner ou hypothéquer ses biens, à peine de nullité. Néanmoins, si une succession ou une donation échue au mineur, est grevée de dettes, le conseil de famille pourra autoriser le tuteur à aliéner un ou quelques-uns des immeubles qu'il indiquera, en établissant toutes les conditions qu'il jugera utiles ( m. c. c., 368 et 369 ).

Il ne peut transiger au nom du mineur qu'après y avoir été autorisé par le conseil de famille. La transaction ne sera valable qu'autant qu'elle aura été homologuée par le tribunal civil ( 377 ).

Il ne peut accepter ni répudier une succession échue au

mineur, sans une autorisation préalable du conseil de famille. L'acceptation ne peut avoir lieu que sous bénéfice d'inventaire.

La même autorisation lui est nécessaire pour accepter une donation pour son pupille ; pour introduire en justice, une action immobilière, ou pour y acquiescer ( c. c., 372 et suiv. ).

Dans les dix jours qui suivront sa nomination dûment connue de lui, c'est-à-dire à partir de la notification, si la nomination n'a pas été faite en sa présence ( c. proc., 773 ), il doit requérir la levée des scellés, s'ils ont été apposés, et faire procéder à l'inventaire, en présence du subrogé-tuteur. S'il lui est dû quelque chose par le mineur, il devra le déclarer dans l'inventaire, *à peine de déchéance*, et ce, sur la réquisition que le notaire sera tenu de lui en faire, et dont mention sera faite au procès-verbal.

Dans le mois qui suivra la clôture de l'inventaire, il doit faire vendre, en présence du subrogé-tuteur, aux enchères reçues par un officier public (1), et après des publications dont le procès-verbal de vente fera mention, tous les meubles autres que ceux que le conseil de famille l'aurait autorisé à conserver en nature. Cette disposition ne concerne pas les père et mère qui ont la jouissance propre et légale des biens du mineur ( c. c., 362 et suiv. ).

Dans toute tutelle, il doit y avoir un subrogé-tuteur, nommé par le conseil de famille : ses fonctions consistent à surveiller l'administration du tuteur et à agir pour les intérêts du mineur, lorsqu'ils seront en opposition avec ceux du tuteur.

---

(1) *Un notaire, un encanteur ou un huissier.* Mais il est plus économique d'employer un huissier de la justice de paix ; car le salaire du notaire excède la commission de l'encanteur, qui est de cinq pour 0/0, et celle de l'huissier du tribunal civil, qui est de 1 pour 0/0 jusqu'à 500 g. et 1/2 pour 0/0 au-dessus de cette somme ; tandis que l'huissier de la justice de paix ne prélèvera que la moitié de la taxe de l'huissier du tribunal civil. ( Voir page 29 ).

Les fonctions du subrogé-tuteur sont tout-à-fait distinctes de celles du tuteur, elles sont mêmes incompatibles : ainsi le conseil de famille ne peut autoriser le subrogé-tuteur à administrer avec le tuteur.

Tout tuteur, avant d'entrer en fonction, doit convoquer le conseil de famille pour nommer un subrogé-tuteur. S'il s'est ingéré dans la gestion de la tutelle avant d'avoir rempli cette formalité, le conseil de famille convoqué, soit sur la réquisition d'une partie intéressée, soit d'office, par le juge de paix, pourra, s'il y a eu dol de la part du tuteur, lui retirer la tutelle, sans préjudice des indemnités qui pourraient être dues au mineur.

En aucun cas, le tuteur ne votera pour la nomination ou la destitution du subrogé-tuteur ( 347 ). Néanmoins cette disposition ne signifie pas que le tuteur, membre du conseil, doit se retirer lors de la nomination du subrogé-tuteur ; il fait toujours partie du conseil, sans avoir voix délibérative : mais il faut que les membres votans représentent au moins les trois quarts des membres convoqués : or, si par suite de l'abstention du tuteur, le nombre des autres membres ne forme plus les trois quarts, le juge de paix devra appeler d'autres parens ou amis, et même ajourner l'assemblée, si cela est nécessaire, pour la compléter.

Lorsque la tutelle est vacante, le subrogé-tuteur ne remplace pas de plein droit le tuteur ; mais il doit, dans ce cas, sous peine de dommages-intérêts, provoquer la nomination d'un nouveau tuteur ( 348 ).

Le subrogé-tuteur doit obliger l'époux survivant de faire inventaire, sinon il sera tenu solidairement avec lui de toutes les condamnations qui pourront être prononcées au profit du mineur ( 1227 ).

Aux termes de l'article 349, les causes de dispenses, d'exclusions, et l'époque de la cessation des fonctions sont communes au tuteur et au subrogé-tuteur.

La tutelle est une charge publique; celui qui est appelé à l'exercer, ne peut sans un motif légal s'y refuser.

L'article 350 du code civil, dispense de toute tutelle, autre que celle de leurs enfans : 1.° le Président d'Haïti, le Secrétaire-d'Etat, le Grand-Juge et le Secrétaire-Général ; 2.° les citoyens chargés d'une fonction publique, hors du département où la tutelle s'établit ; 3.° les militaires en activité de service ; 4.° toute personne âgée de soixante ans accomplis, ou atteinte d'une infirmité grave et dûment justifiée ; 5.° toute personne qui, sans être époux ou père, est déjà chargée de deux tutelles, ou tout époux et père qui est déjà chargé d'une tutelle étrangère ; 6.° tout citoyen ayant sept enfans légitimes.

L'incapacité, l'exclusion et la destitution de la tutelle sont réglées par les articles 354 et suivans.

Ne peuvent être tuteurs, ni membres du conseil de famille : 1.° les mineurs, excepté le père ou la mère ; 2.° les interdits ; 3.° les femmes, autres que la mère et les ascendans (1) ; 4.° tous ceux qui ont, ou dont le père ou la mère ont avec le mineur un procès dans lequel l'état de ce mineur, sa fortune ou une partie notable de ses biens, sont compromis.

L'infidélité, l'impéritie, l'inconduite notoire, la perte ou la suspension des droits civils excluent et destituent de toute tutelle. Il faut ajouter aussi les condamnés à la dégradation civique ; l'individu convaincu d'avoir attenté aux mœurs, en excitant, favorisant ou facilitant habituellement la débauche ou la corruption de la jeunesse de l'un ou l'autre sexe au-

---

(1) La mère seule peut se dispenser d'accepter la tutelle, mais elle doit en remplir les devoirs jusqu'à ce qu'elle ait fait nommer un tuteur ( 331 ).

Celui qui épouse une tutrice devient cotuteur, mais il doit être agréé par le conseil de famille, avant le mariage ( 333 ).

La femme peut être nommée tutrice de son mari interdit ( 416 ).

dessous de l'âge de vingt et un ans. ( Voir c. pén. , art. 23 , 28 , 29 , 282 et 283 ).

Tout individu qui aura été exclu ou destitué d'une tutelle, ne peut être membre d'un conseil de famille ( c. c. , 356 ).

En matière d'interdiction , ceux qui ont provoqué l'interdiction ne peuvent faire partie du conseil de famille : cependant l'époux ou l'épouse et les enfans de la personne dont l'interdiction est provoquée , peuvent y être admis sans y avoir voix délibérative ( 405 ).

N.° 97.                    PROCÈS-VERBAL

CONSTATANT LA NON COMPARUTION DES MEMBRES
ET L'ÉLECTION DU SUBROGÉ-TUTEUR.

Aujourd'hui ......, à ... heure, en vertu de la convocation faite par le citoyen A. , juge de paix de la commune d..... ( agissant d'office *ou* sur la réquisition du citoyen B. , etc. ) ;

Le conseil de famille du mineur H. ( désignez ses qualités ), a pris siege ( en tel lieu ), et le greffier ayant fait l'appel nominal , sur la liste des membres convoqués, il résulte que les membres présens sont : 1.° le juge de paix, président ; 2.° les citoyens B. , tuteur ; 3.° C. ; 4.° D. ; 5.° E. ; 6.° F. ; 7.° G. ; 8.° M. ; 9.° J. ; tous les sept derniers, frères germains dudit mineur. Et que les quatre membres suivans : les citoyens K. , L. , N. et O. , aussi frères germains dudit mineur, n'ont point comparu, ni personne pour les représenter.

En conséquence, le juge de paix a rendu l'ordonnance suivante :

« Vu la citation donnée aux citoyens K. , L. , N. et O. *(pro-* « *fessions et demeures)*, par le ministère de l'huissier V. , le...... ;

« Attendu que les susnommés ont été convoqués pour deux heures « de relevée ; qu'il est maintenant plus de trois heures , et qu'ils « n'ont point comparu ;

« Nous A. , juge de paix d......, condamnons , au nom de la « République, lesdits citoyens K. , L. , N. et O. , chacun à douze « gourdes d'amende envers la caisse publique, conformément à « l'article 340 du code civil, et aux dépens liquidés à ...... »

Et attendu que des douze membres convoqués pour former le conseil, quatre n'ont point comparu ; qu'aux termes de l'article

342 , il faut au moins la présence des trois quarts des membres convoqués , pour délibérer ; que les huit membres présens ne forment pas les trois quarts de douze , partant le conseil ne se trouve pas en nombre suffisant ;

(A) Usant des pouvoirs que nous confère l'article 341 dudit code , nous ajournons l'assemblée ( à tels jour et heure ). Et après lecture faite aux membres présens , nous avons clos le présent procès-verbal les jour , mois et an que dessus.

En foi de quoi , le juge a signé avec le greffier.

*. Si le juge trouve convenable de proroger l'assemblée pour remplacer les membres absens , la phrase ci-dessus , marquée de la lettre A , sera ainsi conçue :*

« Usant des pouvoirs que nous confère l'article 341 , nous avons
« fait appeler les citoyens P. , Q. , R. et S. *(professions et demeures,*
« *et la désignation de leurs qualités , ou relation avec le mineur)*,
« pour représenter lesdits citoyens K. , L. , N. et O. »

Lesquels ayant comparu , ont pris siége avec les autres membres.

Le conseil étant composé des treize membres suivans : 1.º MM. A. , juge de paix , président ; 2.º B. *(profession et demeure)* , tuteur ; 3.º C. , etc. , etc.

Le citoyen B. a obtenu la parole et a exposé que la tutelle du mineur H. lui ayant été déférée par testament du citoyen F. , père dudit mineur , décédé le ..... , il requiert que le juge reçoive son serment , et que le conseil procède à la nomination d'un subrogé-tuteur à son pupille.

La demande ayant été accueillie , le citoyen L. *(profession et demeure)*, frère germain dudit mineur , est élu subrogé-tuteur , à l'unanimité des douze votans ( le tuteur s'étant abstenu ), pour surveiller l'administration du tuteur et agir pour la conservation des droits dudit mineur , lorsqu'il en aura d'opposés à ceux du tuteur.

Le président a pris la parole et a exposé au conseil que le subrogé-tuteur n'étant pas présent à son élection , il est important de désigner un des membres pour lui en faire la notification , conformément à l'art. le 773 du code de procédure.

La proposition du président ayant été adoptée , le conseil a décidé que l'extrait du procès-verbal de la séance , contenant l'élection du subrogé-tuteur , sera notifié audit citoyen L. , dans les trois jours de cette date , à la diligence du citoyen B. , qu'il délègue à cet effet.

Avant que la séance fût levée , le citoyen B. a prêté entre les mains du juge de paix, le serment de bien et fidèlement remplir les devoirs que lui impose la charge de tuteur dudit mineur H.

En foi de quoi, le présent procès-verbal est clos les jour, mois et an que dessus ; et après lecture, les membres ont signé avec le greffier ( ou excepté tel qui a déclaré ne savoir signer).


L'ordonnance du juge doit être expédiée en forme exécutoire, comme le modèle n.° 14, page 65 ; mais les actes du conseil, ne portant point exécution parée, ne peuvent être revêtus de la formule exécutoire.


## N.° 98.   NOTIFICATION DE L'ACTE DE TUTELLE.

Notifié a été l'acte ci-dessus, par moi V. , huissier, etc. , ce jourd'hui le ..... etc. , au citoyen P. , subrogé-tuteur du mineur H. , demeurant à ..... , en son domicile, parlant à ..... , avec sommation de se présenter, le ...... , à .... heure, au greffe du tribunal de paix d....... , pour prêter entre les mains de M. le juge de paix, le serment de bien et fidèlement exercer la charge de subrogé-tuteur dudit mineur H. ; et je lui ai en outre laissé copie du présent exploit, en parlant comme dessus ; dont acte, requis par le citoyen B. , tuteur dudit mineur, demeurant à ..... , délégué à cet effet. Le coût est de .......


Si le tuteur nommé est présent à la délibération qui lui défère la tutelle, il doit, sur-le-champ, et sous peine d'être déclaré non recevable dans toute réclamation ultérieure, proposer ses excuses, sur lesquelles le conseil délibérera. S'il n'a pas assisté à la délibération, il pourra faire convoquer le conseil de famille pour délibérer sur ses excuses : ses diligences à ce sujet, devront avoir lieu dans le délai de trois jours, à partir de la notification de sa nomination ; lequel délai sera augmenté d'un jour par chaque cinq lieues de distance de son domicile à celui de l'ouverture de la tutelle ; ce délai passé, il sera non recevable.

Si les excuses sont rejetées, il pourra se pourvoir devant le tribunal civil, pour les faire admettre ; mais il sera tenu, pendant le litige, d'administrer provisoirement : s'il parvient à se faire exempter de la tutelle, ceux qui auront rejeté l'excuse, pourront être condamnés aux frais de l'instance ; s'il succombe, il y sera condamné lui-même.

Ceux qui, ayant une cause de dispense, ont accepté une tutelle, ne seront plus admis à s'en faire décharger pour la même cause (c. c., 351 et suivans).

N.° 99.          DECISION DU CONSEIL,

### SUR L'EXCUSE DU SUBROGÉ-TUTEUR.

Aujourd'hui ...... etc., en vertu de la convocation faite par le citoyen A., juge de paix de la commune d......, sur la réquisition du citoyen L., etc. ;

Le conseil de famille du mineur H., etc., composé 1.° de M. le juge de paix A., président ; 2.° des citoyens B., C. et D., représentant le citoyen E., en vertu de sa procuration par lettre en date du ......, qui demeure annexée au présent procès-verbal, tous (parens à tel degré ou amis) du côté paternel ; 3.° des citoyens F., G. et K., etc., du côté maternel *(leur demeure, etc.)* ;

Etant réuni (en tel lieu), le citoyen L., etc., s'est présenté et a exposé que, par décision en date du ...., il a été élu tuteur du mineur H. ; mais qu'ayant en sa faveur une cause de dispense prévue par la loi, en ce qu'il est atteint de *telle infirmité*, il requiert que le conseil admette son excuse et le décharge de la fonction.

Le conseil ayant délibéré, les citoyens B., C., D. et F. sont d'avis de rejeter la demande : attendu que la cause alléguée par le citoyen L. n'est qu'une incommodité et non une infirmité grave comme il est dit dans la loi.

Mais les citoyens A., président, et G. et K. sont d'avis d'admettre la demande et de procéder au remplacement du subrogé-tuteur.

En conséquence, le conseil rejette, à la majorité, les moyens d'excuse proposés par le citoyen L., et maintient sa nomination à la charge de subrogé-tuteur du mineur H.

*Ou si l'excuse est admise :* Le conseil admet, à la majorité, l'excuse proposée par le citoyen L., le décharge de la fonction de subrogé-tuteur du mineur H.

Procédant à son remplacement, le citoyen M., etc., est élu à la majorité ou ...... etc.

En foi de quoi, le présent procès-verbal est clos les jour, mois et an que dessus ; et après lecture, les membres ont signé, etc.

*Les membres contre l'avis desquels la décision est prise, ne doivent point refuser de signer, lors même qu'ils auraient l'intention de se pourvoir contre la décision ; car leur avis étant consigné dans le procès-verbal, leurs signatures ne se rapporteront qu'à ce qui les concerne.*

Si la décision prononce l'exclusion ou la destitution d'un tuteur, elle doit être motivée et ne peut être prise qu'après avoir entendu ou appelé le tuteur ; si le tuteur adhère à la décision, on en fait mention sur le procès-verbal, et le nouveau tuteur entre aussitôt en fonction : mais s'il s'y oppose, ce qu'il pourra faire par une simple déclaration devant le conseil ou par un acte extrajudiciaire, alors le subrogé-tuteur sera tenu d'en poursuivre l'homologation devant le tribunal civil ( 359 ).

On a vu, page 176, que les membres de l'assemblée peuvent se pourvoir contre la décision. Pour cela ils doivent former leur demande contre les membres qui ont voté le pour ; mais il faut observer que le juge de paix, quoique membre du conseil, ne peut être assigné *de plano* devant le tribunal civil : le caractère de magistrat dont il est revêtu, le met à l'abri de toute poursuite personnelle, à moins qu'il n'y ait dol ou prévarication de sa part. Alors il faudrait se pourvoir contre lui au tribunal de cassation, soit par la voie de plainte, soit par la voie de prise à partie.

N.° 100.                          POURVOI

CONTRE LA DÉCISION DU CONSEIL.

L'an etc., à la requête etc., j'ai, ......, huissier, etc., donné assignation aux citoyens B., C., D. et F., demeurant à ......, pour comparaître au tribunal civil d......, dans le délai de la loi, et à toutes les audiences suivantes, à huit heures du matin, jusqu'à jugement définitif, pour voir prononcer la nullité d'un acte portant délibération du conseil de famille du mineur H., en date du ....... Attendu que *(exprimez les motifs)*; en conséquence, voir ordonner que ...... etc. Et afin que les susnommés n'en prétendent cause d'ignorance, je leur ai, à chacun séparément, laissé copie d'un extrait dudit acte avec celle du présent exploit, savoir : au domicile du citoyen B., en parlant à *(ainsi de suite)*, etc. Le coût est de ......

Après l'assignation on communique les pièces au ministère public, et l'affaire est portée à l'audience, sans instruction écrite ( c. pr., 775 ).

## SECTION II.

### *De la Vente des biens meubles et de l'Aliénation des immeubles.*

Il est important de ne point confondre la vente du mobilier, qui est prescrite par l'article 363 du code civil, avec celle qui est autorisée par l'article 685 du même code : la première est d'obligation pour le tuteur, à tel point qu'il n'a pas besoin d'autorisation de juge pour y procéder ; mais il faut observer qu'elle ne peut avoir lieu que lorsque le mobilier appartient en toute propriété au mineur ; que s'il y a d'autres intéressés, elle ne peut avoir lieu qu'en exécution de l'article 685, et en suivant les formalités prescrites par l'article 833 du code de procédure, comme il sera expliqué au chapitre du partage. Ainsi, pour procéder à cette vente, le tuteur n'a d'autres formalités à remplir que de dresser une annonce comme le modèle n.° 82, page 151, en changeant seulement la phrase suivante qui est au commencement de la page 152, « *les susdits objets ont été saisis,* etc., » en celle-ci : *cette vente aura lieu, en vertu de l'article 363 du code civil, à la requête du citoyen ......., tuteur dudit mineur,* etc.

Il n'est pas même nécessaire de constater la publication de

l'annonce par exploit, comme il est prescrit pour la vente des meubles saisis ; aux termes dudit article, il suffit que le procès-verbal de vente en fasse mention, comme au modèle n.° 83, page 153.

On a vu, page 181, que hors les deux cas prévus par l'article 369 de la loi portant modifications au code civil, le tuteur ne peut aliéner les immeubles de son pupille.

Aux termes de l'article 370 de cette loi, lorsqu'il s'agit de procéder à la vente des immeubles d'un incapable, cette vente doit être faite au comptant, en présence du subrogé-tuteur ou lui dûment appelé, aux enchères publiques reçues par un notaire commis par le conseil de famille, après deux affiches apposées, par deux dimanches consécutifs, à la porte de la justice de paix, à celle de l'étude du notaire commis, et à celle de l'immeuble à vendre, si c'est une maison.

## N.° 101.      AUTORISATION DE LA VENTE.

Le conseil, etc. ; le citoyen A., tuteur du mineur B., a exposé que *telle succession échue* à son pupille, est grevée d'une dette de 940 gourdes, appert *tel titre ;* qu'il n'y a d'autre moyen de parvenir à l'extinction de cette créance que d'aliéner un immeuble de ce mineur. Pourquoi il requiert qu'il soit autorisé à faire vendre aux enchères, pardevant tel notaire qui sera commis à cet effet, un des immeubles dudit mineur, que le conseil désignera, pour être le produit affecté au paiement de ladite créance.

Vu l'état sommaire de la situation des biens dudit mineur ;

*Si la demande est rejetée :* Attendu que le mineur possède en deniers comptant, la somme de 500 g. ; que le revenu annuel de ses immeubles, dûment constaté par des baux authentiques, s'élevant à la somme de 960 g., suffit pour éteindre la créance dans le délai d'une année ; qu'en cas de poursuite en expropriation le mineur pourra réclamer le bénéfice de l'article 1980 du code civil ;

Le conseil déclare qu'il n'y a pas lieu à autoriser la vente demandée. Enjoint audit citoyen A. d'offrir au créancier un à-compte de 300 g., avec la délégation du revenu pendant huit mois pour solder la créance.

*Si la demande est admise :* Considérant que les effets mobiliers et le revenu dudit mineur ne suffisent pas pour le libérer, et qu'il est important d'aliener un immeuble pour subvenir à l'acquit de la créance ;

Le conseil autorise le citoyen A. à faire procéder à la vente aux enchères, pardevant Me. T., commis à cet effet, l'immeuble dont la désignation suit :

Une maison, sise à ...., rue ...., composée de deux chambres, etc., construite sur un emplacement de la contenance de ......, tenant et aboutissant au nord par ...... etc., au sud par ......, à l'est ......, et à l'ouest ...... (*désignez toutes les circonstances et dépendances*) ;

Laquelle maison avec ses dépendances, appartiennent audit mineur B., *par tel titre*, etc. (*énumérez les titres*) ;

Sous les charges, clauses et conditions qui suivent ; lesquelles seront gardées et observées par l'adjudicataire, sinon et faute de ce faire dans le délai et de la manière ci-après exprimée, il pourra y être contraint par toutes les voies de droit, sans préjudice de la revente sur folle enchère, si le cas y échet.

1.° L'adjudicataire sera tenu de prendre ladite maison et ses dépendances, telles qu'elles se trouveront au jour de l'adjudication, sans aucune répétion d'indemnité ni diminution de prix, pour dégradation, grosses ni menues réparations ; lesdits biens étant vendus tels qu'ils se poursuivent et comportent ou doivent se comporter d'après les titres, sans en rien excepter, retenir ni réserver ; et avec les droits qui en peuvent dépendre, dans lesquels l'adjudicataire sera subrogé. Il supportera les servitudes passives desquelles l'immeuble peut etre grevé, sauf à lui de s'en défendre contre qui que ce soit sur toutes réclamations, à ses risques, périls et dépens.

2.° Il entrera en possession et jouissance de l'immeuble à compter du jour de l'adjudication, et les fruits et revenus lui appartiendront de cette époque seulement.

3.° Il entretiendra le bail de ladite maison, fait au citoyen D. par acte du ......, dont le terme doit expirer le ......, sans aucun recours contre le vendeur pour aucune cause que ce soit à raison dudit bail, et il sera subrogé dans les droits qui peuvent exister en faveur du vendeur.

4.° Les frais de la délibération du conseil, ceux d'apposition de placards et d'insertion de l'annonce, et ceux de procès-verbaux de dépôt et d'adjudication, et tous autres droits auxquels l'adjudication peut donner ouverture, seront acquittés par l'adjudicataire, sans diminution du prix principal, entre les mains et sur la quittance dudit notaire, d'après la taxe qui en sera faite conformément aux tarifs, et ce, dans la huitaine de l'adjudication.

5.º Dans la huitaine de l'adjudication, toute personne pourra surenchérir l'immeuble, en offrant un dixième au moins, en sus, du prix principal. Cette surenchère se fera par une simple déclaration reçue par le notaire, au pied du procès-verbal d'adjudication, à la charge par le surenchérisseur, de sommer dans les vingt-quatre heures, à peine de déchéance, le poursuivant et l'adjudicataire, à comparaître en l'étude dudit notaire pour voir recrier l'immeuble. Au jour et à l'heure indiqués, toutes personnes seront admises à concourir, et l'immeuble sera définitivement adjugé au plus offrant et dernier enchérisseur.

6.º Dans les dix jours de l'adjudication, l'adjudicataire sera tenu de faire transcrire un extrait du procès-verbal d'adjudication au bureau des hypothèques. Faute par lui de ce faire dans ledit délai, il sera contraignable au paiement de son prix en principal.

7.º Vingt jours après l'adjudication, il sera tenu de payer le prix principal entre les mains du citoyen ....... et sur sa quittance; il rapportera cette quittance au notaire pour être transcrite au pied du procès-verbal d'adjudication, et fera signifier le tout ainsi que le certificat de transcription, au poursuivant, dans les trois jours du paiement, sinon il en sera levé une grosse à ses frais sans aucune sommation.

8.º L'adjudicataire ne pourra exiger d'autres titres de propriété que ceux ci-dessus désignés, lesquels seront déposés en l'étude dudit notaire pour être remis à l'adjudicataire aussitôt le paiement du prix intégral de l'adjudication et l'entière exécution des clauses et conditions de la vente. Quant à tous autres titres dont il pourra avoir besoin, il demeurera subrogé dans les droits du vendeur, pour s'en faire délivrer des expéditions et extraits à ses frais.

9.º Si l'adjudicataire fait déclaration de command, nonobstant cette déclaration il demeurera solidairement obligé avec son command, pour tout ce qui a trait à l'adjudication.

10.º L'adjudicataire sera tenu de faire élection de domicile dans cette ville *ou* dans ce bourg; s'il n'y est domicilié; à défaut de cette élection de domicile, tous actes, exploits, significations et demandes lui seront faits au greffe du tribunal de paix d.....

11.º Faute par l'adjudicataire de satisfaire aux dispositions des numéros 4 et 7 ci-dessus, de la manière et dans les délais fixés, il sera procédé contre lui à la revente sur folle enchère.

12.º Toutes les conditions ci-dessus sont de rigueur et non comminatoires ; et l'acceptation de l'adjudication, ou la déclaration du command, **vaudra acceptation formelle** desdites conditions, sans **exception ni réserve. En foi de quoi**, etc.

**Les** conditions à établir varient suivant les circonstances, et au gré du conseil ; mais il est important de les indiquer avec soin afin de prévenir toute contestation avec l'adjudicataire : comme si l'immeuble était grevé d'usufruit ou d'autres charges, etc.

Une expédition de ce procès-verbal formant le cahier des charges, doit être déposée en l'étude du notaire, et l'adjudication est poursuivie sur des annonces dressées par le tuteur ou tel autre membre délégué par le conseil.

S'il y a lieu à poursuivre la revente sur folle enchère, le poursuivant se fera délivrer par le notaire un certificat constatant que l'adjudicataire n'a point justifié de l'acquit des conditions exigibles de l'adjudication. Sur ce certificat, et sans autre procédure ni jugement, on fait une apposition de placards et une nouvelle insertion au journal. Ajoutez seulement au modèle qui suit, après les mots à la vente au plus offrant et dernier enchérisseur : *à la folle enchère du citoyen ..'......*, etc.

L'adjudication doit avoir lieu huit jours au moins après l'apposition des placards et trois jours au moins après l'insertion au journal ( argum. de l''art. 644 c. pr. ).

N.° 102.                    ANNONCE.

VENTE PAR AUTORITÉ DE JUSTICE.

On fait savoir à tous ceux qu'il appartiendra, qu'à la requête du citoyen A., demeurant à ......, tuteur du mineur B., etc., il sera procédé à la vente au plus offrant et dernier enchérisseur, de *tel immeuble* (désignez la situation, etc.), appartenant audit mineur B.

Cette vente aura lieu le .........., à ...... heure, en l'étude de Me. T., notaire, sise à ........, rue ......., etc.; en vertu d'une

délibération du conseil de famille dudit mineur, prisé le ........,
sous la présidence de M. le juge de paix, d. ...... , etc.

Fait à ........ , le ........ , etc.       *(Signature du tuteur).*

*N. B. On appellera le subrogé-tuteur verbalement ou par une
sommation, comme le modèle n.° 81 , page 150.*

On ne dresse pas procès-verbal d'apposition d'affiche, mais
chaque original est visé par le juge de paix , et annexé à
la minute de la vente.

SECTION III.

## De la Curatelle et de l'Émancipation.

Le curateur est nommé par le conseil de famille : pour
assister l'émancipé à l'audition d'un compte de tutelle ( code
civil, 390 ) et lui tenir lieu de conseil légal dans les actes
qui excèdent la simple administration ( m. c. c. , 392 ) :
et pour accepter la donation faite à un sourd-muet qui ne
sait pas écrire ( o. c. , 756 ).

L'émancipation est l'acte par lequel le mineur acquiert le
droit de se gouverner lui-même , d'administrer ses biens , et
de faire enfin , sous l'assistance d'un curateur , tous les actes
de la vie civile. Néanmoins il ne peut faire le commerce ,
qu'après avoir obtenu l'autorisation de son père , ou celle de
sa mère en cas de décès, d'interdiction ou d'absence du
père , ou , à défaut du père et de la mère , celle du conseil
de famille dûment homologuée. L'acte d'autorisation doit , en
outre , être enregistré et affiché au tribunal civil du lieu où
le mineur doit établir son domicile ( c. com. , 2 ).

Il y a deux sortes d'émancipations : l'émancipation légale ,
qui a lieu de plein droit, par le seul fait du mariage du
mineur ( c. c. , 386 ); et l'émancipation expresse , qui
résulte du consentement des personnes ci-après désignées.

À l'âge de 15 ans révolus , le mineur peut être émancipé

par son père, ou à défaut du père, par sa mère : cette émancipation s'opère par la seule déclaration du père ou de la mère, reçue par le juge de paix assisté de son greffier ( 387 ).

A l'âge de dix-huit ans accomplis, le mineur resté sans père ni mère, peut être émancipé par le conseil de famille convoqué à la diligence du tuteur ou d'un parent ou allié jusqu'au degré de cousin germain : cette émancipation s'opère par la délibération qui l'autorise, et par la déclaration faite par le juge de paix, président du conseil, que *le mineur est émancipé*.

L'émancipation résultant des actes ci-dessus, est parfaite ; cependant elle ne confère à l'émancipé d'autre droit que celui de passer des baux dont la durée n'excède pas neuf ans ; de recevoir ses revenus, d'en donner décharge, et de faire tous les actes qui ne sont que de pure adminis-tration. Mais il ne pourra recevoir un compte de tutelle, ni intenter aucune action immobilière ou y défendre, même recevoir un capital mobilier ou immobilier et en donner dé-charge, hypothéquer ou aliéner ses immeubles, acquérir à titre gratuit ou onéreux, ni faire aucun acte, autre que ceux de pure administration, sans l'assistance de son cu-rateur, ou son consentement par écrit.

N.º 103.                    EMANCIPATION
PAR DÉCLARATION DU PÈRE.

Aujourd'hui ....., etc., est comparu au greffe du tribunal de paix de la commune d....., et pardevant nous A., juge de paix, as-sisté de notre greffier ; le citoyen B. *( profession et demeure )*, lequel nous a requis de recevoir la déclaration qu'il émancipe son fils C., âgé de quinze ans révolus, ainsi qu'il est justifié par un extrait des registres du citoyen R., officier de l'état civil de la com-mune d....., en date du .... *S'il est nécessaire, on y ajoutera :* et l'autorise à faire le commerce.

Desquelles réquisition et déclaration nous avons donné acte au comparant qui a signé avec nous, après lecture.

### N.° 104.    ELECTION DE CURATEUR.

Aujourd'hui, etc., le conseil de famille du mineur C., etc., ( suivez les modèles Nos. 97 et 99, pages 185 et 188 ).

Le citoyen B. a exposé que par acte en date du ....., reçu par le juge de paix de cette commune, le mineur C., son fils, ayant été émancipé, il requiert que le conseil délibère sur le choix d'un curateur audit mineur.

Le conseil, après avoir délibéré, nomme le citoyen B., etc, curateur dudit mineur (1); lequel a prêté entre les mains du juge de paix, le serment de bien et fidèlement remplir les devoirs attachés à la charge de curateur dudit mineur C., etc.

*Si le conseil était assemblé lors de l'émancipation, le juge aurait pu recevoir la déclaration du père, l'avis du conseil pour la nomination du curateur et faire constater le tout par un seul procès-verbal, ce qui épargnerait des frais à l'émancipé.*

### N.° 105.    EMANCIPATION
#### PAR LE CONSEIL DE FAMILLE.

Le conseil étant assemblé, etc., le citoyen D., etc., a exposé que le mineur E. est âgé de 18 ans accomplis, qu'il a assez de discernement et de moralité pour prendre soin de l'administration de ses affaires, *et diriger un établissement de commerce.* En conséquence, il requiert le conseil d'autoriser l'émancipation dudit mineur, *avec pouvoir de faire le commerce.*

*(Nous supposons le conseil réuni à 6 membres compris le président, par suite de la non-comparution d'un des membres convoqués).*

La proposition ayant été mise aux voix, il est résulté que les citoyens G., H., I. ont voté l'émancipation sans l'autorisation de faire le commerce, et que les citoyens D., F., et A., président, ont voté l'émancipation avec l'autorisation de faire le commerce.

En conséquence, il est arrêté par le conseil, que l'émancipation du mineur E. est autorisée à l'unanimité, et que l'autorisation de faire le commerce, lui est accordée par la prépondérance du président.

---

(1) Lorsque l'avis est unanime, on peut se dispenser d'exprimer le mot unanimité.

Par suite de cette décision le président a déclaré que le mineur E. est émancipé et autorisé à faire le commerce.

Sur la proposition du citoyen G. , le citoyen D. est élu curateur dudit émancipé, lequel a prêté serment., etc. Et pour poursuivre l'homologation de la présente décision , en ce qui touche l'autorisation de faire le commerce , le conseil délègue le citoyen D. , etc.


## N.º 106.          DÉCISION

### SUR UN PROJET DE MARIAGE DU MINEUR.

Le conseil étant assemblé, etc. ; le citoyen A. , tuteur du mineur B., a exposé qu'il se présente un établissement avantageux pour son pupille, en la personne de la demoiselle N. , *de telle famille*, etc. , et qu'il requiert le conseil de consentir à l'union dudit B. avec ladite demoiselle , aux conditions qui seront arrêtées entre lui et le père de ladite demoiselle.

*Si la demande est rejetée :* Le conseil , après avoir délibéré , rejette (à l'unanimité ou à la majorité, etc. ). *Il n'est pas nécessaire de motiver le rejet de la demande.*

*Si la demande est accueillie :* Le conseil prenant en considération les explications qui lui ont été faites par le citoyen A. , consent au mariage du mineur B. avec la demoiselle N. En conséquence , autorise ledit citoyen A. à arrêter avec le père de ladite demoiselle, le projet du contrat , dont un double signé des parties sera présenté au conseil pour avoir son approbation , etc.


## N.º 107.          DECISION DU CONSEIL

### SUR LA RÉVOCATION DE L'ÉMANCIPATION D'UN MINEUR.

Le conseil étant assemblé, etc. ; le citoyen A. , curateur de B., émancipé, expose que ce mineur, abusant de son émancipation, dissipe ses biens *ou* les administre mal, en ce que ..... etc. En conséquence , il requiert que ce mineur soit privé du bénéfice de l'émancipation et replacé sous la tutelle.

*Si la demande est admise:* Le conseil , après en avoir délibéré , considérant que, d'après les faits ci-dessus énoncés , il résulte que le mineur B. administre mal ses biens *ou* les dissipe ; en vertu de l'article 395 de la loi portant modifications au code civil, déclare ledit mineur déchu du bénéfice de l'émancipation et lui donne pour tuteur le citoyen A., et pour subrogé-tuteur le citoyen D. etc.

*S'il y a lieu d'entendre le mineur préalablement :* Le conseil surseoit à prononcer sur la demande du citoyen A., et ordonne la comparution dudit mineur B., à la séance du ....., à ..... heure, pour être entendu sur les faits dont il s'agit. Pour cet effet, les membres sont convoqués pour la réunion qui aura lieu aux jour et heure sus-énoncés, etc.

*Ou bien :* Le conseil, avant de faire droit sur la demande, délègue deux de ses membres, les citoyens D. et G., pour s'enquérir des faits, entendre les observations du mineur B. et faire un rapport circonstancié à la séance du ....., à ..... heure, etc.

## SECTION IV.

## *De l'Homologation.*

L'homologation est la confirmation d'un acte par la justice.

Les six actes suivans, résultant des délibérations du conseil de famille, sont assujettis à la formalité de l'homologation : 1.º la destitution d'un tuteur, lorsque ce tuteur n'y acquiesce pas ( c. civ., 359 ) ; 2.º la transaction faite par le tuteur en vertu de l'autorisation du conseil ( m. c. c., 377 ) ; 3.º les conventions matrimoniales des enfans d'un interdit, arrêtées par le conseil ( c. c., 420 ) ; 4.º l'autorisation du conseil à l'émancipé, pour faire le commerce ( c. com., 2 ) ; 5.º le procès-verbal de formation des lots pour parvenir au partage ( c. pr., 871 ) ; 6.º l'autorisation au tuteur pour échanger l'immeuble d'un incapable ( c. pr., 855 ).

Les formalités de l'homologation sont très-simples, le poursuivant n'a besoin ni de présenter de requête ni de faire aucune écriture : il doit seulement présenter l'expédition de l'acte au doyen du tribunal civil qui mettra au bas son ordonnance de communiquer au ministère public, avec la commise d'un rapporteur ; après les conclusions du ministère public la pièce est remise au rapporteur, et le jugement est rendu sur le même cahier ( c. pr., 776 et 777 ).

Si le tuteur, ou autre chargé de poursuivre l'homologation, ne le fait pas dans le délai fixé par la délibération, ou, à défaut de fixation, dans le délai de quinzaine, un des membres de l'assemblée pourra poursuivre l'homologation aux frais de celui qui devait le faire, lesquels frais resteront à sa charge personnelle, sans répétition contre le pupille ( 778 ).

Les membres de l'assemblée qui veulent s'opposer à l'homologation, doivent le déclarer, par acte extrajudiciaire, à celui qui est chargé de la poursuivre. Lorsque cet acte est signifié, le poursuivant doit appeler l'opposant pour faire valoir ses motifs devant le juge ; mais s'il ne le fait pas, celui-ci pourra encore former opposition au jugement d'homologation.

## N.° 108.   OPPOSITION A L'HOMOLOGATION.

L'an etc. , à la requête etc. , j'ai, ....., huissier etc. , signifié et déclaré au citoyen B. , demeurant à ....., chargé de poursuivre l'homologation de *telle décision ;* que le requérant s'oppose à cette homologation , et qu'il proteste de nullité de tout ce qui sera fait au préjudice du présent acte dont copie est laissée audit citoyen B. , à son domicile et en parlant à ..... , etc.

*L'opposant fera bien de communiquer ses moyens au ministère public.*

## N.° 109.    ASSIGNATION A L'OPPOSANT.

L'an etc. , à la requête du citoyen B. , etc. , j'ai , ....., huissier etc. , donné assignation au citoyen D. , demeurant à ....., en son domicile, parlant à ....., à comparaître le ..... *( jour et heure fixés par le doyen pour entendre le rapport du juge )* , à la chambre du conseil du tribunal civil de ....., devant messieurs les doyen et juges dudit tribunal, pour déduire ses moyens d'opposition à l'homologation de *tel acte* , etc.

# CHAPITRE II.

## *Des Compte, Partage et Licitation.*

### SECTION I.<sup>re</sup>

## *Des Redditions de comptes.*

Toute personne qui a administré les affaires d'autrui est tenue de rendre compte de sa gestion ( c. c. , 1158 et 1757 ). Ainsi , l'époux survivant qui a administré les biens de la communauté , en doit compte aux héritiers de l'époux décédé; le tuteur doit compte de sa gestion lorsqu'elle finit ( 379 ).

Le tuteur , autre que le père ou la mère , peut être tenu , même durant la tutelle , de remettre au subrogé-tuteur des états de situation de sa gestion , aux époques que le conseil de famille aurait jugé à propos de fixer , sans néanmoins que le tuteur puisse être astreint à en fournir plus d'un chaque année : ces états doivent être rédigés et remis sans frais , sur papier non-timbré , et sans aucune formalité de justice ( 380 ).

N.° 110.　　　　ETAT DE SITUATION.

*Etat de situation de la gestion du citoyen A. , tuteur du mineur H. , remis le ..... au citoyen B. , subrogé-tuteur dudit mineur , en exécution de la délibération du conseil de famille en date du .....*

CHAPITRE 1er.　RECETTE.

Il existait en caisse , le ..... , en espèces. . . . . . . . . 1000 g.
En effets à recouvrer , 400 g. ; sur laquelle somme reçu. 250
Reçu pour loyer des immeubles. . . . . . . . . . . 500
——— pour l'intérêt de 800 g. placées au citoyen R.
　　　à ..... pour o/o. . . . . . . . . . . . . 192
　　　　　　　　　　　　　　　———
　　　　　　　　　　Total. . . - . . . . 1942 g.

## CHAP. 2. DÉPENSE.

Pour frais de nourriture , d'habillement et d'entretien.  300 g.
——————— d'éducation. . . . . . . . . . . . . . . . .  100
——————— de réparation de *tel immeuble.* . . . . . .  50

450 g.

### RÉCAPITULATION.

Recette. . . . . . . . . . . . . . . . .  1942 g.
Dépense. . . . . . . . . . . . . . .  450

Reliquat. . . . . . . . . . . . . . .  1492 g.
Plus , en effet à recouvrer. . . .  150

1642 g.

### *Observation.*

Il existe en espèces pour être placées. . . . . . . . . . .  692 g.
Une obligation pour la somme placée au citoyen R. .  800
Deux effets à recouvrer sur les 400 g. de créances. .  150

1642 g.

Fait et signé double , à ....., etc.

Le compte définitif de tutelle est rendu au mineur lorsqu'il a atteint sa majorité ou a obtenu son émancipation ;
dans ce dernier cas il doit être assisté d'un curateur.

En cas de destitution , révocation ou démission du tuteur,
le compte est rendu au tuteur remplaçant.

Les comptes de communauté et de tutelle peuvent être
rendus à l'amiable, lors même qu'il y aura des intéressés mineurs ou interdits ; mais en cas de contestation , c'est-à-dire
si le débiteur du compte ne veut pas le rendre , ou s'il ne
le rend pas d'une manière satisfesante , ou enfin si c'est
l'oyant (1) qui refuse de l'entendre , il faut nécessairement

_______________

(1) On appelle *oyant*, celui qui reçoit le compte ; et *rendant*,
celui qui le rend.

recourir aux voies judiciaires devant le tribunal civil de la juridiction désignée par l'article 452 du code de procédure.

Comme nous ne traitons pas de la procédure du tribunal civil, il n'est question ici que de la reddition de compte entre personnes de bonne foi.

Aucune disposition de loi ne donne formellement au conseil de famille, le droit d'accepter un compte de tutelle ou de communauté ; mais en combinant l'article 687 du code civil avec l'article 697 de la loi portant modifications à ce code, on verra que dans le cas de partage de succession et de communauté, à faire par ce conseil, c'est lui qui doit régler les comptes que les copartageans peuvent se devoir, sauf, en cas de contestation, à renvoyer les parties à se pourvoir devant le tribunal.

Aux termes de l'article 457 du code de procédure, le compte doit contenir les recette et dépense effectives, terminé par la récapitulation de la balance de ces recette et dépense, sauf à faire un chapitre particulier des objets à recouvrer.

Il faut remarquer que les quittances de fournisseurs, ouvriers, maîtres de pensions et autres de même nature, produites comme pièces justificatives du compte, sont dispensées du timbre et de l'enregistrement, suivant l'article 461.

Lorsque le débiteur du compte néglige de le présenter, il est plus sage de le mettre en demeure par une sommation, que de l'assigner *de plano* devant le tribunal.


N.º 111.                    SOMMATION

AU TUTEUR RÉVOQUÉ DE RENDRE SON COMPTE.


L'an etc., à la requête du citoyen A., tuteur du mineur B., demeurant à ....., j'ai, ....., huissier, etc., sommé le citoyen D., ancien tuteur dudit mineur, demeurant à ....., de signifier au requérant, dans le délai de ....., le compte détaillé de la gestion et de l'administration des biens dudit mineur qu'il a eues depuis le ..... jusqu'à ..... ; et lui ai déclaré que, faute de ce faire dans ledit délai, le requérant se pourvoira pour l'y comtraindre par les voies de droit, avec réserves de tous dépens et dommages-intérèts ; et afin qu'il n'en ignore, je lui ai, à son domicile et en parlant à ....., laissé copie du présent exploit dont le coût est de ..... etc.

**N.º 112.**          **COMPTE DE TUTELLE.**

*Compte rendu par le citoyen D., ancien tuteur du mineur B., au citoyen A., son successeur, de la tutelle dudit mineur qu'il a eue depuis le ..... jusqu'à ......*

### CHAPITRE 1er.   RECETTE.

| | | |
|---|---|---:|
| Art. 1er. | Un capital porté en espèces sur l'inventaire. | 2000 g. |
| 2 | Intérêts de ce capital, à partir du ..... jusqu'au ..... | 300 |
| 3 | Produit de la vente du mobilier de la succession N..... | 350 |
| 4 | Recouvrement de telle créance, etc., etc. | 400 |
| | Total. | 3050 g. |

### CHAPITRE 2.   DÉPENSE.

| | | |
|---|---|---:|
| Art. 1er. | Frais d'apposition et de levée de scellés. | 20 g. |
| 2 | — d'inventaire dressé par Me. R., notaire. | 30 |
| 3 | — funéraires de Mr. S., père de l'oyant. | 200 |
| 4 | — de maladie payés au citoyen M., médecin, etc., etc. | 100 |
| | | 350 g. |

### RÉCAPITULATION.

| | |
|---|---:|
| Recette. | 3050 g. |
| Dépense. | 350 |
| Reliquat. | 2700 g. |

### CHAPITRE 3.  OBJETS A RECOUVRER.

Art. 1er. Le capital porté au chap. 1er., art. 1er. ci-
dessus , placé à intérêt entre les mains
du citoyen R. , à ..... pour o/o. . . .  2000 g.
   2   Diverses créances résultant des 1000 g. dues au
père de l'oyant , suivant l'inventaire.  600

Total. . . . . . . .  2600 g.

#### *Observations.*

La créance portée à l'article 1er. du chapitre 3 n'a pu être
recouvrée , attendu que cette somme est placée à intérêt et que
e terme n'est pas encore échu.

Il y a 400 g. des 600 de l'article 2 qui ne sont pas encore
exigibles , et les autres 200 g. exigibles n'ont point été payées ,
par la mauvaise foi des débiteurs.

### CHAPITRE 4.  DETTES PASSIVES.

Art. 1er. Il est dû par l'oyant , au citoyen G. , pour
*telle cause.* . . . . . . . . . . . . . . .  200 g.
   2  ———— etc. , etc.  . . . . . . . . . . . . .  . . .

J'affirme sincère et véritable le présent compte dont l'excédant
de la recette , formant le reliquat , s'élève à la somme de deux
mille sept cents gourdes.

Fait double. A ...... , le ..... etc.

*( Signature ).*

#### RÉCÉPISSÉ.

Je , soussigné , A. , tuteur du mineur B. , reconnais avoir reçu du
citoyen D. un double du compte ci-dessus , ainsi que les pièces
justificatives au nombre de vingt , savoir :

1.º Une liasse contenant 8 pièces qui sont ..... etc.

2.º Une liasse contenant 12 pièces qui sont ..... etc.

A ..... , le ..... etc.           *( Signature )* A.

#### ARRÊT DE COMPTE.

Entre nous , soussignés : A. , demeurant à ..... , ancien tuteur
du mineur B. , et D , tuteur remplaçant dudit mineur , demeurant
à ..... ; après l'examen fait du compte de tutelle ci-dessus , et des
pièces justificatives produites à l'appui , avons arrêté ce qui suit

L'article 4 du chapitre 1er. est porté à 600 g., attendu que dans les 600 g. portées à l'article 2 du chapitre 3, il y a 200 g. de titres qui sont prescrites, faute par le citoyen A. d'avoir fait des poursuites à temps ; lesquels titres lui sont remis, sauf à se faire payer du montant par subrogation.

Le compte du docteur M., réglé suivant la loi sur la taxe des médecins, est réduit à 92 g. ; partant, l'article 4 du chapitre 2 est réduit à cette somme de 92 g., sauf le recours du citoyen D. contre le docteur M.

En conséquence, le chapitre 1er. de la recette est porté à 3250 g., et le chapitre 2 de la dépense est porté à 342 g. ; partant, le reliquat est fixé à 2908 g. et l'article 2 du chapitre 3 est réduit à 400 g.

Sur laquelle somme de 2908 g., le citoyen D. a présentement compté au citoyen A. qui le reconnaît, celle de 2700 g., compris le titre du capital de 2000 g. porté à l'article 1er. du chapitre 1er., qu'il a placé à intérêt.

Le citoyen D. se reconnaît débiteur de la somme de 2008 g. pour former le solde du reliquat, et promet de la payer audit citoyen A., le ....., ce qui est accepté par ce dernier qui donne pour le surplus pleine et entière décharge audit citoyen D.

Fait et signé double, à ..... ; le ..... etc.

( Signatures )  A. et B.

*N. B.* Si l'acte n'est pas écrit de la main du débiteur, il faut, outre sa signature, qu'il approuve l'écriture et qu'il porte en toutes lettres la somme dont il se reconnaît débiteur ( arg. de l'art. 1111 du c. civ. ).

Si l'oyant refuse de recevoir le compte, le rendant doit le lui faire signifier par un simple acte d'huissier. Dans tous les cas, si le compte donne lieu à des contestations, elles seront poursuivies et jugées comme les autres contestations en matière civile.

La somme à laquelle s'élève le reliquat dû par le tuteur, porte intérêt, *sans demande*, à compter de la clôture du compte. Et les intérêts de ce qui est dû au tuteur par le mineur, ne courent que du jour de la sommation de payer qui aura suivi la clôture du compte.

Toute action du mineur contre son tuteur, relativement

aux faits de la tutelle, se prescrit par cinq ans, à compter de la clôture du compte définitif de tutelle ( art. 385 et suiv. du c. civ. ).

Les articles sujets à la taxe, tels que les frais de justice, le salaire des médecins, etc., ne peuvent être portés au compte à un prix plus élevé que le taux fixé par la loi. On ne doit pas non plus passer en compte le prix des créances que le tuteur aurait volontairement payés après la prescription acquise.

Le tuteur est encore responsable de la prescription qu'il a laissé acquérir contre son pupille ; partant, les créances actives qu'il aurait laissé prescrire, doivent être portées au chapitre des recettes.

EXTRAIT DE LA LOI SUR LA TAXE DES MÉDECINS ET CHIRURGIENS, DU 11 MAI 1826, PROMULGUÉE LE 12 DU MÊME MOIS.

Art. 1er. Le ministère des médecins et chirurgiens est obligé.

A partir du premier juillet de la présente année, il ne leur sera dû pour visites ou traitemens des malades, que les rétributions qui leur sont allouées par le tarif ci-après annexé.

Art. 2. Tout médecin ou chirurgien qui exigerait, pour visites ou traitemens postérieurs au premier juillet prochain, des sommes plus fortes que celles qui leur sont allouées par le tarif, sera, pour la première fois, obligé de restituer la somme entière qu'il aura exigée ou perçue, et passible d'une amende, au profit du trésor public, quadruple de cette somme. En cas de récidive, il lui sera infligé une plus forte peine.

Art. 3. Les abonnemens avec les médecins, auxquels les propriétaires des campagnes sont assujettis par l'article 67 du code rural, sont laissés, pour leur fixation, à l'accord mutuel entre les parties.

Art. 4. Dans les villes et bourgs où il y aura des pharmaciens patentés, les médecins et chirurgiens ne pourront fournir des remèdes à leurs malades : ils devront donner des ordonnances afin qu'elles soient exécutées par des pharmaciens. Le tout sous les peines portées en l'article 2.

Art. 5. La présente loi abroge toutes les dispositions antérieures qui lui sont contraires.

## TARIF.

Il sera dû ,

| | | |
|---|---|---|
| Pour chaque visite en ville , de jour. . . . . . . | » g. 50 c. | |
| Pour chaque visite en ville , de nuit, et après neuf heures . . . . . . . . . . . . . . . . . . . . . | 1  25 | |

*( En toutes circonstances , il ne sera pas passé plus de deux visites par jour ).*

Pour chaque visite hors de la ville , à une distance qui ne passe pas trois lieues. . . . . . . .    3    »

Et une gourde en sus, par lieue, jusqu'à la
distance de sept lieues.

Pour chaque visite à des distances au-delà de
sept lieues. . . . . . . . . . . . . . . . . . . . .    8    »

Lorsque le médecin ou le chirurgien s'absentera
de son domicile pour rester constamment auprès
du malade , il aura , par vingt-quatre heures. . .    8    »

Pour une consultation en ville. . . . . . . . . .    3    »

Pour une consultation hors de la ville , quelle
qu'en soit la distance. . . . . . . . . . . . . . .    6    »

Pour les rapports et procès-verbaux de visites
ordonnés par la justice , transport compris. . . . .    4    »

Pour l'ouverture d'un cadavre , avec visite. . .  16    »

Pour chaque saignée au bras ou au pied. . . .  »  37  1/2

Pour chaque saignée à la gorge. . . . . . . .  »  75

Pour arracher une dent. . . . . . . . . . . . .  »  50

Pour accouchement simple où il ne s'agit que
d'aider la nature. . . . . . . . . . . . . . . . .    4    «

Pour tout accouchement laborieux. . . . . . . .  16    »

Pour l'opération césarienne. . . . . . . . . . .  36    »

Pour pansement d'un ulcère simple. . . . . . .  »  37  1/2

Lorsque la plaie ou ulcère sera accompagné de
sinus ou fusées. . . . . . . . . . . . . . . . . .  »  75

Pour luxation et réduction de l'humérus , bandages et embrocations. . . . . . . . . . . . . . . .    6    »

Pour celle du cubitus et radius , tout compris.  10    »

Et lorsqu'il n'y aura qu'un des deux os fracturé. .    6    »

La luxation des deux os avec fracture à l'olicrâne. .  20    »

Celle de la clavicule. . . . . . . . . . . . . . .    4    »

Celle de la mâchoire inférieure. . . . . . . . . .    4    »

Celle de la cuisse , si la réduction est parfaite.  30    »

*( Il ne sera dû que le tiers , dans tous les cas ci-dessus, lorsque la réduction sera incomplète ).*

Pour fracture simple ou composée de deux os avec embrocations tant aux extrémités supérieures qu'aux inférieures. . . . . . . . . . . . . . . . . . . . . .   12 g.   »

Pour les fractures compliquées , avec appareil , bandages et pansemens. . . . . . . . . . . . . .   30   »

Pour fracture de la clavicule , tout compris. .   6   »

Pour fracture d'une ou de deux côtes , avec pansemens. . . . . . . . . . . . . . . . . . . . . .   6   »

Lorsque les fractures seront compliquées , soit par plaie hémorrhagique ou dépôt causé par la contusion , ou tout autre cause que ce puisse être, tout compris. . . . . . . . . . . . . . . . . . .   12   »

Pour fracture de la mâchoire inférieure , y compris le traitement. . . . . . . . . . . . . . . . .   6   »

Pour l'opération du trépan , avec une ou deux couronnes , relever les pièces d'os ou comporter les intervalles . . . . . . . . . . . . . . . . . . .   30   »

Pour l'opération du bec de lièvre. . . . . . . .   6   »
Pour celle de la bronchotomie , avec pansemens.   18   »
Pour celle de l'empième , avec pansemens. . .   20   »
Pour celle de la gastroraphie , avec pansemens.   16   »
Pour celle de la paracinthèse. . . . . . . . . .   6   »

Pour celle de la bubonocèle , avec l'issue de l'intestin et de l'épiploon , où il est de nécessité de brider l'anneau herniaire , avec pansemens. . . . .   36   »

S'il n'y a que l'épiploon qui fasse hernie quoiqu'il faille débrider ou couper l'anneau , le tout compris.   16   »

Pour l'opération de la castration , où il faut emporter les deux testicules , tout compris. . . . . .   10   »

Pour celle où il sera possible de conserver un testicule , les pansemens compris. . . . . . . . .   30   »

Pour l'opération de la fistule à l'anus , complète ou borgne interne , tout compris. . . . . . . . .   36   »

La borgne externe. . . . . . . . . . . . . . . .   16   »

Pour l'ouverture des panaris des deux premières espèces , avec les pansemens. . . . . . . . . . .   4   »

Pour celle des deux dernières espèces qui obligent à ouvrir la graine des tendons ou débrider le périoste , le tout. . . . . . . . . . . . . . . . .   10   »

Pour ouverture des abcès. . . . . . . . . . . . . .      1 g.   »
Pour l'amputation d'un doigt ou orteil, avec
pansemens. . . . . . . . . . . . . . . . . . . . . . .      3      »
Pour celle des extrémités supérieures de la jambe,
avec pansemens. . . . . . . . . . . . . . . . . . . .      16     »
Pour celle de la cuisse, tout compris. . . . .      25     »
Pour le traitement de la gonorrhée. . . . . . .      16     »
Pour celui des maladies vénériennes qui exigent
l'application des grands remèdes. . . . . . . . . .      20     »
Pour celui des maladies vénériennes qui exigent
en outre l'application des mèches, sondes, etc., etc.      26     »

Toutes opérations et traitemens non prévus, seront payés dans
la même proportion établie par le présent tarif, sans pouvoir,
dans aucun cas, excéder le maximum de la taxe.

EXTRAIT DE LA LOI N°. 35 DU CODE CIVIL, SUR LA PRESCRIPTION.

Art. 1987. La prescription est un moyen d'acquérir ou de se
libérer par un certain laps de temps, et sous les conditions déterminées par la loi.

1988. On ne peut, d'avance, renoncer à la prescription : on
peut renoncer à la prescription acquise.

1989. La renonciation à la prescription est expresse ou tacite :
la renonciation tacite résulte d'un fait qui suppose l'abandon d'un
droit acquis.

1990. Celui qui ne peut aliéner, ne peut renoncer à la prescription acquise.

1991. Les juges ne peuvent pas suppléer d'office le moyen
résultant de la prescription.

1992. La prescription peut être opposée en tout état de cause, à
moins que la partie qui n'aurait pas opposé le moyen de la
prescription ne doive, par les circonstances, être présumée y
avoir renoncé.

1993. Les créanciers, ou toute autre personne ayant intérêt à
ce que la prescription soit acquise, peuvent l'opposer, encore
que le débiteur ou le propriétaire y renonce.

1994. On ne peut prescrire le domaine des choses qui ne sont
point dans le commerce.

1995. L'Etat est soumis aux mêmes prescriptions que les particuliers, et peut également les opposer.

2010. La prescription peut être interrompue ou naturellement ou civilement.

2011. Il y a interruption naturelle lorsque le possesseur est privé, pendant plus d'un an, de la jouissance de la chose, soit par l'ancien propriétaire, soit même par un tiers.

2012. Une citation en justice, un commandement ou une saisie, signifiés à celui qu'on veut empêcher de prescrire, forment l'interruption civile.

2013. La citation en conciliation devant le bureau de paix, interrompt la prescription, du jour de sa date, lorsqu'elle est suivie d'une assignation en justice donnée dans les délais de droit.

2014. La citation en justice donnée même devant un juge incompétent, interrompt la prescription.

2015. Si l'assignation est nulle par défaut de forme, si le demandeur se désiste de sa demande, s'il laisse périmer l'instance, ou si sa demande est rejetée, l'interruption est regardée comme non-avenue.

2016. La prescription est interrompue par la reconnaissance que le débiteur ou le possesseur fait du droit de celui contre lequel il prescrivait.

2017. L'interpellation faite conformément aux articles ci-dessus, à l'un des débiteurs solidaires, ou sa reconnaissance, interrompt la prescription contre tous les autres, même contre leurs héritiers. —L'interpellation faite à l'un des héritiers d'un débiteur solidaire, ou la reconnaissance de cet héritier, n'interrompt pas la prescription à l'égard des autres cohéritiers, quand même la créance serait hypothécaire, si l'obligation n'est indivisible. — Cette interpellation ou cette reconnaissance n'interrompt la prescription à l'égard des autres codébiteurs, que pour la part dont cet héritier est tenu. — Pour interrompre la prescription pour le tout, à l'égard des autres codébiteurs, il faut l'interpellation faite à tous les héritiers du débiteur décédé, ou la reconnaisssnce de tous ses héritiers.

2018. L'interpellation faite au débiteur principal, ou sa reconnaissance, interrompt la prescription contre la caution.

2020 ( *modifié* ). La prescription ne court pas contre les mineurs ou les interdits, à l'égard de la vente des immeubles qui leur appartiennent, quand cette aliénation a eu lieu hors des cas prévus aux articles 369, 697 n.° 21 et 1900 bis; mais elle court contre eux dans tous les autres cas, *sauf leur recours contre leurs tuteurs ou curateurs.*

2021. Elle ne court point entre époux.

2022. La prescription court contre la femme mariée, encore qu'elle ne soit point séparée par contrat de mariage ou en justice, à l'égard des biens dont le mari a l'administration, sauf son recours contre le mari.

2024 (*modifié*). Néanmoins, elle est suspendue pendant le mariage, dans le cas où l'action de la femme ne pourrait être exercée qu'après une option à faire sur l'acceptation ou la renonciation à la communauté.

2025. La prescription ne court point, à l'égard d'une créance qui dépend d'une condition, jusqu'à ce que la condition arrive ; à l'égard d'une action en garantie, jusqu'à ce que l'éviction ait lieu ; à l'égard d'une créance à jour fixe, jusqu'à ce que ce jour soit arrivé.

2026. La prescription ne court pas contre l'héritier bénéficiaire, à l'égard des créances qu'il a contre la succession. — Elle court contre une succession vacante, quoique non pourvue de curateur.

2027. Elle court encore pendant les trois mois pour faire inventaire, et les quarante jours pour délibérer.

2028 et 2029. La prescription se compte par jours et non par heures. Elle est acquise lorsque le dernier jour du terme est accompli.

2030. Toutes les actions, tant réelles que personnelles, sont prescrites par vingt ans, sans que celui qui allègue cette prescription soit obligé d'en rapporter un titre, ou qu'on puisse lui opposer l'exception déduite de la mauvaise foi.

2031. Après 18 ans de la date du dernier titre, le débiteur d'une rente peut être contraint de fournir à ses frais un titre nouvel à son créancier ou à ses ayant cause.

2033. Celui qui acquiert de bonne foi et par juste titre un immeuble, en prescrit la propriété par dix ans, si le véritable propriétaire habite dans le territoire de la République, et par quinze ans, si le véritable propriétaire est domicilié hors dudit territoire; ou s'il a eu son domicile en différens temps dans le territoire et hors du territoire de la République.

2034. Le titre nul par défaut de forme, ne peut servir de base à la prescription de dix et quinze ans.

2035. La bonne foi est toujours présumée, et c'est à celui qui allègue la mauvaise foi à la prouver. Il suffit que la bonne foi ait existé au moment de l'acquisition.

2036. L'action des maîtres et instituteurs des sciences et arts, pour les leçons qu'ils donnent au mois ; celles des hôteliers et traiteurs, à raison du logement et de la nourriture qu'ils fournissent ; celle des ouvriers et gens de travail, pour le paiement de leurs journées, fournitures et salaires ; se prescrivent par six mois.

2037. L'action des médecins, chirurgiens et apothicaires, pour leurs visites, opérations et médicamens; celles des huissiers, pour le salaire des actes qu'ils signifient, et des commissions qu'ils exécutent ; celle des marchands, pour les marchandises qu'ils vendent aux particuliers non marchands; celle des maîtres de pension, pour le prix de la pension de leurs élèves ; et des autres maîtres pour le prix de l'apprentissage ; se prescrivent par un an.

2038. L'action des défenseurs publics, pour le paiement de leurs frais et salaires, se prescrit par deux ans, à compter du jugement du procès, ou de la conciliation des parties, ou depuis la révocation desdits défenseurs. A l'égard des affaires non terminées, ils ne peuvent former de demandes, pour leurs frais et salaires, qui remonteraient à plus de cinq ans.

2039. La prescription, dans les cas ci-dessus, a lieu, quoiqu'il y ait eu continuation de fournitures, livraisons, service et travaux. Elle ne cesse de courir que lorsqu'il y a eu compte arrêté, cédule ou obligation, ou citation en justice non périmée.

2040. Néanmoins ceux auxquels ces prescriptions seront opposées, peuvent déférer le serment à ceux qui les opposent, sur la question de savoir si la chose a été réellement payée. Le serment pourra être déféré aux veuves et héritiers, ou aux tuteurs de ces derniers, s'ils sont mineurs, pour qu'ils aient à déclarer s'ils ne savent pas que la chose soit due.

2041. Les juges et défenseurs publics sont déchargés des pièces, cinq ans après le jugement des procès. Les huissiers, après deux ans, depuis l'exécution de la commission, ou la signification des actes dont ils étaient chargés, en sont pareillement déchargés.

2042. Les arrérages des rentes perpétuelles et viagères ; ceux des pensions alimentaires ; les loyers des maisons, et le prix de ferme des biens ruraux ; les intérêts des sommes prêtées, et généralement tout ce qui est payable par année, ou à des termes périodiques plus courts, se prescrivent par cinq ans.

Art. 186 *code de commerce.* Toutes actions relatives aux lettres de change, et à ceux des billets à ordre souscrits par des négocians, marchands ou banquiers, ou pour faits de commerce, se prescrivent par cinq ans, *à compter du jour du protêt ou de la dernière poursuite juridique*, s'il n'y a eu condamnation, ou si la dette n'a été reconnue par acte séparé. Néanmoins les prétendus débiteurs seront tenus, s'ils en sont requis, d'affirmer, sous serment, qu'ils ne sont plus redevables ; et leurs veuves, héritiers ou ayant cause, qu'ils estiment de bonne foi, qu'il n'est plus rien dû.

## N.° 113.        COMPTE DE COMMUNAUTÉ.

*Compte que rend le citoyen A., de la communauté qui a existé entre lui et la citoyenne E., son épouse, décédée le ..... etc.; ladite communauté résultant de son contrat de mariage, au rapport de Me. F., notaire, ou de son acte de célébration devant le citoyen D., officier de l'état civil, etc. ; aux citoyens C., fils naturel, et G., fils légitime de la défunte.*

#### CHAPITRE 1er.    ACTIF DE LA COMMUNAUTÉ.

| | |
|---|---|
| Art. 1er. Le mobilier de la communauté, suivant la prisée de l'inventaire, est de. . . . . . | 1650 g. |
| 2e. Il existait en espèces lors de la dissolution. | 2500 |
| 3e. En effets de commerce, etc., etc. . . . . | 350 |
| Total. . . . . . | 4500 g. |

#### CHAP. 2.    PASSIF DE LA COMMUNAUTÉ.

| | |
|---|---|
| Art. 1er. Il est dû au citoyen *tel, pour telle cause*, etc., etc. . . . . . . . . . . . . | 500 |

#### CHAP. 3.    REPRISES A EXERCER.

| | |
|---|---|
| Art. 1er. Le préciput stipulé en faveur du survivant d'après le contrat, etc., etc. . . . . | 500 |

#### RÉCAPITULATION.

| | | |
|---|---|---|
| Actif . . . . . . . . . . . . | | 4500 g. |
| Passif . . . . . . . 500 | } | 1000 |
| Reprise . . . . . . 500 | | |
| Balance. . . . | | 3500 g. |

Il résulte du compte ci-dessus , que l'actif de la communauté monte à la somme de quatre mille cinq cents gourdes; et le passif, compris les récompenses , reprises et autres droits , à celle de mille gourdes ; que partant la balance est de trois mille cinq cents gourdes , non compris les immeubles ci-après qui ne sont pas encore estimés.

1.º Une maison , sise à .....

2.º Une habitation , sise à ..... etc.

    Certifié sincère et véritable , etc.

Fait triple. A ....., le ..... etc.

SECTION II.

## *Des Partages et Licitations*.

Le partage est l'opération par laquelle on divise les biens qui appartiennent en commun à plusieurs personnes , soit en qualité de cohéritiers , soit en qualité de copropriétaires , à quelque titre que ce soit.

La licitation est la vente aux enchères d'un ou plusieurs immeubles qui appartiennent en commun à diverses personnes , et qui ne peuvent se partager commodément.

Les formes à suivre pour le partage des successions , s'appliquent au partage d'une communauté , d'une société , ou d'une propriété possédée par indivis ( c. c. , 1261 et 1641 ; et c. pr. , 874 ).

Lorsque tous les héritiers sont majeurs , ou mineurs émancipés , qu'ils jouissent tous de leurs droits civils , qu'ils sont tous présens ou dûment représentés , ils peuvent s'abstenir des voies judiciaires ; ils peuvent même les abandonner en tout état de cause , si elles avaient déjà été prises. Ils sont maîtres d'adopter , pour faire le partage , telle voie qu'il leur plaira : ils peuvent opérer le partage d'un seul ou plusieurs biens , n'en diviser qu'une partie et en laisser l'autre en commun ; en un mot , la loi leur a laissé toute la latitude possible ( art. 678 c. c. , et 875 c. pr. ).

Mais s'ils ne s'accordent pas sur le partage , si l'un deux

est absent et n'est pas représenté par un fondé de procuration spéciale, le partage et la licitation doivent être faits en justice, conformément aux règles prescrites par le code civil.

Si, parmi les héritiers, il y a des mineurs non émancipés, ou des interdits, le partage se fera par le conseil de famille ( art. 697 m. c. c. ).

Avant d'examiner les actes de partage, il est important de bien comprendre l'époque de l'ouverture d'une succession, celle de la dissolution d'une communauté, les droits des copartageans, l'actif et le passif d'une communauté.

## § I.er

### De l'Ouverture des Successions.

Les successions s'ouvrent par la mort et par la perte des droits civils.

La communauté se dissout également par les deux causes ci-dessus, et en outre par le divorce et par la séparation de biens ( c. c., 578 et 1226 ).

La loi distingue deux séries d'héritiers : les héritiers légitimes et les héritiers naturels. A défaut d'héritiers dans l'une ou l'autre série, les biens passent à l'époux survivant ; s'il n'y en a pas, à l'État (583).

## § II.

### Des Qualités requises pour succéder.

Pour succéder, il faut nécessairement exister à l'instant de l'ouverture de la succession : celui qui n'est pas encore conçu, l'enfant qui n'est pas né viable, l'individu qui a encouru la perte des droits civils, sont incapables de succéder.

Un étranger n'est habile à succéder qu'aux biens meubles que son parent étranger ou haïtien a laissé dans le territoire de la république.

Sont indignes de succéder, et comme tels exclus de la succession : celui qui serait condamné pour avoir donné ou tenté de donner la mort au défunt ; celui qui a porté contre le défunt une accusation capitale jugée calomnieuse ; et l'héritier majeur qui, instruit du meurtre du défunt, ne l'aurait pas dénoncé à la justice. Mais le défaut de dénonciation ne peut être opposé aux ascendans ou descendans du meurtrier, ni à ses alliés au même degré, ni à son époux ou épouse, ni à ses frères et sœurs, ni à ses oncles et tantes, ni à ses neveux et nièces ( 585 et suiv. ).

## § III.

### Des divers Ordres de Successions.

Les successions sont déférées aux enfans et descendans du défunt, à ses ascendans et à ses parens collatéraux, dans l'ordre et d'après les règles ci-après déterminées.

La loi ne considère ni la nature, ni l'origine des biens, pour en régler la succession. Toute succession, échue à des ascendans ou à des collatéraux, se divise en deux parts égales : l'une pour les parens de la ligne paternelle, l'autre pour ceux de la ligne maternelle. Les *utérins* ou *consanguins* (1) ne sont pas exclus par les germains ; mais ils ne prennent part que dans leur ligne, sauf ce qui est dit à l'article 620 du code civil ; les *germains* prennent part dans les deux lignes.

Cette première division opérée entre les lignes paternelle et maternelle, il ne se fait plus de division entre les di-

---

(1). *Utérins* sont les frères ou sœurs nés de même mère et non de même père ; ceux qui sont nés de même père, mais non de même mère, s'appellent *consanguins* ; et ceux qui sont nés de même père et de même mère s'appellent *germains*.

verses branches ; mais la moitié dévolue à chaque ligne appartient à l'héritier ou aux héritiers les plus proches en degré, sauf le cas de la représentation.

La proximité de parenté s'établit par le nombre des générations : chaque génération s'appelle un degré.

La suite des degrés forme la ligne : on appelle *ligne directe*, la suite des degrés entre personnes qui descendent l'une de l'autre ; *ligne collatérale*, la suite des degrés entre personnes qui ne descendent pas les unes des autres, mais qui descendent d'un auteur commun. On distingue la ligne directe en ligne directe descendante et en ligne directe ascendante. La première est celle qui lie le chef avec ceux qui descendent de lui ; la deuxième est celle qui lie une personne avec ceux dont elle descend.

*En ligne directe* on compte autant de degrés qu'il y a de générations entre les personnes : ainsi le fils est, à l'égard du père, au premier degré ; le petit-fils, au second ; et réciproquement du père et de l'aïeul, à l'égard des fils et petit-fils.

*En ligne collatérale*, les degrés se comptent par les générations, depuis l'un des parens jusques et non compris l'auteur commun, et depuis celui-ci jusqu'à l'autre parent : ainsi deux frères sont au deuxième degré ; l'oncle et le neveu sont au troisième degré ; les cousins germains, au quatrième ; ainsi de suite.

La représentation est une fiction de la loi, dont l'effet est de faire entrer les représentans dans la place, dans le degré et dans les droits du représenté.

La représentation a lieu à l'infini dans la ligne directe descendante. Elle est admise dans tous les cas, soit que les enfans du défunt concourent avec les descendans d'un enfant prédécédé, soit que tous les enfans du défunt étant morts avant lui, les descendans desdits enfans se trouvent entr'eux en degrés égaux ou inégaux.

La représentation n'a pas lieu en faveur des ascendans ; le plus proche dans chacune des deux lignes, exclut toujours le plus éloigné.

En ligne collatérale, la représentation est admise en faveur des enfans et descendans des frères ou sœurs du défunt, soit qu'ils viennent à la succession concurremment avec des oncles ou tantes, soit que tous les frères et sœurs du défunt étant prédécédés, la succession se trouve dévolue à leurs descendans en degrés égaux ou inégaux.

Dans tous les cas où la représentation est admise, le partage s'opère par souche : si une même souche a produit plusieurs branches, la subdivision se fait aussi par souche, dans chaque branche, et les membres de la même branche partagent entr'eux par tête.

On ne représente que les personnes qui sont décédées, ou qui ont encouru la perte des droits civils. On peut représenter celui à la succession duquel on a renoncé (592 et suiv.).

## § IV.

### Des Successions déférées aux Descendans.

Les enfans légitimes ou leurs descendans succèdent à leurs père et mère, aïeuls, aïeules, ou autres ascendans, sans distinction de sexe ni de primogéniture, et encore qu'ils soient issus de différens mariages.

Les enfans naturels n'héritent de leur père ou mère, ou de leurs ascendans, qu'autant qu'ils ont été légalement reconnus.

Les enfans ou leurs descendans succèdent par égale portion et par tête, quand ils sont tous de la même série, au premier degré et appelés de leur chef : ils succèdent par souche, lorsqu'ils viennent tous ou en partie par représentation.

S'il y a concours de descendans légitimes et de descendans naturels, la part de l'enfant naturel sera moitié de celle de l'enfant légitime. Pour opérer facilement le partage, on supposera le nombre des enfans légitimes double de ce qu'il est réellement, on y ajoutera celui des enfans naturels, et l'on fera autant de parts égales qu'il sera censé alors y avoir de têtes. Chaque enfant naturel prendra une part, chaque enfant légitime en prendra deux.

A défaut de descendans légitimes, la totalité de la succession appartient aux enfans naturels.

En cas de prédécès d'un enfant, soit légitime, soit naturel, ses enfans ou descendans viennent dans tous ses droits. Ces dispositions ne sont point applicables à l'enfant adultérin ou incestueux, il n'a droit qu'à des alimens; et ces alimens ne peuvent être imputés que sur la portion dont la loi sur les donations et testamens permet aux père et mère de disposer ( 605 et suiv. ; 606 et 608, m. c. c. )

## § V.

### *Des Successions déférées aux Ascendans.*

Si le défunt n'a laissé ni postérité, ni frère, ni sœur, ni descendans d'eux, la succession se divise par moitié entre les ascendans de la ligne paternelle et les ascendans de la ligne maternelle. L'ascendant qui se trouve au degré le plus proche, recueille la moitié affectée à sa ligne, à l'exclusion de tous autres. Les ascendans au même degré succèdent par tête.

Les ascendans succèdent, à l'exclusion de tous autres, aux choses par eux données à leurs enfans ou descendans décédés sans postérité, lorsque les objets donnés se trouvent en nature dans la succession. Si les objets ont été aliénés, les ascendans recueillent le prix qui peut en être dû : ils succèdent aussi à l'action en reprise que pouvait avoir le donataire.

Lorsque les père et mère d'une personne décédée sans postérité lui ont survécu, si elle a laissé des frères, sœurs, ou descendans d'eux, la succession se divise en deux portions égales, dont la moitié seulement est déférée au père et à la mère, qui la partagent entr'eux également. L'autre moitié appartient aux frères, sœurs ou descendans d'eux.

Dans le cas où la personne décédée sans postérité laisse des frères, sœurs, ou des descendans d'eux, si le père ou si la mère est prédécédée, la portion qui lui aurait été dévolue se réunit à la moitié déférée aux frères, sœurs ou à leurs représentans.

La succession de l'enfant naturel, décédé sans postérité, et sans frère ni sœur, soit légitimes, soit naturels, ni descendans d'eux, est dévolue tout entière au père ou à la mère qui l'aura reconnu, ou par moitié à tous les deux, s'il a été reconnu par l'un et par l'autre ( c. c., 612 et suiv., et m. c. c., 616 ).

## § VI.

### *Des Successions collatérales.*

En cas de prédécès des père et mère d'une personne décédée sans postérité, ses frères, sœurs, ou leurs descendans, sont appelés à la succession, à l'exclusion des ascendans et des autres collatéraux. Ils succèdent, ou de leur chef, ou par représentation, ainsi qu'il est réglé ci-dessus.

Si les père et mère de la personne décédée sans postérité lui ont survécu, ses frères, sœurs, ou leurs représentans ne sont appelés qu'à la moitié de la succession. Si le père ou la mère seulement a survécu, ils sont appelés à recueillir les trois quarts.

Le partage de la moitié ou des trois quarts dévolus aux frères et sœurs, s'opère entr'eux par égales portions, s'ils sont tous du même lit; s'ils sont de lits différens, la division se fait par moitié entre les deux lignes paternelle et maternelle du défunt ; les germains prennent part dans les deux lignes, et les utérins et consanguins, chacun dans leur ligne seulement : s'il n'y a de frères ou sœurs que d'un côté, ils succèdent à la totalité, à l'exclusion de tous autres parens de l'autre ligne.

A défaut de frères ou de sœurs ou de descendans d'eux , et à défaut d'ascendans dans l'une ou l'autre ligne , la succession est déférée pour moitié aux ascendans survivans , et pour l'autre moitié , aux parens les plus proches de l'autre ligne. S'il y a concours de parens collatéraux au même degré , ils partagent par tête. Dans ce cas, le père ou la mère survivant , a l'usufruit du tiers des biens auxquels il ne succèdent pas en propriété.

Les parens au-delà du sixième degré ne succèdent pas.

A défaut de parens au degré successible dans une ligne, les parens de l'autre ligne succèdent pour le tout.

Dans toute succession collatérale , s'il y a concours d'héritiers légitimes et d'héritiers naturels de la même ligne, le partage s'opérera entr'eux en observant la proportion établie en l'article 608 de la loi portant modifications au code civil. L'enfant naturel hérite de ses collatéraux des deux lignes , lorsqu'il a été légalement reconnu par son père et par sa mère ; s'il n'a été reconnu que par l'un des deux , il n'hérite que des collatéraux appartenant à la ligne de celui de ses père ou mère qui l'a reconnu ( c. c. , 618 et suiv. , et m. c. c. , 624 ).

## § VII.

### *Dé l'Action en partage et de la Vente du Mobilier.*

Tous ceux qui ont droit d'assister à l'inventaire peuvent provoquer la convocation du conseil de famille pour procéder au partage. Les créanciers personnels d'un cohéritier peuvent aussi provoquer le partage ou y intervenir pour la conservation de leurs droits ( c. c. , 712 et 1972 ).

L'action en partage, à l'égard des cohéritiers mineurs non émancipés , ou interdits , est exercée par leurs tuteurs. A l'égard des cohéritiers absens, l'action appartient aux parens envoyés en possession.

Le mari peut, sans le concours de sa femme, provoquer

le partage des objets, meubles ou immembles à elle échus, qui tombent dans la communauté : à l'égard des objets qui ne tombent pas en communauté, le mari ne peut en provoquer le partage, sans le concours de sa femme ; il peut seulement, s'il a le droit de jouir de ces biens, demander un partage provisionnel. Les cohéritiers de la femme ne peuvent provoquer le partage définitif, qu'en mettant en cause le mari et la femme.

Aux termes de l'article 685 du code civil, chacun des cohéritiers peut demander sa part en nature des meubles et immeubles de la succession ; néanmoins, s'il y a des créanciers saisissans ou opposans, ou si la majorité des cohéritiers juge la vente nécessaire pour l'acquit des dettes et charges de la succession, les meubles sont vendus publiquement, en la forme déterminée par les lois sur la procédure.

Pour procéder à cette vente, l'une des parties intéressées, tel que le conjoint survivant, s'il était en communauté ; les héritiers présomptifs ; l'*exécuteur testamentaire* ; les donataires et les légataires universels, ou à titre universel, présente requête au doyen du tribunal civil du ressort duquel la succession est ouverte ; au bas de cette requête, ce magistrat met son ordonnance qui permet la vente.

Le poursuivant fait sommation à toutes les parties qui avaient droit d'assister à l'inventaire, lesquelles sont ci-dessus énoncées, et un officier public procède à cette vente dans les formes prescrites pour la saisie-exécution. Il faut donc observer un délai de huitaine entre la sommation et le jour de la vente ; et si, par un motif quelconque, la vente est renvoyée à un autre jour, il faut appeler de nouveau les parties intéressées, en observant le délai d'un jour.

La vente doit se faire dans les lieux où sont les effets, s'il n'en est autrement ordonné ; et dans le cas qu'il s'élève quelque difficulté, il en est référé au doyen.

S'il y a des parties qui ne se présentent pas, la vente doit être faite même en leur absence, sans qu'il soit besoin d'appeler qui que ce soit pour les représenter ; seulement le procès-verbal fera mention de la présence ou de l'absence du requérant.

Si toutes les parties sont majeures, présentes et d'accord, et qu'il n'y ait aucun tiers intéressé, elles ne seront obligées à aucune de ces formalités ( argum. des art. 833 et suivans du code de procédure ).

N.° 114.                    REQUÊTE
POUR DEMANDER LA PERMISSION DE VENDRE.

*A Monsieur le doyen du tribunal civil d.....*

Le citoyen A., etc., a l'honneur de vous exposer qu'il est important de faire procéder à la vente des meubles dépendant de la succession D., etc., lesquels sont dûment inventoriés.

En conséquence, il vous plaira, monsieur le doyen, autoriser l'exposant à faire procéder à cette vente, conformément aux dispositions de l'article 833 et suivans du code de procédure ; et vous ferez justice.

*Quant à la forme de la sommation et du procès-verbal de vente, observez ce qui est dit page 150 et suivant.*

## § VIII.

### *Du Partage de la Communauté.*

Si les biens de la succession à partager sont confondus avec ceux d'une communauté, le conseil de famille doit procéder préalablement au partage de la communauté, afin de réunir le lot échu à la succession, aux biens qui lui sont propres, pour former la masse.

S'il y a des immeubles impartageables, l'assemblée déléguera un ou plusieurs de ses membres pour faire procéder à la licitation, et établira toutes les conditions qu'il jugera convenables ; ces conditions formeront le cahier des charges, un extrait de la délibération sera déposé en l'étude du notaire commis pour recevoir les enchères, et les membres délégués dresseront les annonces comme il est dit page 194.

Les formalités du partage de la communauté étant les mêmes que celles prescrites pour le partage de la succession, on suivra ce qui sera expliqué ci-après ; mais il faut observer que dans la formation de la masse de la communauté légale, l'actif se compose 1.º de tout le mobilier que les époux possédaient au jour de la célébration du mariage, ensemble de tout le mobilier par eux acquis à titre onéreux pendant le mariage, ou qui leur échet durant son cours, à titre de succession, ou même de donation, soit entre-vifs, soit testamentaire, si le donateur n'a exprimé le contraire. Néanmoins les rentes actives qui sont le prix d'immeubles personnels de l'un ou de l'autre des époux, les arrérages de ces rentes, les fruits et revenus perçus durant la communauté, et provenant des immeubles personnels des époux, sont exclus de la communauté. Mais à la dissolution de la communauté, tous les fruits et revenus de cette nature qui n'ont pas été consommés ou qui sont dus, font partie de l'actif. 2.º De tous les immeubles qui sont acquis pendant le mariage, par les époux, ensemble ou séparément, soit avec le produit de leur industrie et de leurs économies respectives, soit avec les fonds de la communauté ; sauf le cas de remploi prévu en l'article 1218 m. c. c. (1).

Le passif se compose 1.º de toutes les dettes mobilières dont les époux étaient grevés au jour de la *célébration de leur mariage*, ou dont se trouvent chargées les successions

---

(1) Si l'un des époux a vendu un ou plusieurs immeubles qui lui étaient personnels, et qu'ils viennent ensuite à en acquérir d'autres, les immeubles acquis lui tiendront lieu de remploi, jusqu'à concurrence des prix respectifs ; mais l'autre époux ou ses héritiers auront le droit, lors du partage de la communauté, d'y faire comprendre lesdits immeubles, en tenant compte au premier ou à ses héritiers, de la moitié du prix des immeubles par lui vendus.

qui leur échéent durant le mariage. Néanmoins les dettes relatives aux immeubles qui n'entrent point en communauté, et les rentes passives qui sont le prix d'immeubles personnels de l'un ou de l'autre des époux, ainsi que les arrérages de ces rentes, ne font point partie du passif de la communauté.

2.º Des dettes, tant en capitaux, qu'arrérages ou intérêts, contractées par le mari pendant la communauté, ou par la femme, du consentement du mari, sauf récompense dans le cas où elle a lieu.

3.º Des alimens des époux, de l'entretien et de l'éducation des enfans, et de toutes autres charges du mariage.

La communauté n'est tenue des dettes mobilières contractées avant le mariage par la femme, qu'autant qu'elles résultent d'un acte authentique antérieur au mariage, ou ayant reçu avant la même époque, une date certaine, soit par l'enregistrement, soit par le décès d'un ou de plusieurs signataires dudit acte.

Le mari qui prétendrait avoir payé, pour sa femme, une dette mobilière n'ayant pas de date certaine avant le mariage, n'en peut demander la récompense, ni à la femme, ni à ses héritiers.

Les dettes dont est grevée une succession en partie mobilière et en partie immobilière, échue à l'un des époux, ne sont à la charge de la communauté que jusqu'à concurrence de la portion contributoire du mobilier dans les dettes, eu égard à la valeur de ce mobilier comparée à celle des immeubles. Cette portion contributoire se règle d'après l'inventaire, auquel le mari doit faire procéder, soit seul, si la succession le concerne personnellement ; soit conjointement avec la femme, s'il s'agit d'une succession à elle échue.

L'un des époux ne peut faire de donation testamentaire qui excède sa part dans la communauté. S'il a donné en cette forme un effet de la communauté, le donataire ne peut le réclamer en nature, qu'autant que l'effet, par l'événement du partage, tombe au lot des héritiers du testateur. En cas

contraire, le légataire a la récompense de la valeur de l'effet
donné, sur la part des héritiers du testateur dans la communauté et sur les biens personnels de ce dernier.

Les condamnations prononcées contre l'un des époux pour
crime emportant perte des droits civils, ne frappent que
ses biens personnels et sa part dans la communauté. Toutes
autres condamnations doivent s'exécuter d'abord sur les biens
personnels, et à défaut, sur les biens de la communauté,
sauf la récompense.

Sur la masse des biens, chaque époux ou son héritier
prélève : 1.º ceux de ses biens qui ne sont point entrés
en communauté, s'ils existent en nature, ou les biens qui
lui tiennent lieu de remploi ; 2.º les linges, hardes et
bijoux à son usage personnel, sauf la récompense due, pour la
moitié de la valeur desdits bijoux seulement, à l'autre époux
ou ses héritiers ; 3.º les indemnités qui lui sont dues par la
communauté.

Lorsque le mariage se dissout par le décès de l'un des
époux, le survivant prélève, en outre, les meubles meublans,
le linge de table et de lit, et les autres effets servant à
l'usage du ménage, à l'exception de l'argenterie ( m. c. c.,
1187 et suiv. ).

Après le paiement des dettes de la communauté, lorsque la
masse du partage, et les rapports et prélèvement à faire auront
été établis, l'assemblée procédera au partage du reste des
biens. S'il s'agit d'une communauté légale, elle formera deux
lots ; s'il s'agit d'une communauté conventionnelle et que la
part revenant à l'époux survivant doive être, d'après le contrat
de mariage, plus forte ou plus faible que celle revenant à
la succession du prémourant, elle se conformera à cette sti-
pulation du contrat, en subdivisant la masse en autant de
parties égales qu'il sera nécessaire : c'est-à-dire si l'une des
parts doit être d'un quart ou d'un tiers ; elle composera, dans
le premier cas quatre lots, ou trois lots dans le dernier cas :
ensuite elle tirera au sort.

## § IX.

### *De la Forme du Partage.*

Pour procéder au partage, l'époux survivant ; les héritiers majeurs ; les mineurs émancipés, assistés de leurs curateurs ; les tuteurs des mineurs non émancipés ; et les tuteurs des interdits se réuniront en assemblée de famille, sous la présidence du juge de paix.

La première opération de l'assemblée est de régler les droits des parties, de nommer un tuteur particulier et spécial à chacun des mineurs qui ont des intérêts opposés dans le partage, et un membre du conseil des notables ou un notaire pour représenter les cohéritiers absens ou non présens, s'il y en a.

Après ce préalable, elle estimera ou fera estimer par un ou plusieurs experts de son choix, les immeubles dépendant de la succession et ceux de la communauté, ainsi que les effets mobiliers qui n'auraient pas été inventoriés ou qui n'auraient pas été portés à leur juste valeur dans les inventaires.

Si un membre trouve insuffisante l'estimation ou la rectification faite par l'assemblée, il pourra provoquer une expertise en justice ; mais si la nouvelle évaluation est inférieure ou même égale à la première, il en supportera les frais.

Elle invitera, par un avis public affiché à la porte extérieure de la justice de paix, et inséré dans un journal, *s'il s'en imprime un dans l'arrondissement judiciaire où elle se tient,* les créanciers de la succession et ceux de la communauté, à faire enregistrer leurs titres au greffe de la justice de paix, dans un délai qu'elle fixera et qui ne pourra être moindre de trois mois ; elle les informera, par le même avis, ou par un avis ultérieur publié dans la même forme, du jour et du lieu où ils devront se présenter pour régler leurs comptes à l'amiable ( m. c. c., 697 ).

**N.° 115.**                **PREMIERE OPERATION**
### DE L'ASSEMBLÉE, POUR PARVENIR AU PARTAGE.

L'assemblée de famille d..... étant réunie à ..... etc., le citoyen F. a exposé que la défunte B. lui a légué un 5e. de ses biens par son testament reçu le ....., par Me. S., notaire, etc., et attendu que nul ne peut être contraint à demeurer dans l'indivision, il requiert qu'il soit procédé au partage de la communauté qui a existé entre ladite dame B. et le citoyen A., pour être la part revenant à la défunte, réunie à l'actif de la succession et le tout partagé, afin qu'il lui soit fait délivrance de son legs.

L'assemblée, après avoir délibéré, a reconnu que la dame B. avait épousé le citoyen A., par acte devant R., officier de l'état civil d...... ; que par son testament en date du ....., reçu par Me. S., notaire à ....., elle a légué au citoyen F. un 5e. de ses biens, etc. ; qu'étant décédée le ....., sa succession est échue aux mineurs C. et D., ses enfans légitimes, et à E., aussi mineur, son fils naturel, lesquels ont pour tuteur le citoyen A. ;

Fésant droit à la demande du citoyen F., l'assemblée arrête 1.° qu'il sera procédé au partage des biens de ladite communauté et de ceux de ladite succession, pour qu'il soit fait délivrance au demandeur d'un 5e. des biens de cette succession en paiement de son legs.

2.° Que le citoyen G., subrogé-tuteur desdits mineurs, remplacera le citoyen A. dans les opérations du partage de la communauté seulement, attendu que les intérêts du tuteur seront en opposition avec ceux desdits mineurs.

3.° Que dans le partage de la succession, le citoyen A. reprendra ses fonctions de tuteur et agira pour le mineur C. ; que le citoyen G. continuera d'agir pour le mineur D., et que E. aura pour tuteur particulier et spécial, le citoyen H., notaire, demeurant à ....., élu à cet effet.

*S'il y a un absent, ajoutez :* 4.° que le citoyen J., membre du conseil des notables, sera appelé pour représenter le citoyen ....., héritier absent, tant dans le partage de la communauté que dans le partage de la succession.

5.° Que les immeubles de la succession, et ceux de la communauté, seront estimés par les citoyens K., L. et M., nommés experts.

6.° Que les créanciers de la communauté des époux A. et ceux de la succession de la dame B., sont invités à faire enregistrer leurs titres au greffe de la justice de paix dans le délai de trois mois de cette date, et de se présenter le....., à ..... heure, devant l'assemblée ( en tel lieu) pour régler leurs comptes à l'amiable; passé lequel délai, ils supporteront les conséquences du 8e. alinéa de l'article 697 de la loi portant modifications au code civil.

7.° Qu'à la diligence du citoyen A., un extrait du présent procès-verbal contenant le n.° 3, sera signifié au citoyen H., élu tuteur particulier des mineurs E., avec sommation de prêter serment entre les mains du juge de paix, de bien remplir sa charge. Un autre extrait contenant le n.° 4, sera signifié au citoyen J., membre du conseil des notables, avec sommation de venir prendre séance à l'assemblée le ....., à ..... heure (tel lieu), pour réprésenter le citoyen ..... Un autre extrait contenant le n.° 5, sera signifié aux citoyens K., L. et M., avec sommation de prêter serment devant le juge de paix, de bien et fidèlement procéder à l'estimation des biens desdites communauté et succession. Un autre extrait contenant le n.° 6, sera affiché à la porte extérieure du tribunal de paix, et inséré dans *tel journal*.

8.° Que le citoyen A. présentera à l'assemblée le compte de gestion et de l'administration de la communauté, à la prochaine séance. Et que le citoyen ..... présentera aussi le compte de gestion et de l'administration qu'il a eues des biens de la succession.

L'assemblée continue la séance à *tel jour, telle heure*, les membres se tiennent pour convoqués, etc.

*Le greffier délivre au membre délégué les extraits nécessaires qu'il rédige en ces termes :*

Extrait du procès-verbal de la séance du ....., tenue par l'assemblée de famille de la succession de la dame B., épouse décédée du citoyen A.

« ............................................................................ »

Pour extrait conforme,

( *Signature du greffier.* )

Le membre délégué fait faire les notifications et l'insertion, appose l'affiche et fait certifier l'original de l'affiche par le juge de paix, puis il remet au greffier les originaux et un exemplaire de la feuille contenant l'insertion pour être joints au dossier.

Le greffier enregistrera tous les titres, au fur et à mesure de leur présentation, en mentionnant seulement *les noms du créancier et sa désignation précise, le montant de la créance, sa date et l'époque de son exigibilité, enfin la date de sa présentation au greffe ;* et il remettra à chaque créancier son titre après l'avoir visé.

Le créancier qui ne se conformera pas à ce qui est prescrit ci-dessus, n'aura aucun recours contre la succession ni contre la communauté, mais seulement, et après le partage consommé, contre les copartageans individuellement, et il supportera les frais que nécessiteront le réglement et le recouvrement de sa créance.

Tout créancier qui ne serait pas satisfait du réglement amiable à lui proposé par l'assemblée de famille, pourra poursuivre en justice le réglement de ses droits, et si les termes de ce dernier réglement ne lui sont pas plus favorables que ceux du premier, il en supportera les frais.

Dans tous les cas de recours en justice, les exploits d'ajournement seront signifiés, à la justice de paix, à l'assemblée de famille, qui pourra déléguer un ou quelques-uns de ses membres pour répondre à l'action intentée et présenter ses moyens de défense.

L'assemblée indiquera les biens qui, à défaut de deniers, seront affectés au paiement des dettes ; et si les créanciers y consentent, elle leur fera l'abandon desdits biens, sur le pied de l'inventaire ou au taux de l'estimation.

Si plusieurs créanciers prétendent à l'acquisition du même objet, il sera vendu à celui d'entr'eux qui en donnera le plus haut prix au-dessus de l'évaluation dont il est parlé ci-dessus.

Si un créancier refuse d'accepter l'objet à lui offert en paiement, cet objet sera vendu aux enchères, si c'est un immeuble ; ou dans la forme que déterminera l'assemblée, si c'est un effet mobilier. ( m. c. c., 697 ).

Les experts, après avoir prêté serment devant le juge de paix, procèdent à l'estimation des biens, dressent leur rapport et le remet au greffe, sur simple récépissé du greffier.

A la seconde séance, l'assemblée examine le rapport des experts ; s'il y a lieu, elle en rectifie l'estimation, et celle des effets portés sur les inventaires ; elle établit enfin l'actif de la communauté.

### N.° 116.  DEUXIÈME OPÉRATION
#### DE L'ASSEMBLÉE.

L'assemblée étant réunie par suite de l'ajournement pris le ....., et après avoir examiné les comptes de gestion de la communauté et de la succession ....., les inventaires dressés le ....., et le rapport des experts K., L. et M. ;

Arrête le reliquat du compte de la communauté à la somme de 400 gourdes, celui de la succession à celle de 100 : les immeubles de la succession sont estimés à 200 gourdes, et ceux de la communauté à 300 gourdes, etc.

A la troisième séance, l'assemblée arrête le compte des créanciers, en règle le mode de paiement ; établit le passif de la communauté et celui de la succession ; ordonne la vente ou la licitation des immeubles, s'il y a lieu.

### N°. 117.  TROISIÈME OPERATION.

L'assemblée arrête le passif de la communauté à la somme de ....., et celui de la succession à celle de ....., etc.

Et attendu que *tels immeubles* ne peuvent être commodément partagés en nature, délègue les citoyens A. et B. pour procéder à la licitation desdits immeubles, pardevant Me. T., notaire à ....., commis à cet effet. ( *Suivez le modèle n.° 101, page 191, et toutes les formalités prescrites pour la vente des immeubles* ).

Après que les meubles et les immeubles ont été estimés et vendus, s'il y a lieu, le conseil procède aux comptes que les copartageans peuvent se devoir, à la formation de la masse générale , à la composition des lots , et aux fournissemens à faire à chacun des copartageans.

Chaque copartageant fait rapport à la masse des sommes dont il est débiteur, sinon les copartageans à qui il est dû prélèvent une somme ou portion égale sur la masse, selon leurs droits.

Lorsque l'assemblée a établi les comptes, les rapports, la masse à partager et les prélèvemens , en sorte que l'actif net est déterminé et les droits des parties ramenés à une parfaite égalité, elle procède à la composition des lots et les tire au sort.

Dans la formation et composition des lots, on doit éviter , autant que possible , de morceler les héritages et de diviser les exploitations ; et il convient de faire entrer dans chaque lot , s'il se peut , la même quantité de meubles , d'immeubles , de droits ou de créances de même nature et valeur. L'inégalité des lots en nature se compense par un retour , soit en rentes hypothéquées sur des immeubles , soit en argent ( c. c. , 690 et suiv. ).

Si une portion de l'immeuble à partager se trouve elle-même impartageable, et que cependant elle doive être , après la division de l'immeuble , nécessaire à l'exploitation ou à l'usage de chacune ou de plusieurs de ses parties , comme des *usines* , une *source* , une *cuisine* , une *barrière* , etc. ; cette portion restera indivise entre tous ceux à qui elle est utile , et la licitation n'en pourra être faite que de leur consentement unanime ( m. c. c. , 686 ).

N°. 118.          TROISIEME OPERATION.

L'assemblée, etc., après les prélèvemens , etc. , a fixé le net produit de la masse à partager ainsi qu'il suit :

En meubles et autres effets mobiliers décrits sur l'inventaire . . . . . . . . . . . . . . . . . . . . . . . . . . . . . . . 640 g.
En 12 créances formant ensemble la somme de. . . 882
En deniers comptant. . . . . . . . . . . . . . . . . . . . . . 500
Et en 5 immeubles estimés à la somme de. . . . . . 4500

Total . . . . . . 6522 g.

Et attendu que la part de l'époux survivant est d'un tiers de cette somme, et que la part revenant à la succession B. est de deux tiers, aux termes du contrat de mariage des époux, il s'agit de composer trois lots dont chacun sera de la valeur de 2174 gourdes. En conséquence, le conseil a formé chaque lot des valeurs et objets suivans :

### PREMIER LOT.

| | |
|---|---:|
| Meubles *( désignez chaque pièce et son prix )*, formant la somme de............ | 316 g. |
| Créances *( désignez chacune et sa valeur )*, formant la somme de............ | 491 |
| Espèces............ | 250 |
| Soulte à recevoir du second lot............ | 117 |
| Immeubles, deux *(désignez chacun et sa valeur)*, formant la somme de............ | 1000 |
| Total..... | 2174 g. |

### DEUXIÈME LOT.

| | |
|---|---:|
| Une maison, sise à....., etc. *(désignez)*, évaluée à.. | 2300 g. |
| Ce lot paiera au 1er. une soulte de..... 117 g. ⎫ et au 3e.      item........ 9 ⎭ | 126 |
| | 2174 g. |

### TROISIÈME LOT.

| | |
|---|---:|
| Meubles *( désignez comme au premier lot )*......... | 324 g. |
| Créance,      item.      item............ | 391 |
| Espèces,      item.      item............ | 250 |
| Soulte à recevoir du second lot............ | 9 |
| Immeubles, deux *( désignez )*............ | 1200 |
| Total..... | 2174 g. |

Pour faire homologuer le présent procès-verbal conformément à l'article 871 du code de procédure, l'assemblée délègue le citoyen....., etc.

Après l'homologation , l'assemblée tire les lots au sort et

remet à chaque copartageant les objets compris dans le lot qui lui est échu.

## N.° 119.          QUATRIÈME OPERATION.

Vu le jugement du tribunal civil d....., en date du ....., homologatif du procès-verbal de la séance du .....;

Le greffier a formé trois billets sur lesquels il a écrit *premier lot*, *deuxième lot*, *troisième lot*. Ensuite il a formé trois autres billets, l'un portant le nom du sieur A. et les deux autres *succession B*. Les trois premiers billets ont été paraphés par le préside t de l'assemblée, roulés et déposés dans un vase placé à 'une des extrémités du bureau, et les trois autres, après avoir été paraphés et roulés comme les premiers, ont été aussi déposés dans un autre vase placé à l'autre extrémité du bureau.

Ce fait, le conseil a fait venir deux enfans nommés L. et M., lesquels ont tiré successivement un billet de chacun des vases; ouverture fait d'iceux, il s'est trouvé un billet portant *succession B.*, et un autre, *troisième lot*. A la seconde opération faite de la même manière, il s'est trouvé un billet portant le nom du citoyen A., et un autre, *premier lot*. Les deux autres billets restant dans les vases ayant été vérifiés, il résulte que par l'événement de ce tirage le premier lot est échu au citoyen A., et les deux autres à la succession B.

En conséquence, le conseil déclare que les objets du premier lot, désignés au procès-verbal de la séance du ...... ( n.° 118), appartiennent au citoyen A., et que ceux du deuxième et du 3e. lots, désignés audit procès-verbal, appartiennent à la succession B., pour, par chacun d'eux, en jouir, faire et disposer en toute propriété et jouissance, aux termes du présent partage; à l'effet de quoi, délivrance en est faite à chacun.

Les deux lots échus à la succession B. ayant été réunis aux autres biens, l'assemblée a fixé le net produit de la masse de cette succession ainsi qu'il suit : *( suivez le n.° 118 )*.

Formez 5 lots de la masse de la succession, tirez au sort et faites la délivrance d'un lot au légataire à titre universel.

Réunissez ensuite les 4 lots échus aux héritiers, formez cinq lots et tirez deux pour chaque enfant légitime et un pour l'enfant naturel.

Si les formalités ci-dessus ne sont point observées, le partage ne sera que provisionnel ( m. c. c. , 698 ).

# TITRE II.

## Des Scellés.

### CHAPITRE I.er

#### De l'Apposition des Scellés.

L'apposition des scellés est un acte conservatoire par lequel le juge de paix met sous la main de la justice les effets de quelqu'un , pour en empêcher la soustraction au préjudice des tiers.

Le juge de paix appose les scellés 1.º en matière de divorce , 2.º en matière de faillite , et 3.º après le décès d'une personne.

En matière de divorce , les scellés sont apposés sur les effets de la communauté , à la requête de la femme commune ( c. c. , 258 ).

En matière de faillite , ils sont apposés sur les magasins , comptoirs , caisses , porte-feuilles , livres , registres , papiers , meubles et effets du failli ; non-seulement dans le principal établissement de la société , mais encore dans le domicile séparé de chacun des *associés solidaires* , en cas de faillite d'une *société collective* (1). Ils sont apposés par ordonnance du tribunal de commerce , ou d'office par le juge de paix , sur la notoriété acquise. Dans tous les cas , le juge de paix adressera , sans délai , au tribunal de commerce , le procès-verbal de l'apposition des scellés ( c. com. , 446 et suiv. ).

––––––––––

(1) C'est la société contractée par plusieurs personnes , pour faire le commerce sous une raison sociale , qui porte le nom de tous les associés ( c. com. , 20 ).

Après le décès d'une personne, les scellés sont apposés sur les effets de la succession ou de la communauté, à la réquisition 1.º de tous ceux qui prétendent droit *dans* la succession ou *dans* la communauté ; 2.º de tous les créanciers fondés en titre exécutoire, ou autorisés par une permission, soit du doyen du tribunal civil, soit du juge de paix de la commune où le scellé doit être apposé ; 3.º des personnes qui demeuraient avec le défunt, de ses serviteurs et domestiques, en cas d'absence, soit du conjoint, soit des héritiers ou de l'un d'eux ; 4.º d'un parent du mineur qui n'a point de tuteur ou dont le tuteur est absent ( c. pr., 798 et suiv. ).

Le scellé doit être apposé, soit à la diligence du ministère public, soit sur la déclaration d'un membre du conseil des notables, et même d'office par le juge de paix, dans les trois cas suivans : 1.º s'il y a des héritiers mineurs ou interdits sans tuteurs, et que le scellé ne soit pas requis par un parent ; 2.º si le conjoint, les héritiers ou l'un d'eux est absent ; ( lorsque tous les héritiers sont présens, majeurs ou émancipés, l'apposition des scellés n'est pas nécessaire ) ; 3.º si le défunt était dépositaire public, auquel cas le scellé ne sera apposé que pour raison de ce dépôt et sur les objets qui le composent.

Pour procéder à l'apposition des scellés, le juge de paix ou son suppléant se transporte sur les lieux, avec le greffier ; il ferme les meubles et les portes des chambres, et dépose les clefs entre les mains du greffier ; il applique justement au travers de l'entrée des serrures pour les couvrir, une bande de papier paraphée par lui et par le greffier, attachée aux deux extrémités avec de la cire d'Espagne ; chaque bout est scellé d'un sceau spécialement destiné aux scellés, qui reste entre les mains du juge de paix, et dont l'empreinte est déposée au greffe du tribunal civil. Il faut que l'empreinte du sceau porte moitié sur le papier et moitié sur l'objet, afin qu'on ne puisse l'ouvrir sans rompre le cachet ou déchirer le papier.

Le juge de paix doit laisser libres les effets nécessaires à l'usage journalier des personnes qui habitent la maison. Il doit aussi laisser en évidence les objets dont le volume est trop considérable pour être mis sous scellés , en ayant le soin d'en faire la description au procès-verbal. Enfin il doit., pour ne point gêner les personnes de la maison., faire renfermer dans une chambre ou dans un cabinet., s'il est possible., tous les objets qui doivent être mis en sûreté., et apposer les scellés à la porte.

Après avoir terminé., le juge doit interroger toutes les personnes qui demeurent dans la maison., tels que parens , serviteurs et domestiques., etc.., et recevoir leur déclaration sous serment., s'ils ont détourné quelque chose , s'ils ont vu ou su qu'il en ait été détourné , soit directement soit indirectement.

L'exemple du vol et du détournement d'effets., qui se commettent à l'ouverture des successions , doit rappeler au juge de paix toute l'importance de cette formalité. En effet., dès qu'un homme meurt., ses biens sont en proie à l'avidité et livrés au pillage.; on ne voit ordinairement figurer sur l'inventaire que des guenilles., rarement quelques pièces d'argenterie., et presque jamais des valeurs en espèces. Des étrangers., des héritiers mêmes., ne répugnent pas de commettre ces actions infâmes., et souvent au préjudice des orphelins dont le bas-âge réclame toute la sollicitude de la justice.

La société gémit en voyant qu'une action si immorale., si criminelle devient aujourd'hui un usage toléré , à tel point qu'on ne craint pas de la commettre publiquement., étant assuré de l'impunité.; cependant cette révoltante impunité est un outrage à la loi.

Le fait n'est pas moins criminel aux yeux de la morale qu'aux yeux de la loi, quelle que soit d'ailleurs la position de l'auteur envers la succession : en est-il le seul intéressé , on dira qu'il est insensé ou fou, non, il est aveuglé par une insatiable cupidité.; n'y est-il que cointéressé , le fait est caractérisé suivant ses rapports avec les autres parties.; y est-il étranger , le fait est qualifié vol ; en vain chercherait-il une excuse en justifiant qu'il a agi du consentement d'une partie intéressée , il peut encourir des peines corporelles, lorsque celle-ci ne serait passible que des réparations civiles.

Toutes ces circonstances sont prévues par les articles 651 du code civil, 590 du code de commerce et 325 du code pénal (1).

Tous les effets doivent être placés sous la responsabilité d'un gardien présenté par les parties intéressées, si ce gardien offre assez de garanties ; en cas contraire, le juge en établit un d'office.

Le greffier dresse sur-le-champ un procès-verbal constatant toutes ces opérations. Ce procès-verbal doit contenir, aux termes de l'article 803 du code de procédure : 1.° la date de l'an, du mois, du jour et l'heure ; 2.° les motifs de l'apposition ; 3.° les noms, profession et demeure du requérant, s'il y en a, et son élection de domicile dans la commune où le scellé est apposé, s'il n'y demeure pas ; 4.° s'il n'y a pas de partie requérante, le procès-verbal doit énoncer

-----

(1) Art. 651. *Les héritiers* qui auraient *diverti ou recélé* des effets d'une succession, sont déchus de la faculté d'y renoncer : ils demeurent héritiers purs et simples, nonobstant leur renonciation, sans pouvoir prétendre à aucune part dans les objets divertis ou recélés.

590. Seront déclarés complices des banqueroutiers frauduleux, et seront condamnés aux mêmes peines que l'accusé, les individus qui seront convaincus de s'être entendus avec le banqueroutier pour receler ou soustraire tout ou partie de ses biens meubles etc. — Le complice sera condamné, en outre, à la restitution, à des dommages-intérêts égaux à la somme qu'il a tenté de frauder. Le jugement sera affiché et inséré dans un journal.

325. Les soustractions commises par des maris au préjudice de leurs femmes ; par un veuf ou une veuve, quant aux choses qui avaient appartenu à l'époux décédé ; par des enfans ou autres descendans, au préjudice de leurs pères ou mères ou autres ascendans ; par des pères et mères ou autres ascendans, au préjudice de leurs enfans ou autres descendans ; ou par les alliés aux mêmes degrés ; ne pourront donner lieu qu'à des réparations civiles. — A l'égard de tous autres individus qui auraient recélé ou appliqué à leur profit tout ou partie des objets volés ; ils seront punis comme coupables de vol.

que le scellé a été apposé d'office ou sur la réquisition ou la déclaration d'un fonctionnaire ; 5.º l'ordonnance qui permet le scellé, s'il en a été rendu ; 6.º les comparutions et dires des parties ; 7.º la désignation des lieux, bureaux, coffres, armoires, sur les ouvertures desquels le scellé a été apposé ; 8.º une description sommaire des effets qui ne sont pas mis sous les scellés ; 9.º le serment, lors de la clôture de l'apposition, par ceux qui demeurent dans le lieu, qu'ils n'ont rien détourné, vu ni su qu'il ait été rien détourné directement ni indirectement ; 10.º l'établissement du gardien présenté, s'il a les qualités requises ; sauf, s'il ne les a pas, ou s'il n'en est pas présenté, à en établir un d'office par le juge de paix.

Les clefs des serrures sur lesquelles le scellé est apposé, resteront, jusqu'à la levée, entre les mains du greffier, lequel fera mention sur le procès-verbal, de la remise qui lui en aura été faite (804).

Ce même article fait défense au juge de paix et au greffier d'aller, jusqu'à la levée, dans la maison, à peine d'interdiction, à moins qu'ils n'en soient requis, ou que leur transport n'ait été précédé d'une ordonnance motivée.

Sur la réquisition de toute partie intéressée, le juge de paix fera, avant l'apposition du scellé, la perquisition du testament dont l'existence sera annoncée. S'il est trouvé des papiers ouverts, le juge les fera enfermer dans une armoire ou autre meuble fermant, et y apposera le scellé ; si le testament est trouvé ouvert, le juge en constatera l'état sur le procès-verbal et observera les formalités suivantes.

Si ce testament et d'autres papiers sont trouvés cachetés, le juge en constatera la forme extérieure, le sceau et la suscription, s'il y en a ; il paraphera l'enveloppe avec les parties présentes, si elles le savent ou le peuvent ; il indiquera le jour et l'heure où les paquets seront par lui présentés au doyen du tribunal civil, si la commune est le siége d'un tribunal civil, ou seront par lui ouverts, si elle ne l'est pas ;

il fera mention du tout sur son procès-verbal, lequel sera signé des parties, sinon mention sera faite de leur refus.

Aux jour et heure indiqués, sans qu'il soit besoin d'aucune assignation, les parties ayant été averties par le procès-verbal d'apposition, le juge de paix se transportera devant le doyen, s'il y a lieu, sinon il appellera le membre du conseil des notables, qui se trouvera de service : le doyen ou le juge de paix fera l'ouverture des paquets, en présence des parties intéressées qui se présenteront, il en constatera l'état, et en ordonnera le dépôt chez un notaire, si le contenu concerne la succession.

Si les paquets paraissent, par leur suscription, ou par quelqu'autre preuve écrite, appartenir à des tiers, le magistrat ordonnera que ces tiers soient appelés pour assister à l'ouverture, dans un délai qu'il fixera : au jour indiqué, il procédera tant en absence qu'en présence : et si les paquets sont étrangers à la succession, il en fera remise aux propriétaires, sans en faire connaître le contenu ; et si les propriétaires sont absens, il les cachetera de nouveau, pour leur être remis à la première réquisition ( art. 805 et suiv. ).

Lorsque le juge de paix est requis pour apposer les scellés, s'il arrive que les personnes qui sont dans la maison, soutiennent que le requérant est sans droit pour provoquer les scellés, ou s'il s'élève quelqu'autre difficulté, soit avant, soit pendant l'opération ; ce magistrat, au lieu d'aller plus avant, doit ordonner qu'il en soit référé au doyen du tribunal civil, mais en attendant, il doit établir garnison extérieure et même intérieure, si le cas y échet ; et en référer sur-le-champ, à peine de dommages-intérêts. Cependant, s'il y a péril dans le retard, comme si le juge est hors du siége du tribunal civil, il pourra statuer par provision, sauf à en référer ensuite au doyen.

Dans tous les cas de référé, l'ordonnance du doyen est portée sur le procès-verbal et le tout reste entre les mains du greffier.

Lorsque l'inventaire est parachevé, les scellés ne peuvent être apposés qu'en vertu d'une ordonnance du doyen, si l'inventaire est attaqué ; et si l'apposition des scellés est requise pendant le cours de l'inventaire, les scellés ne seront apposés que sur les objets non inventoriés.

Le juge doit dresser un procès-verbal de carence, lorsqu'il se transporte pour apposer les scellés et qu'il ne trouve aucun effet : ce procès-verbal n'est autre chose que la constatation du transport du juge, et la non existence d'effet à mettre sous scellés.

Il n'est pas nécessaire de présenter requête au juge de paix, pour requérir l'apposition des scellés. Lors même que sur la demande d'un créancier non fondé en titre exécutoire, le transport doit être précédé d'une ordonnance portant permission, le procès-verbal est ouvert par cette ordonnance, sur la demande verbale du requérant ; il n'y a que la permission du doyen du tribunal civil qui se délivre sur requête.

S'il n'y a pas eu d'ordonnance portant permission, s'il n'y a eu qu'une simple réquisition d'un ayant droit, du ministère public, ou d'une déclaration d'un membre du conseil des notables, ou enfin si le juge de paix procède d'office, le transport se fait sans aucun acte préalable : il suffit que le procès-verbal d'apposition constate le précédent.

N.° 120.                    PERMISSION

DE FAIRE APPOSER LES SCELLÉS.

Aujourd'hui ....., heure etc., pardevant nous ....., juge de paix de la commune d ....., assisté de notre greffier,

Est comparu le citoyen A. (profession, demeure et élection de domicile, s'il est nécessaire), lequel nous a exposé que le citoyen B., etc., son débiteur d'une somme de ..... *pour telle cause*, est décédé le ....., *en tel lieu, rue, etc.* ; que pour sûreté du paiement de son dû, et comme il n'a point de titre exécutoire, il nous demande la permission de faire apposer les scellés sur tous les meubles, effets, titres et papiers de la succession. Et pour appuyer la demande, il nous a exhibé *telles pièces, etc.*

En conséquence, nous juge de paix susdit, en vertu de l'article 798 du code de procédure, permettons audit citoyen A., de faire procéder à l'apposition des scellés sur les effets de la succession du citoyen B.

Donné au greffe du tribunal de paix d ....., les jour, mois et an que dessus ; et après lecture le comparant a signé avec nous, etc.

N.° 121.

## PROCÈS-VERBAL

### D'APPOSITION DE SCELLÉS.

*Si c'est à la réquisition d'un créancier :* L'an ....., le ....., heure, etc., à la requisition du citoyen B. ( profession, demeure et élection de domicile, s'il est nécessaire ), autorisé par notre ordonnance de ce jour, *ou* par ordonnance de Mr. le doyen du tribunal civil du ....., en date du ..... ; *ou* porteur de *tel titre* expédié en forme exécutoire, pour sûreté, conservation de la somme d ..... qu'entend réclamer le requérant.

*Si c'est à la requête d'une partie :* A la réquisition du citoyen C., etc., à cause de la minorité *ou* de l'absence de *tel*, habile à se porter héritier.

*Si c'est par suite d'un réquisitoire :* En vertu d'un réquisitoire de Mr. le commissaire du gouvernement près le tribunal civil d ....., en date du ....., etc., à cause de la minorité etc.

*Si c'est sur la déclaration d'un membre du conseil des notables :* Sur la déclaration du citoyen R., membre du conseil des notables de cette commune, à cause de ..... etc.

*Si c'est d'office :* Etant informé que le citoyen ..... est décédé ce jour, et que *tel*, son présomptif héritier, est absent, ou mineur sans tuteur, etc.

Nous, S., juge de paix de la commune d ....., nous sommes transporté avec le citoyen ....., greffier, dans une maison sise à ....., rue, etc., à l'effet d'apposer nos scellés sur les effets de la succession du citoyen B., de son vivant ( telle profession ), décédé le ......

*Si c'est avant l'inhumation :* Nous avons trouvé le corps du défunt gisant sur un lit dans *telle pièce de la maison* ( désignez l'endroit ).

*Si c'est après l'inhumation. — Il faut constater l'heure de la réquisition et les causes qui ont retardé soit la réquisition, soit l'apposition.* Etant informé que le corps du défunt a été inhumé depuis le ....., nous avons demandé au citoyen ..... le motif qui l'avait porté à ne faire la réquisition d'apposition des scellés qu'aujourd'hui, à ..... heure. Sur quoi il a repondu : ..... etc. *Ou bien :* La réquisition d'apposition nous a été faite hier, à ..... heure, mais notre transport a été retardé par *tel motif*, etc.

*Toute partie peut faire consigner sur le procès-verbal tel dire ou réquisition qu'il juge convenable : comme pour requérir un référé ou une perquisition*, etc.

Au moment de commencer l'opération, est comparu le citoyen ....., lequel nous a dit qu'il est le seul et unique héritier présomptif du défunt, comme étant son parent à *tel degré ;* qu'étant majeur, il s'oppose à ce que les scelles soient apposés sur les effets de la succession. De laquelle opposition nous avons donné acte au comparant.

Le citoyen ....., aussi présent, a déclaré : .......... etc.

En conséquence, nous juge de paix, ordonnons qu'il en soit référé sur-le-champ, *ou* à telle heure, à Mr. le doyen du tribunal civil de ce ressort ; enjoignons aux parties de s'y présenter. Et en attendant la décision de ce magistrat, nous avons, pour la conservation des droits de qui il appartiendra, établi à l'extérieur *ou* dans l'intérieur de la maison etc., le citoyen ....., gardien judiciaire, pour empêcher que rien ne soit déplacé, jusqu'à ce qu'il en soit autrement ordonné ; et après lecture les parties ont signé avec nous, etc.

Etant arrivé à l'hôtel du doyen, ce magistrat, après avoir entendu notre rapport et les explications des parties, a rendu l'ordonnance suivante : ..........

*Ou bien :* Sur quoi, et attendu qu'il y a urgence, nous ordonnons que, nonobstant ladite opposition, et pour la conservation des droits de qui il appartiendra, les scellés soient apposés par provision, sauf aux parties à se pourvoir, etc.

*Si l'ordonnance est de passer outre :* En conséquence de l'ordonnance ci-dessus, nous avons procédé ainsi qu'il suit :

*Si l'ordonnance du doyen défend le scellé :* Obtempérant à l'ordonnance ci-dessus, nous nous sommes transporté de nouveau dans ladite maison, après avoir levé les gardiens, nous avons laissé les effets à la possession du citoyen ....., et nous nous sommes retiré, etc.

*S'il y a réquisition de perquisition :* Le citoyen..... nous a dit qu'il est à sa connaissance que le défunt avait fait son testament, lequel doit se trouver dans ses papiers, et nous a requis d'en faire la recherche.

Sur quoi, et en présence des citoyens....., etc., nous avons cherché dans les tiroirs d'un bureau, etc. ; *( désignez les meubles et les lieux où les perquisitions sont faites )* nous avons trouvé un paquet couvert d'une enveloppe de papier blanc, cacheté en cire rouge, scellé de *tel* sceau, etc. La suscription de ce paquet porte ces mots : « *ceci est mon testament, etc.* « après avoir paraphé l'enveloppe dudit paquet avec les citoyens....., nous avons déclaré que ledit testament restera provisoirement entre nos mains, et que le ..... à ..... heure, il sera par nous présenté au doyen du tribunal civil du ressort, à son hotel, etc. ; *ou* il sera par nous ouvert au greffe de notre tribunal ; enjoignons aux parties de s'y trouver, si bon leur semble. *S'il y a lieu d'appeler des tiers :* ordonnons que dans le délai de ..... le citoyen ..... demeurant à ..... soit sommé d'assister à l'ouverture de tel paquet, etc. Et après lecture les parties ont signé, etc.

Ensuite, nous avons apposé nos scellés par plusieurs bandes de papier paraphées par nous et par le greffier, attachées avec de la cire rouge et empreintes de notre sceau, ainsi qu'il suit ;

Etant au rez de chaussée, dans une chambre ayant ouverture dans le salon, éclairée par deux fenêtres donnant sur la cour, qui servait de chambre à coucher au défunt ; 1.º sur les deux battans d'une armoire en acajou, de la hauteur de 6 pieds et demi sur 4 environ, de largeur, nous avons apposé trois bandes de papier scellées aux extrémités ; 2.º etc. *( désignez distinctement tous les effets scellés dans chaque pièce ),* les clefs desquels ont été remises au greffier.

De cette chambre nous avons traversé dans le salon où nous avons scellé 1.º..... ; 2.º etc.

De ce salon nous avons passé dans un cabinet *( désignez-en la situation ),* nous y avons réuni tous les effet trouvés dans la maison, excepté ceux ci-après désignés. Après avoir fermé les fenêtres dudit cabinet et les avoir scellées par deux bandes de papier, nous avons fermé à clef la porte d'entrée, remis la clef au greffier, et attache à l'ouverture de cette porte deux bandes de papier, aux extrémités desquelles nous avons apposé notre sceau, etc.

Sur la demande du citoyen ..... nous avons laissé à sa dispo-

sition , 1.° etc. ..... à la charge par lui de les représenter à toute réquisition , et il a signé avec nous.

Ensuite nous avons établi le citoyen ..... *( profession et demeure)*
gardien desdits scellés et des effets laissés en évidence , lequel ,
ayant accepté la charge , a promis de tout représenter à la première réquisition , comme dépositaire judiciaire , et il a signé , etc.

Tous les lieux et les effets ci-dessus mentionnés, étant les seuls
qui nous ont été indiqués comme concernant le défunt, nous avons
interrogé les personnes ci-après nommées, et reçu leur déclaration
sous serment , ainsi qu'il suit :

Le citoyen A. , etc. , après avoir prêté serment sur le Christ
ou sur la bible , a déclaré n'avoir rien détourné, ni vu ni su
qu'il ait été rien détourné directement ni indirectement, des meubles
ou autres effets de la succession , et il a signé *ou* ..... etc.

Le citoyen B. , etc. , (consignez chaque déclaration), *s'il y a des
créanciers opposans, le greffier constate leur opposition. Il peut recevoir les oppositions et les constater sur le procès-verbal, même
après la clôture.* ( les formalités de l'opposition seront expliquées
au chapitre suivant).

A tous ce que dessus, il a été vaqué depuis ladite heure de .....
jusqu'à celle de ..... et nous avons clos le présent procès-verbal ,
et les parties ont signé après lecture, etc .....

## N.° 122.          SOMMATION A UN TIERS
### D'ASSISTER A L'OUVERTURE D'UN PAQUET.

L'an etc. à la requête etc. j'ai ..... huissier , etc. fait sommation au citoyen R. demeurant à ..... de comparaître le ..... à ......
heure, *en tel lieu,* pardevant Mr. le doyen du tribunal civil de
ce ressort, *ou* le juge de paix de la commune , pour assister ,
si bon lui semble , à l'ouverture d'un paquet cacheté qui a été
trouvé lors de l'apposition des scellés après le décès du citoyen
B. etc. portant pour suscription: « *Papiers du citoyen R.* » ; pour,
ledit paquet, lui être remis, s'il y a lieu. Et afin qu'il n'en
ignore , je lui ai , à son domicile et en parlant à ..... , laissé copie du présent exploit , en lui déclarant qu'il sera procédé, ainsi
que de droit, tant en absence que présence ; dont acte , le coût
est de

## N.° 123.     PROCÈS-VERBAL D'OUVERTURE.

*Si l'ouverture doit être faite par le doyen, le juge constate son transport avec le greffier, et le procès-verbal est rédigé sous la dictée du doyen.*

*Si le juge de paix doit procéder lui-même :* L'an le ..... heure, etc. Nous, juge de paix, etc. ; en conséquence de l'intimation donnée aux parties, par notre procès-verbal d'apposition de scellés ci-dessus et des autres parts ; et de la sommation faite au citoyen R., etc. ..... *( s'il y a lieu ).*

Étant assisté de notre greffier, en présence du citoyen ..... membre du conseil des notables de cette commune, et des citoyens ..... etc. ; nous avons procédé à l'ouverture des paquets trouvés cachetés, lors de l'apposition desdits scellés sur les effets de la succession B.

Lesdits paquets ayant été reconnus sains et entiers, après la vérification des paraphes et des cachets, par les parties ; nous en avons fait l'ouverture ainsi qu'il suit :

1.º Dans *tel paquet portant telle suscription*, il s'est trouvé deux pièces entièrement étrangères à la succession B. et qui sont reconnues appartenir au citoyen R. pourquoi nous en avons fait remise à l'instant, audit citoyen R.

*Ou bien* ledit citoyen R. étant absent, nous les avons remis sous cachet pour lui être rendues à sa première réquisition.

2.º Dans *tel autre paquet. etc.* nous avons trouvé un acte sous seing privé *ou* notarié, écrit sur trois pages d'une feuille de papier libre *ou* timbré de tel type : la première page commence par ces mots « *testament olographe du citoyen* B., » et finit par ceux-ci, ..... etc. ; la seconde page, verso du premier feuillet, commence, etc. ...... ; la 3e. page ..... etc. ensuite est la signature, etc. ( s'il y a des renvois, des ratures et des paraphes, il faut les constater ).

Ce fait, nous avons bâtonné tous les blancs dudit acte ; coté et signé les pages écrites, en tête d'icelles ; signé et paraphé ledit acte au dessous de la signature, ensemble l'enveloppe ; et à l'instant nous l'avons remis à Me. T., notaire en cette ville, pour être gardé en dépôt au rang de ses minutes.

En foi de quoi, nous avons clos le présent procès-verbal les jour, mois et an que dessus, etc.


# CHAPITRE II.

## *Des Oppositions à la Levée des Scellés.*

L'opposition à la levée des scellés est un acte conservatoire que peuvent faire tous ceux qui prétendent exercer un droit dans la succession. Elle diffère de l'opposition à l'apposition, en ce que cette dernière tend à empêcher l'opération et que son seul fait nécessite une ordonnance avant d'y passer outre. Tandis que la première n'est qu'un acte conservatoire pour empêcher la levée des scellés à moins que l'opposant n'ait été appelé. Elle peut être faite lors ou depuis l'apposition, soit par une simple déclaration sur le procès-verbal, soit par exploit signifié au greffier ( c. pr., 814 ).

Pour former cette opposition, le créancier n'a besoin ni de titre, ni d'ordonnance ( 680, c. c. )

L'article 654 du code civil comme l'article 175 du code de procédure donnent à l'héritier le délai de trois mois pour faire inventaire, et quarante jours pour délibérer : la même faveur est accordée à la veuve et à la femme divorcée ou séparée de biens. L'article 656, du code civil ne permet pas qu'on obtienne de condamnation contre eux durant ces délais, il est donc raisonnable d'accorder en attendant, cet acte conservatoire au créancier ; le créancier personnel d'un héritier peut aussi former opposition à la levée des scellés : c'est une conséquence de l'article 1860 du code civil qui dit que les biens du débiteur sont le gage de ses créanciers, et l'article 956 qui donne au créancier le droit d'exercer toutes les actions de son débiteur.

De quelque manière que soit faite l'opposition, soit par exploit d'huissier, soit par déclaration sur le procès-verbal, elle doit contenir, à peine de nullité, outre les formalités ordinaires des exploits, 1.º élection de domicile dans la commune où le scellé est apposé, si l'opposant n'y demeure - pas ; 2.º l'énonciation précise de la cause de l'opposition.

N.º 124.            EXPLOIT D'OPPOSITION.

L'an ....., le ..... etc., à la requête du citoyen ..... *( profession , demeure , et élection de domicile s'il est nécessaire )*, jai ....., huissier, etc., signifié et déclaré au citoyen ....., greffier du tribunal de paix de la commune d ....., que le requérant est opposant à la levée des scellés apposés sur les effets de la succession du citoyen B. , si ce n'est en sa présence , ou lui dûment appelé ; et ce, pour sûreté conservation du paiement de la somme de ..... que lui doit ladite succession , pour *telle cause etc.* , et afin que ledit greffier n'en prétende cause d'ignorance , je lui ai laissé copie du présent exploit, en parlant à sa personne , lequel a visé l'original ; dont acte , le coût est de ..... ( *le greffier doit faire mention de chaque opposition , au fur et à mesure sur le procès-verbal* ).

# CHAPITRE III.

## *De la Levée des Scellés.*

Il y a trois espèces de levée de scellé ; la levée définitive avec description , la levée définitive sans description , et la levée provisoire et partielle.

La première a lieu lorsque des interessés ne sont pas en état de veiller , par eux mêmes à la conservation de leurs droits ; qu'il n'existe pas de personnes revêtues de la confiance de la loi pour veiller pour eux : et que dès lors il devient nécessaire que la justice prenne ce soin, jusqu'à ce que l'existence et l'état des effets de la succession soient constatés par un inventaire descriptif.

La seconde au contraire doit avoir lieu lorsqu'elle est requise sans opposition, que l'ordre public et l'intérêt des parties n'ont rien à douter. Elle a lieu lorsque les causes de l'apposition ont cessé ; comme si des intéressés absens lors de l'apposition , viennent à se présenter , ou envoient leur procuration spéciale pour se faire représenter ; comme si des mineurs alors sans tuteurs , en sont pourvus ou émancipés , car le tuteur , qui est investi de la confiance de la loi pour surveiller les effets sans contrôle pendant le court espace de l'inventaire ( arg. de l'art. 800, c. pr. ), doit autant que possible épargner à son pupille des frais superflus. Cependant une seule partie peut en exiger la levée avec description , si elle croit que ses intérêts peuvent souffrir de préjudice.

La troisième a lieu lorsqu'il y a urgence ; comme pour remettre des titres appartenant à des tiers , ou dans le cas prévu par l'article 460 du code de commerce , pour extraire les livres du failli et les effets à courte échéance , sur la réquisition des agens de la faillite.

La levée avec description se fait au fur et à mesure de la confection de l'inventaire , et les scellés sont réapposés à la fin de chaque vacation : la levée sans description se fait purement et simplement par un seul procès-verbal ; enfin la levée provisoire se termine par la réapposition , et la mention au procès-verbal de tout ce qui a été fait.

Le scellé ne **peut être levé** que trois jours , au plus tôt , après l'inhumation , s'il a été apposé auparavant ; et trois jours après l'apposition , si elle a été faite depuis l'inhumation. Ces trois jours sont francs et doivent être observés à peine de nullité des procès-verbaux de levée , et de dommages-intérêts contre ceux qui les auront faits et requis.

Néanmoins, en cas d'urgence , le juge de paix peut abréger ce délai par une ordonnance motivée. Dans ce cas, si les parties qui ont droit d'y assister , ne sont pas présentes , le juge de paix nommera d'office un notaire pour les représenter ( c. pr. , 816 ).

Si les héritiers ou quelques uns d'eux , sont mineurs non émancipés , il ne doit pas être procédé à la levée des scellés avant qu'ils aient été pourvus de tuteurs ou émancipés.

La levée des scellés peut être requise par tous ceux qui ont droit d'en requérir l'apposition , excepté les domestiques du décédé et les personnes qui demeuraient avec lui (818).

Pour parvenir à la levée des scellés , le requérant se présente devant le juge de paix , et sur sa réquisition le juge rend une ordonnance sur le procès-verbal , par laquelle il indique le jour et l'heure où la levée sera faite ; il donne acte aux parties si elles conviennent du choix d'un ou de deux notaires et d'un ou de deux experts pour procéder à l'inventaire , en cas contraire il nomme d'office les notaire et experts. Enfin il ordonne que

les parties intéressées et les opposans soient appelés ; il nomme
un notaire , et à défaut de notaire , un membre du conseil des
notables, pour représenter les parties qui demeurent hors de la
commune.

En vertu de cette ordonnance , le requérant fait sommation
au conjoint survivant , aux présomptifs héritiers , à l'exécuteur
testamentaire, aux légataires universels et ceux à titre universel ,
s'ils sont connus , et s'ils demeurent dans la commune ; enfin aux
opposans. Les opposans qui demeurent hors de la commune sont
appelés à leurs domiciles élus. La sommation n'est pas nécessaire
lorsque toutes les parties consentent à se présenter volontairement
et sans frais.

Les personnes qui ont droit d'assister à toutes les vacations
de la levée des scellés , sont le conjoint, l'exécuteur testamentaire ,
les héritiers, les légataires universels et ceux à titre universel (1).
Mais les opposans ne peuvent assister, soit en personne , soit
par un mandataire, qu'à la première vacation : ils sont tenus
de se faire représenter , aux vacations suivantes , par un seul
mandataire de leur choix ; sinon, le juge de paix leur en nommera
un d'office. Cependant, si l'un des opposans avait des intérêts
différens de ceux des autres ou des intérêts contraires , il pourrait
assister en personne , ou par un mandataire particulier , à ses frais.

Les opposans en sous-ordre , pour la conservation des droits
de leurs débiteurs , ne peuvent assister à la première vacation ,
ni concourir au choix d'un mandataire commun pour les autres
vacations.

---

(1) Les dispositions testamentaires sont universelles , ou à titre universel , ou à titre particulier. — Le legs universel est la disposition
testamentaire par laquelle le testateur donne à une ou plusieurs personnes l'universalité des biens qu'il laissera à son décès (809 , c. c. ).

Le legs à titre universel est celui par lequel le testateur lègue une
quote-part des biens dont la loi lui permet de disposer , telle qu'une
moitié , un tiers ou tous ses immeubles , ou tout son mobilier , ou
une quotité fixe de tous ses immeubles , ou de tout son mobilier.
Tout autre legs ne forme qu'une disposition à titre particulier (816).

A la première vacation , s'il y a des parties appelées qui ne se présentent pas , le juge de paix doit requérir un notaire ou un membre du conseil des notables pour les représenter ( arg. de l'art. 830 , c. pr. , v. pag. 13 ).

Le procès-verbal de levée doit contenir , 1.º la date ; 2.º les noms , profession , demeure et élection de domicile du requérant ; 3.º l'énonciation de l'ordonnance délivrée pour la levée ; 4.º l'énonciation de la sommation faite aux parties ; 5.º les comparutions et dires des parties ; 6.º la nomination des notaires et experts qui doivent opérer ; 7.º la reconnaissance des scellés , s'ils sont sains et entiers ; s'ils ne le sont pas , l'état des altérations , sauf à se pourvoir ainsi qu'il appartiendra , pour raison desdites altérations ; 8.º les réquisitions à fin de perquisitions , le résultat desdites perquisitions , et toutes autres demandes sur lesquelles il y aura lieu de statuer.

S'il est trouvé des objets et papiers étrangers à la succession et réclamés par des tiers , ils seront remis à qui il appartiendra ; s'ils ne peuvent être remis à l'instant , et qu'il soit nécessaire d'en faire la description , elle sera faite sur le procès-verbal des scellés , et non sur l'inventaire.

Aux termes de l'article 45 du code civil , à la première mutation de l'officier de l'état civil , les doubles de ses registres doivent être déposés au greffe du tribunal civil du ressort.

A l'égard des notaires , une circulaire du grand-juge de la République , en date du 16 décembre 1836 , ordonne le dépôt au greffe du tribunal civil , des minutes fesant partie d'une étude vacante , sauf au successeur à réclamer du greffe la remise de ce dépôt.

N.º 125.          REQUISITION

POUR LA LEVÉE DES SCELLÉS.

Aujourd'hui , etc. Pardevant nous , etc. ..... est comparu le citoyen ..... *( désignez ses qualités et son élection de domicile )* , lequel nous a requis de procéder à la levée des scellés apposés dans la maison sise à ..... rue etc. , sur les effets de la succession du citoyen B. décédé le ..... ; de nommer un notaire ou un membre du conseil des notables pour représenter le citoyen S. cohéritier présomptif de la succession, qui est en ce moment absent de cette ville; et enfin de lui donner acte de ce qu'il déclare que les parties ont fait choix de Me. T., notaire, et du citoyen R. expert, pour procéder à l'inventaire des effets de ladite succession.

En conséquence, nous, juge de paix susdit, fesant droit à ladite réquisition, ordonnons que le ..... à ..... heure, il soit procédé à la reconnaissance et levée desdits scellés, à la charge par le requérant, d'appeler les parties intéressées, ainsi que les citoyens A. demeurant à ..... ayant domicile élu chez ..... etc., parties opposantes.

Donnons acte au requérant de sa déclaration du choix de Me. T. notaire, et du citoyen R., expert, pour procéder à l'inventaire des effets de ladite succession.

Et après lecture, le comparant a signé avec nous et le greffier, etc.

## N.° 126.  SOMMATION AUX PARTIES.

L'an ..... etc. à la requête ..... etc. j'ai ..... huissier etc., sommé 1.° les citoyen. ..... etc. de se présenter le ..... à ..... heure ..... dans la maison sise à ..... rue ..... etc. pour assister, si bon leur semble, à la reconnaissance et levée des scellés qui ont été apposés sur les effets de la succession B.; et par suite, à l'inventaire des effets, titres et papiers de cette succession. Les prévenant qu'il y sera procédé tant en absence que présence, et je leur ai, à chacun séparément, laissé copie du présent exploit, 1.° au citoyen ..... à son domicile, parlant à, etc.

Les sommations ne doivent indiquer que le lieu, le jour et l'heure de la première vacation : on n'a pas besoin de les réitérer, lors-même que la vacation est continuée à un autre jour : argument de l'article 955 du code de procédure civile.

## N.° 127. PROCÈS-VERBAL DE LEVÉE DES SCELLÉS.

L'an ..... le ..... à ..... heure ..... etc. En vertu de notre ordonnance en date du ..... rendue sur la réquisition du citoyen A. propriétaire, demeurant à ....., cohéritier présomptif de la succession B. pour lequel domicile est élu chez ..... ; nous, juge de paix de la commune d....., nous sommes transporté, assisté de notre greffier, dans la maison sise à ..... rue ..... etc., où sont apposés nos scellés sur les effets de la succession B., par notre procès-verbal ci-dessus et des autres parts, en date du ..... etc.

Est comparu le citoyen A., notre requérant, lequel nous a présenté l'original d'une sommation faite au citoyen ..... etc., par le ministère de ....., huissier, en date du ..... etc.

Par suite de cette sommation, les citoyens ..... ayant comparu et les citoyens ..... ayant fait défaut, nous avons requis d'office Me. ..... notaire en cette ville, pour les représenter à l'inventaire, conformément à l'art. 830 du code de procédure.

Les parties étant présentes et dûment représentées, le citoyen R., expert, a prêté en nos mains, le serment de bien et fidèlement procéder à l'estimation des effets de ladite succession, lesquels seront à l'instant inventoriés par Me. T. notaire, aussi présent.

Nous avons procédé ainsi qu'il suit : *( Si les parties comparantes veulent faire des réquisitions ou des protestations on consignera leurs dires ).*

Les scellés apposés sur *tel meuble en tel lieu* ayant été reconnus sains et entiers, nous les avons levés, et le greffier en a fait remise de la clef audit Me. T.

Les effets contenus dans *ce meuble* ayant été inventoriés et prisés, nous avons levé les scellés sur tel ..... etc.

Attendu qu'il est 11 heures, nous avons renfermé *en tel lieu* les objets qui n'ont pu être inventoriés, et nous avons réapposé nos scellés, etc. .....

Tous les effets inventoriés et les scellés subsistants sont et demeurent à la charge du citoyen ..... gardien, qui est tenu de les représenter à toute réquisition.

Les parties opposantes s'étant accordées pour se faire représenter dans les vacations subséquentes par le citoyen ..... à qui elles donnent tout pouvoir à cet effet, nous leur en avons donné acte, et nous avons remis la continuation de notre opération à demain ..... à ..... heure ..... les parties seront tenues de s'y présenter, sinon il sera procédé tant en absence que présence. Après lecture, nous avons clos le présent procès-verbal ; et les parties ont signé, etc.

*Seconde Vacation.*

Et le ..... dudit mois de ..... mil-huit-cent-quarante, à ..... heure ; en vertu de l'assignation prise à la séance d'hier, nous, juge de paix de la commune de ..... etc., nous sommes transporté ..... etc.

En présence des citoyens ....., etc. nous avons continué notre opération ainsi qu'il suit : etc., etc.

Est comparu le citoyen ..... lequel nous a dit que son absence avait nécessité la levée des scellés avec description sur les effets de la succession, mais que sa présence ayant fait cesser les causes de cette formalité, il requiert que les scellés soient levés sans description.

Les autres parties intéressées étant présentes, ont déclaré ne pas s'opposer à la demande dudit citoyen .....

En conséquence, fesant droit à la demande, nous avons levé les scellés, 1.º sur une armoire, 2.º sur un cabinet, 3.º .... etc. et avons remis les clefs au citoyen .....

Le gardien ayant présenté tous les effets laissés en évidence, lesquels ont été reconnus sains, nous avons donné décharge audit gardien, et après lecture nous avons clos le présent procès-verbal à ..... heure, et les parties ont signé avec nous, etc.

# TITRE III.

## *De l'Arbitrage volontaire, et des Ordonnances en matière d'Enregistrement.*

## CHAPITRE 1.ᵉʳ

### *De l'Arbitrage volontaire.*

Lorsque par le compromis, les parties ne s'étaient point réservé le droit d'appel, ou lorsqu'elles étaient convenues que les arbitres devraient décider comme amiables compositeurs, le jugement arbitral ainsi que le compromis doivent être déposés au greffe du tribunal de paix. Le greffier en dresse acte de dépôt, et le juge rend l'ordonnance d'exécution. Le juge est tenu, à peine de dommages-intérêts, s'il y a lieu, d'envoyer, dans les trois jours qui suivent le dépôt, une copie du jugement et du compromis au ministère public ( c. pr. 908 ).

Si le jugement a été rendu sans compromis, ou hors des termes du compromis; s'il l'a été sur compromis nul ou expiré ; s'il n'a été rendu que par quelques arbitres non autorisés à juger en l'absence des autres ; s'il l'a été par un tiers, sans en avoir conféré avec les arbitres partagés : enfin s'il a été prononcé sur chose non-demandée : les parties se pourvoiront par opposition à l'ordonnance d'exécution, devant le tribunal qui l'aura rendue, et demanderont la nullité de l'acte qualifié jugement arbitral, ( 916. )

N.º 128.     ORDONNANCE D'EXECUTION.

*Au nom de la République.*

Nous A., juge de paix, etc., ordonnons que le jugement arbitral ci-dessus, rendu le ....., entre les citoyens B. et C., par les citoyens D. et E., etc., arbitres, enregistré le ....., et déposé au greffe le ....., soit exécuté selon sa forme et teneur.

Donné au greffe du tribunal de paix d ..... le ..... etc. En foi de quoi, nous avons signé la présente ordonnance avec le greffier.

*On ajoutera la formule exécutoire sur la grosse. — Du jour de l'ordonnance le jugement confère hypothèque ( c. c. 1890 ).*

N.º 129.     OPPOSITION A L'ORDONNANCE.

L'an ..... etc. ; à la requête, etc., j'ai ....., huissier ..... etc., donné citation au citoyen B., demeurant à ....., pour comparaître à l'audience du tribunal de paix d....., le ....., à ..... heure ..... ; pour voir donner acte au requérant, de ce qu'il est opposant à l'ordonnance d'exécution apposée par Mr. le juge de paix de ladite commune, le ....., ensuite d'un acte qualifié jugement arbitral rendu le ....., par les citoyens ..... d'après compromis en date du ..... ; en conséquence, voir prononcer la rétractation de ladite ordonnance et la nullité dudit acte, avec dépens même par corps, contre ledit citoyen B. : attendu que les arbitres ont prononcé hors des termes dudit compromis, *ou* sur un compromis nul, *ou* sur un compromis expiré, etc., etc. Et afin que ledit B. n'en ignore, je lui ai, à domicile, laissé copie de la présente citation, en parlant à ..... Dont acte le coût est de .....

N.º 130.     COMPROMIS



Aujourd'hui, etc. Pardevant nous D. et E., etc., sont comparus les citoyens B. et C. , etc., lesquels out déclaré qu'ayant résolu , d'un parfait accord et libre consentement, de terminer par la voie de l'arbitrage la contestation qui les divise relativement à ..... *(désignez l'objet litigieux, c. pr.* 894 *).* Le citoyen B. nomme pour son arbitre le citoyen D. , et le citoyen C. nomme de son côté pour son arbitre le citoyen E. , etc.

Que par le présent acte ils donnent réciproquement auxdits arbitres , le pouvoir de juger le différend , et de prononcer *( si les parties veulent se réserver la voie de l'appel , v. c. pr. ,* 898 *et constitution ,* 179 *, ajoutez :* à charge d'appel. *Si au contraire elles veulent que les arbitres prononcent comme amiables compositeurs , et sans être tenus de suivre les formes ordinaires ( v. c. pr.,* 915 *), ajoutez :* comme amiables compositeurs , sans même s'arrêter aux formes ordinaires ) sur les questions suivantes : .......... *( Etablissez toutes les questions à résoudre , comme les points de droit d'un jugement ).*

Que lesdits arbitres pourront, en cas de partage d'opinion entre eux , nommer pour surarbitre qui bon leur semblera *( v. l'art.* 905 *).*

Que le présent compromis n'aura d'effet que durant ..... à partir de cette date.

*( Si le compromis ne fixe pas de délai , la mission des arbitres ne durera qu'un mois ,* 895 *).*

Desquelles comparution et conventions , nous avons donné actes aux comparans , et après lecture elles ont signé avec nous.

*Les arbitres doivent prêter serment devant le juge de paix , avant de procéder au jugement Arg. de l'art.* 40 *de la loi org. )*

## CHAPITRE II.

*Des Ordonnances en matière d'enregistrement.*

N.º 131.                    EXECUTOIRE

POUR LE REMBOURSEMENT DE DROIT D'ENREGISTREMENT.

Aujourd'hui etc., pardevant nous, ...... , juge de paix etc , est comparu le citoyen A. , huissier etc. , lequel nous a présenté une quittance de ..... pour droit d'enregistrement de *tel acte* qu'il affirme avoir avancé pour le citoyen ..... , demeurant a ..... , et nous a requis exécutoire pour contraindre ledit citoyen ..... au remboursement dudit droit.

En conséquence, et en vertu de l'article 131 de la loi sur l'enregistrement ; nous ordonnons , au nom de la république , que ledit citoyen ..... soit contraint par toutes voies de droit , à payer audit citoyen A. la somme de ..... pour le remboursement du droit ci-dessus énoncé , et celle de 75 c. pour le coût de la présente , sans préjudice des frais d'exécution etc.

*( On peut former opposition dans les trois jours de la signification , art. 132 de la loi sur l'enregistrement ).*

N.° 132.                    ORDONNANCE
POUR LA DÉLIVRANCE D'UN EXTRAIT DES REGISTRES
DE L'ENREGISTREMENT.

Aujourd'hui etc. , pardevant nous , etc. , est comparu le citoyen ..... , etc. , lequel nous a dit que, dans une instance pendante au tribunal ..... d ..... , entre lui et le citoyen ..... , au sujet de ..... , il a besoin de prouver l'existence *de tel acte ;* mais comme il n'y est point partie , il nous requiert la permission de se faire délivrer un extrait des registres de l'enregistrement constatant ledit acte.

En conséquence , vu l'article 95 de la loi sur l'enregistrement, nous autorisons le receveur de l'enregistrement de cette commune à délivrer au comparant extrait de ses registres concernant ledit acte , etc.

EXTRAIT DE LA LOI SUR LES ARPENTEURS , DÉCRÉTÉE LE 22
ET PROMULGUÉE LE 23 JUIN 1835.

CHAP. 1. — *Dispositions générales.*

Art. 1er. Il y aura , pour chaque commune de la république , de deux à quatre arpenteurs publics , selon que l'importance et l'étendue des localités l'exigeront.

Art. 2. En conséquence , dans les trois mois de la promulgation de la présente loi , tout arpenteur sera tenu de se présenter à la secrétairerie-générale , où sa commission sera échangée contre un nouveau titre , dans lequel sera spécifiée la commune où il devra désormais exercer ses fonctions.

Art. 3. Les arpenteurs qui , par suite des dispositions précédentes , se trouveraient possesseurs de plans et de procès-verbaux d'arpentage de terrains situés dans d'autres communes que celles auxquelles ils seront attachés , devront en remettre les originaux aux arpenteurs affectés auxdites communes.

Art. 4. Nul ne sera , à l'avenir , commissionné arpenteur public , s'il n'est âgé de vingt et un ans accomplis, s'il n'est reconnu de bonne vie et mœurs, et s'il n'a satisfait à un examen devant une commission de trois arpenteurs désignés par le grand-juge.

Art. 5. Les fonctions d'arpenteur sont incompatibles avec toutes autres fonctions publiques.

Art. 6. Les arpenteurs, avant d'entrer en fonctions, prêtent serment devant le juge de paix de la commune dans l'étendue de laquelle ils doivent exercer.

Art. 7. Aucun arpenteur ne pourra, sauf les cas prévus par la présente loi, opérer dans une commune pour laquelle il n'aura pas été commissionné.

Art. 8. Chaque arpenteur peut avoir un aide ou élève qui sera, comme lui-même, exempt de tout service militaire.

Art. 9. Les arpenteurs sont tenus d'opérer par eux-mêmes, et non par l'entremise de leurs aides.

Art. 10. Il est défendu aux arpenteurs d'opérer pour leurs parens et alliés en ligne directe à l'infini, et en ligne collatérale jusqu'au degré de cousin germain inclusivement. — Dans le cas où les arpenteurs d'une commune se trouveraient être les parens ou alliés d'une partie requérante pour opérer dans la même commune, alors le requérant s'adressera à un arpenteur d'une des communes limitrophes qui sera autorisé de faire l'opération, en se conformant à la loi.

Art. 11. Les arpenteurs ne peuvent, sous peine d'être suspendus de leurs fonctions, pendant trois mois au plus, refuser de se rendre aux réquisitions qui leur seront faites par les particuliers, à moins qu'ils ne justifient d'opérations déjà commencées, ou de réquisitions antérieures, ou de tous autres empêchemens legitimes.

Art. 12. Les arpenteurs pourront exiger de leurs requérans le dépôt préalable, chez le juge de paix, des émolumens qui leur sont alloués par le tarif fixé au chapitre 7 de la présente loi ; mais, dans aucun cas, ils ne seront en droit d'en exiger le paiement qu'après avoir terminé l'opération requise, et en remettant aux parties le plan et le procès-verbal y relatifs.

Art. 13. Nul arpenteur ne peut se permettre de détruire ou de modifier, en opérant, les opérations d'un autre arpenteur, sauf le cas de révision.

Art. 14. Les arpenteurs sont tenus de déclarer à l'administrateur ou au préposé d'administration les terrains que, dans le cours de leurs opérations, ils auront reconnu appartenir à l'état ; et au curateur des successions vacantes, ou à celui qui le remplace, les terrains échus à la vacance.

Art. 15. Tout arpenteur doit, lorsqu'il en est requis, communiquer à l'autorité civile et militaire, les minutes de ses plans et procès-verbaux, même en donner toutes copies conformes.

## CHAP. 2. — *Des Instrumens d'Arpentage.*

Art. 16. Les instrumens indispensables à un arpenteur, sont la boussole, la chaîne et la toise.

Art. 17. La boussole peut être isolée ou adaptée à un graphomètre ; la chaîne contient dix-sept pieds et demi ou cinq pas géométriques, elle est employée pour le mesurage des carreaux de terre : on peut, en plaine, se servir d'une double chaîne, ou chaîne de dix pas. — La toise portera ses subdivisions de pieds, pouces et lignes : elle sera garnie de deux embouts de métal : elle est employée pour le mesurage des emplacemens dans les villes et bourgs.

Art. 18. La toise sera étalonnée. — La boussole de chaque arpenteur devra être touchée au moins deux fois par an, avec une pierre d'aimant, et vérifiée par deux autres arpenteurs. Il sera dressé procès-verbal de cette vérification par les trois arpenteurs qui le signeront, ainsi que le juge de paix et le commandant de place.

Art. 19. Il est passé aux arpenteurs une ligne d'erreur par toise, et un pas par cent pas : au-delà, il y aura lieu à révision.

## CHAP. 3. — *Des Opérations des Arpenteurs.*

Art. 20. Avant d'entreprendre une opération, l'arpenteur doit se faire représenter les titres de propriété de son requérant, ainsi que les plans et procès-verbaux d'arpentage qui pourraient avoir été dressés antérieurement.

Art. 21. Si les titres présentés ne sont pas en règle, ou s'ils sont insuffisans, l'arpenteur surseoira à toute opération.

Art. 22. Lorsque les titres seront jugés valides et suffisans, l'arpenteur fera avertir tous les propriétaires limitrophes connus, de se présenter ou se faire représenter, avec leurs titres, plans et procès-verbaux d'arpentage, aux lieu, jour et heure par lui indiqués, en observant toutefois les délais prescrits par le code de procédure civile, pour les citations. — L'arpenteur sera tenu, dans le même délai, de prévenir l'officier de la police rurale du lieu de l'opération qu'il devra faire ; cet officier pourra y assister ou s'y faire représenter. Dans le cas où il ferait défaut, l'arpenteur passera outre à l'opération, et mention sera faite au procès-verbal de l'absence de l'officier de police.

Art. 23. Au jour indiqué, l'arpenteur pourra opérer lors même que tous les propriétaires limitrophes appelés ou leurs représentans seraient défaillans.

Art. 24. Dans le cas où les parties présentes n'auraient pas apporté tous leurs titres, plans et procès-verbaux, ou qu'elles refuseraient de les exhiber, ou que les pièces par elles produites ne seraient pas trouvées valides ou suffisantes, l'arpenteur passera outre à l'opération ; il fera mention de ces circonstances dans son verbal.

Art. 25. Il est enjoint aux arpenteurs d'ouvrir toutes les lisières des terrains qu'ils mesurent, et d'y placer une borne à chaque angle. — Ces bornes devront être en bois dur ou en piliers de maçonnerie, et seront élevées de deux pieds au moins au-dessus du sol.

Art. 26. Les arpenteurs ne pourront, sous quelque prétexte que ce soit, enlever ou déplacer des bornes, ni remplacer celles qui auraient été enlevées, ou qui seraient tombées de vétusté, qu'en présence et de l'accord de toutes les parties intéressées, sinon par autorité de justice.

Art. 27. Néanmoins, en cas de contestation survenue sur les lieux entre les parties présentes, lors d'une opération d'arpentage, celle qui se croirait exposée à être lésée, pourra faire opposition en présence de l'officier de police ou de son représentant, lequel sera tenu de faire discontinuer l'opération, et l'arpenteur ne pourra passer outre. La partie opposante sera obligée de faire vider le litige, dans le délai des ajournemens, par le juge de paix de la commune, à peine de tous dommages-intérêts. — Dans tous les cas, la partie qui succombera dans le jugement de l'opposition, sera condamnée aux frais de transport et autres qui auront été occasionnés par l'opposition. — Lorsque l'arpenteur sera obligé de discontinuer son opération, il placera non des bornes, mais des piquets de remarque.

CHAP. 4. — *Des Révisions.*

Art. 28. Toute révision sera faite par trois arpenteurs choisis : l'un, par le réclamant ; l'autre, par l'arpenteur dont l'opération est contestée ; et le troisième par les deux autres, ou, à défaut, par l'autorité à laquelle les parties se seront adressées. — En cas d'insuffisance des arpenteurs de la commune, le choix pourra se porter, pour compléter le nombre ci-dessus prescrit, sur les arpenteurs des communes limitrophes.

Art. 29. Lorsqu'une partie présente à une opération et qui a valablement et suffisamment produit, ou une partie non appelée, demandera la révision de cette opération, les frais de révision retomberont sur elle, si elle succombe ; dans le cas contraire, ils seront à la charge de l'arpenteur trouvé en défaut.

Art. 30. Si une partie défaillante, ou qui n'aurait pas voulu produire, ou dont les productions auraient été jugées non valides ou non suffisantes, demande la révision, les frais en resteront, dans tous les cas, à sa charge.

Art. 31. La partie ou l'arpenteur qui croira ses intérêts lésés par la révision, pourra demander la contre-révision.

Art. 32. La contre-révision ne pourra avoir lieu qu'en vertu d'un jugement rendu par le tribunal civil du ressort, et sera faite par cinq arpenteurs, nommés d'office par ledit tribunal.

Art. 33. Dans les cas de révision et de contre-révision, le réclamant sera tenu, avant tout préalable, de déposer à la justice de paix le montant des frais qu'elles pourront occasionner.

Art. 34. Le procès-verbal de révision ou de contre-révision sera transcrit à la suite de la minute primitive, et les nouveaux plans seront figurés sur l'ancien. — Les expéditions et plans ne pourront être délivrés qu'avec toutes ces additions, à peine de cinquante gourdes d'amende prononcée par le juge de paix contre l'arpenteur contrevenant.

CHAP. 5. — *Des Plans et Procès-verbaux d'Arpentage et des Répertoires des Arpenteurs.*

Art. 35. Le plan sera daté, il sera signé par l'arpenteur. — Les différentes lisières du terrain arpenté y seront désignées par des lignes ; les bornes où elles aboutissent, par des lettres ; et les terrains limitrophes, par les noms des propriétaires. — Si les lisières sont longées ou traversées par des cours d'eau, des ravines, des crêtes de mornes, des chemins ou les bords de la mer, l'arpenteur les fera figurer sur le plan. — Dans le cas d'obstacles insurmontables, il désignera, par des lignes pointillées, l'étendue des lisières qu'il n'aura pu chaîner.

Art. 36. Le Nord sera indiqué par une lance surmontée d'un bonnet de liberté aux couleurs nationales, et le cours des eaux par une flèche.

Art. 37. Le verbal portera la même date que le plan. — Il

contiendra les noms et prénoms de l'arpenteur ; ceux du requérant ; ceux de toutes les personnes présentes ; les noms des défaillans. — Il mentionnera les titres du requérant, le nom du terrain arpenté, s'il est connu, la commune, et l'arrondissement dont il fait partie, et plus particulièrement la section rurale, la ville, le bourg et la rue où il est situé. Il indiquera d'une manière précise les lieux ou points remarquables qui auront été reconnus, les bornes qui auront été posées ou rencontrées par l'arpenteur, et généralement tout ce qui peut servir à l'intelligence du plan. — Il désignera le périmètre du terrain par les mêmes lettres qui, dans le plan, désignent les bornes. — Enfin, il sera signé par l'arpenteur, ainsi que par toutes les parties présentes, ou mention sera faite de la cause de leur refus.

Art. 38. Les copies des plans et les expéditions des procès-verbaux seront certifiées conformes et signées par l'arpenteur. Elles ne pourront être délivrées, à moins d'ordonnance du juge de paix, qu'au propriétaire du terrain arpenté, ou à ses héritiers et ayant-cause, à peine contre l'arpenteur d'une amende de cinquante gourdes, sans préjudice des dommages et intérêts des parties, le tout sauf le cas prévu en l'article 15 ci-dessus.

Art. 39. Les minutes et expéditions des procès-verbaux seront faites sur papier timbré. Les minutes seront soumises au droit d'enregistrement, conformément à la loi. — Les arpenteurs écriront de leur propre main, sur les expéditions, le montant de leurs honoraires.

Art. 40. Chaque arpenteur tiendra un répertoire où il enregistrera sommairement, par ordre de dates et de numéros, tous les procès-verbaux de ses opérations. — Ce répertoire, avant d'être employé, devra être coté et paraphé en la première et en la dernière page, par le juge de paix de la commune, et visé par lui, tous les six mois, ainsi que par le receveur de l'enregistrement.

Art. 41. En cas de décès, démission ou destitution d'un arpenteur, ses plans, procès-verbaux et répertoires, seront remis à un autre arpenteur de la même commune, à son choix ou à celui de sa veuve, et, à défaut, au choix de l'aîné de ses enfans majeurs ; s'il n'a laissé que des enfans mineurs, ou si le choix ci-dessus n'a pas été fait dans les trois mois au plus tard, lesdits plans, procès-verbaux et répertoires seront dévolus de plein droit à l'arpenteur successeur.

## CHAP. 7. — *Des Contraventions.*

Art. 42. Toutes opérations qui seront faites en contravention aux articles 7, 9, 10, 13 et 26, ci-dessus, seront annulées par le juge de paix , sans préjudice des dommages-intérêts des parties. — L'arpenteur contrevenant pourra, en outre , être condamné à la suspension de ses fonctions par le juge de paix , pendant trois mois au moins , et six mois au plus , même à la destitution par qui de droit , s'il y a récidive de sa part.

### CHAP. 8. — De la Taxe des Arpenteurs.

Art. 43. Il sera alloué aux arpenteurs , savoir :
Pour arpentage d'un emplacement dans une ville ou un bourg. . . . . . . . . . . . . . . . . . 8 g.   c.
Pour arpentage d'une propriété rurale jusqu'au 10e. carreau inclusiv., par chaque carreau. 2
Du 11e. jusqu'au 25e. , par chaque carreau. 1   50
Du 26e. jusqu'au 50e. , par chaque carreau. 1   25
Du 51e. jusqu'au 100e., par chaque carreau. 1
Au-delà . . . . . . . . . . par chaque carreau.   . 75

Le tout y compris le coût de l'expédition , du plan et du procès-verbal d'arpentage , mais non le papier timbré et l'enregistrement.

Pour ouvrir , rafraîchir ou reconnaître une lisière , par chaque cent pas et au-dessous., 3
Pour révision et contre-révision , à chaque arpenteur opérant, par vacation de 8 heures. 8
Pour frais de voyage , tant en allant qu'en revenant , par chaque lieue. . . . , . . . . . 1

Art. 44. La présente loi abroge toutes les lois et tarifs relatifs aux arpenteurs.

FIN DU LIVRE DEUXIÈME.

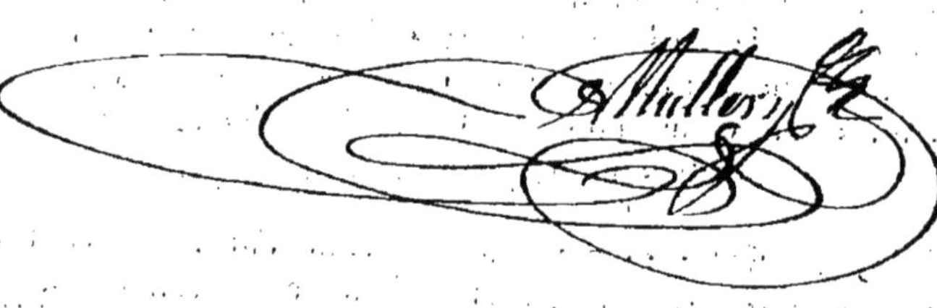

# LIVRE III.<sup>e</sup>

*Des Fonctions conciliatoires du Juge de Paix.*

Aux termes de l'article 57 du code de procédure, aucune demande principale introductive d'instance entre parties capables de transiger, et sur des objets qui peuvent être la matière d'une trausaction, ne sera reçue dans les tribunaux civils, que le défendeur n'ait été préalablement appelé en conciliation devant le juge de paix, ou que les parties n'y aient volontairement comparu.

L'article 58 dispense du préliminaire de la conciliation, 1.º les demandes qui intéressent l'État et le domaine, les communes, les établissemens publics, les mineurs, les interdits, les héritiers bénéficiaires ; les curateurs aux successions vacantes ; 2.º les demandes qui requièrent célérité ; 3.º les demandes en intervention ou en garantie ; 4.º les demandes en matière de commerce ; 5.º les demandes en mise en liberté, celles en main levée de saisie ou opposition, en paiement de loyers, fermages, ou arrérages de rentes ou pension, celles des défenseurs publics et autres officiers ministériels, en paiement des frais ; 6.º les demandes formées contre plus de deux parties, encore qu'elles aient les mêmes intérêts ; 7.º les demandes en vérification d'écriture, en désaveu, en règlement de juge, en renvoi, en prise à partie ; les demandes contre un tiers saisi, et en général sur les saisies, sur les offres réelles, sur la remise des titres, sur leur communication, sur les séparations de biens, sur les tutelles et curatelles ; et enfin *toutes les causes exceptées par les lois.* Ces causes sont énumérées aux articles 319, 344, 487, 491, 628, 737, 754, etc. du code de procédure.

Le défendeur doit être cité 1.º en matière personnelle et en matière réelle, devant le juge de paix de son domicile; s'il y a deux défendeurs, devant le juge de l'un d'eux, au choix du demandeur; 2.º en matière de société, autre que celle de commerce, tant qu'elle existe, devant le juge où elle est établie; 3.º en matière de succession, sur les demandes entre héritiers, jusqu'au partage inclusivement; sur les demandes qui seraient intentées par les créanciers du défunt avant le partage; sur les demandes relatives à l'exécution des dispositions à cause de mort, jusqu'au jugement définitif; devant le juge de paix du lieu où la succession est ouverte.

Le délai de la citation en conciliation est de trois jours, outre un jour par cinq lieues.

Si le délai n'a pas été observé et que le défendeur ne comparaisse pas, le juge doit ordonner une nouvelle citation, et les frais de la première resteront à la charge du demandeur.

La citation en conciliation diffère de la citation en matière judiciaire, en ce que le délai de celle-là est de trois jours outre le délai de distance, sous les mêmes conséquences prévues par l'article 10, c'est-à-dire que la citation sera réputée non avenue *si le défendeur ne comparaît pas;* et au lieu de la désignation de l'objet et des moyens de la demande, l'article 64 n'exige que l'énonciation sommaire de l'objet de la conciliation.

N.º 133.     CITATION EN CONCILIATION.

L'an, etc., à la requête, etc., j'ai ..... huissier exploitant, etc. donné citation au citoyen ..... à son domicile parlant à ..... pour comparaître au tribunal de paix d..... le ..... à ..... heure, pour se concilier, si faire se peut, sur la demande que le requérant à l'intention d'intenter contre lui, devant le tribunal civil d ..... en condamnation d'une somme de 400 gourdes, montant d'un billet, etc., le prévenant que faute de comparaître, le requérant prendra les avantages de la loi, etc. .....

La loi laisse aux parties la faculté de se présenter volontairement et sans frais, en conciliation ; mais la comparution volontaire n'a d'effet qu'en cas de conciliation, et en cas de non conciliation tout l'effet en est d'autoriser le demandeur à suivre son action pardevant le juge compétent ; tandis que la citation elle-même, a le double avantage d'interrompre la prescription et de faire courir les intérêts du jour de sa date, pourvu qu'elle soit suivie d'une assignation devant le juge compétent, dans le mois, à dater du jour de la non-comparution ou de la non-conciliation (c. c. 2013 et 2014 ; c. pr. 65).

Quoique l'article 1675 du code civil dise que l'intérêt est légal ou conventionnel ; que *l'intérêt légal est fixé par la loi*; que l'intérêt conventionnel peut excéder celui de la loi, *toutes les fois que la loi ne le prohibe pas*; que le taux de l'intérêt conventionnel doit être fixé par écrit ; nous n'avons pas encore de loi qui fixe le taux de l'intérêt légal, ni qui règle la prohibition de l'intérêt conventionnel : cependant l'usage suivi dans tous les tribunaux, règle l'intérêt légal à 6 p. o/o en matière de commerce, et 5 p. o/o en matière civile, par an.

La citation étant donnée, les parties doivent comparaître en personne, sinon par un fondé de pouvoir. Celle des parties qui ne comparaîtra pas, sera condamnée par le *tribunal civil*, à une amende de dix gourdes, et toute audience relative à l'affaire lui sera refusée, jusqu'à ce qu'elle ait justifié de la quittance du greffier. La non-comparution doit être constatée par simple mention sur le registre du greffe et sur l'original ou la copie de la citation, sans qu'il soit besoin de dresser procès-verbal.

Lorsque les deux parties comparaissent, le demandeur peut expliquer et même augmenter sa demande ; le défendeur peut aussi former celles qu'il juge convenables : si l'une des parties défère le serment à l'autre, le juge le reçoit ou constate le refus de le prêter ; il doit ensuite employer tous ses efforts pour concilier les parties ( v. page 14 ). Enfin il dresse procès-verbal du résultat. S'il ne réussit pas à les concilier, il fait mention sommaire au procès-verbal qu'elles n'ont pu s'accorder.

Si au contraire il réussit, le procès-verbal contient les conditions de l'arrangement.

Le procès-verbal est, par sa nature, un véritable acte authentique, suivant l'article 1102 du code civil ; mais les conventions y insérées n'ont que la force d'une obligation privée, c'est-à-dire que, faute par le débiteur de les exécuter, le créancier ne pourra pas prendre une grosse de l'acte pour l'exécuter *de plano*, il faudra nécessairement qu'il se pourvoie au tribunal civil pour en obtenir la condamnation. Ainsi l'acte ne confère pas hypothèque judiciaire, mais les parties peuvent y stipuler des conventions d'hypothèques ou toutes autres conventions qui peuvent se faire par acte sous seing privé, et ces conventions seront valables, lors même que l'acte ne serait pas revêtu de la signature des parties. Mais s'il contient des dispositions que la loi ne permet pas de faire par acte privé, telles qu'une reconnaissance d'enfant naturel, ou des conventions matrimoniales, ces dispositions seront nulles.

## N.° 134.        ACTE DE CONCILIATION.

Aujourd'hui le ....., etc. Pardevant nous ..... juge de paix, etc. assisté de notre greffier ;

Sont comparus *volontairement*, ou en *vertu de la citation en date du ....., du ministère de ....., huissier etc.*, les citoyens A. et B. etc., ( *professions et demeures* ).

Le citoyen A. nous a demandé à le concilier sur le différend qui le divise avec le citoyen B. au sujet de ....., etc.

Le citoyen B. de son côté a dit : ..... etc.

Sur quoi les parties se sont accordées de la manière suivante : le citoyen B. s'engage à ..... etc. ce qui est accepté par le citoyen A. ..... En foi de quoi, nous avons dressé le présent acte en la salle d'audience, *ou au greffe* du tribunal de paix, les jour, mois et an que dessus, et après lecture, les parties ont signé avec nous, *ou déclaré* ...... *etc.*

## N.º 135.  ACTE DE NON-CONCILIATION.

Aujourd'hui ..... etc. Pardevant nous ..... etc.

Sont comparus *volontairement*, *ou sur citation etc.*, les citoyens A. et B. ..... etc.

Le citoyen A. nous a demandé à le concilier avec le citoyen B. sur le différend qui les divise au sujet de ..... etc.

Après avoir entendu contradictoirement les parties, et employé notre médiation sans parvenir à les concilier, nous les renvoyons à se pourvoir pardevant qui de droit.

En foi de quoi, ..... etc.

## N.º 136.  MENTION DE LA NON-COMPARUTION.

Le citoyen A. demandeur, *ou défendeur* en conciliation, par citation en date du ....., exploit de N. ....., huissier etc. n'a point comparu.

Donné, à la réquisition du citoyen B., défendeur, *ou demandeur à ladite citation*, au tribunal de paix d ..... le .... à ..... heure etc.

*Cette mention doit être faite tant sur la citation que sur le registre du greffe.*

FIN.

---

**AVIS.**

Cet ouvrage se vend au Cap-Haïtien, chez madame Jean Duloup, rues Fermée et Saint-Joseph, n.º 366.

Aux Gonaïves, chez Me. Monbocher J. Charlot, défenseur public.

Au Port-au-Prince, chez Me. Fs. Lavaud, défenseur public; et à la librairie de Mr. F. Fatton, rues Républicaine et Bonnefoi.

Les exemplaires qui ne sont point revêtus de ma signature à la fin du premier et second livres, sont volés ou contrefaits. Les détenteurs seront poursuivis en conséquence.

# APPENDICE.

*Acte de notoriété*, *page* 57. L'article 70 du code civil étant modifié, le juge de paix ne dresse plus d'acte de notoriété pour suppléer l'acte de naissance des personnes qui veulent contracter mariage ; cette formalité est aujourd'hui remplacée par la déclaration des parties, reçue dans l'acte de célébration du mariage. —

Celui qui réclame le bénéfice de l'article 14 du code civil, pour devenir citoyen d'Haïti, peut être tenu de justifr son origine par un acte de notoriété, et même par titre s'il est exigé ( m. c. c., art. 14 et 70 ).

*Autorisation maritale*, page 53. L'article 199 du code civil étant abrogé par l'article 3 de la loi portant modification au code civil, la femme na plus besoin d'autorisation pour ester en jugement.

*Enregistrement*, page 23. Par suite d'une plainte adressée au secrétaire-d'état, la commission de l'enregistrement du Cap-Haïtien vient de décider qu'il n'y a pas de délai de rigueur pour l'enregistrement des actes soumis à cette formalité sur expédition.

*Greffier*, page 12. Lorsque le greffier et ses commis assermentés sont légalement empêchés, le juge peut se faire assister dans ses actes, d'un *citoyen* ayant les capacités et l'âge requis ( 25 ans accomplis ). Le serment préalablement prêté et constaté au procès-verbal ( arrêt du 14 décembre 1840, rapporté au Télégraphe du 17 janvier 1841, n.º 3 ).

*Héritier*. Le titre exécutoire contre le défunt n'est exécutoire contre l'héritier, que huitaine après la signification à personne ou domicile ( c. c., art. 707 ).

*Huissier*, pages 29 et 46. L'article 24 du tarif alloue à l'huissier audiencier du tribunal civil 25 c. pour la mise au rôle et 25 c. pour appel de chaque cause ; et enfin 50 c. pour l'apposition de chaque affiche. Nous ne parlons pas des vacations aux adjudications, parc eque l'huissier de la justice de paix ne peut procéder aux ventes immobilières.

## ERRATA.

Page 154, ligne 24, *loi du* 26 *mai* 1836. Lisez : 1834.

Pages 60 et 179, lignes 1ère. et 2e., *leur prévenant.* Lisez : *les prévenant.*

# TABLE

*Des matières contenues dans ce volume.*

### ABRÉVIATION.

C. civ. *ou* c. c. ——— Code civil.
C. proc. *ou* c. p. ——— Code de procédure civile.
C. com. ——— Code de commerce.
L. org. ——— Loi sur l'organisation judiciaire.
Mod. c. c. *ou* m. c. c. ——— Loi portant modification au code civil.
C. pén. ——— Code pénal.
C. i. c. ——— Code d'instruction criminelle.

FIN DE LA TABLE.

www.ingramcontent.com/pod-product-compliance
Ingram Content Group UK Ltd.
Pitfield, Milton Keynes, MK11 3LW, UK
UKHW021853070726
13613UKWH00001B/134